银行业有效监管与改革

Effective Banking Regulation and Reform

张　宏　著

中国金融出版社

责任编辑：张哲强
责任校对：刘　明
责任印制：程　颖

图书在版编目（CIP）数据

银行业有效监管与改革（Yinhangye Youxiao Jianguan yu Gaige）/张宏
著．—北京：中国金融出版社，2013.9
ISBN 978 - 7 - 5049 - 7047 - 3

Ⅰ.①银…　Ⅱ.①张…　Ⅲ.①银行监管—研究—中国②银行体制改
革—研究—中国　Ⅳ.①F832

中国版本图书馆 CIP 数据核字（2013）第 151516 号

出版
发行　　中国金融出版社

社址　　北京市丰台区益泽路 2 号
市场开发部　（010）63266347，63805472，63439533（传真）
网 上 书 店　http://www.chinafph.com
　　　　　　（010）63286832，63365686（传真）
读者服务部　（010）66070833，62568380
邮编　　100071
经销　　新华书店
印刷　　保利达印务有限公司
尺寸　　169 毫米 ×239 毫米
印张　　13
字数　　228 千
版次　　2013 年 9 月第 1 版
印次　　2013 年 9 月第 1 次印刷
定价　　38.00 元
ISBN 978 - 7 - 5049 - 7047 - 3/F. 6607
如出现印装错误本社负责调换　联系电话（010）63263947

序

  我与张宏相识缘于朋友的介绍，通过谈话交流和文字往来我能感觉到他是一位善于思考，很有思想的人。当他邀我为其新著《银行业有效监管与改革》一书作序时，我欣然应允。

  《银行业有效监管与改革》，资料丰富、推理严谨、观点独到。读完他的书，也激发了我对银行监管的思考。

  2007年以来，由美国次贷危机所引发的全球金融危机并未结束，对经济社会的影响还在加深，为解决这些症结，尽早抚平经济衰退的创伤，欧美主要经济体对金融监管体系进行了大刀阔斧的改革。在美国，经过共和党、民主党历时两年的争论和协调，《多德—弗兰克华尔街改革与消费者保护法案》终获通过，美国重新回归严格监管。在欧洲，2009年6月，国际货币基金组织前总裁德拉鲁西埃受欧盟委员会委托，向欧盟理事会提交了泛欧金融监管改革方案——《德拉鲁西埃报告》，并获通过。一年后，以此报告为基础形成的欧盟金融改革方案正式由欧洲议会签署通过。世界主要经济体从机构监管与市场"放任型"监管重新回归到强调政府监管。同时，不少人认为，金融泡沫已大大超过经济的需要，对金融衍生品必须刹车。但是，从深层次来看，只要有良好的产权，金融危机与欧债危机完全可以自主调节，最多通过法律来调整。在现实金融危机影响尚未烟消云散之际，需不需要进行严格的金融监管已不是争论的重点，市场需要金融监管，这使得国际社会开始冷静评判强化监管的收益与代价，对现行金融监管制度缺陷进行了全面反思。监管的社会成本到底有多少？直接的、间接的如何评估，监管内容的增加，监管政策的制定，监管体制的选择，监管思路的确立、监管制度的安排、监管范围的划分等，都需要立足长远，从发展的眼光去审视，以理性的角度来思考，用一分为二的观点来对待。

经济学家施蒂格勒提出"最优化监管"理论，认为银行是一种公众负债比较高、风险系数比较大的行业，有效的监管是必需的；同时，监管权力过大会导致寻租，监管者自己也容易被俘虏。因此，要把握好监管与发展的平衡，该管的管住，该放的放开，如果监管者为了自己省事方便抑制开放"非正规"金融和金融创新，结果反而会增加对社会、对企业、对民众的金融饥饿。比如，金融衍生品作为一种金融工具，其本身不会主动伤害社会、伤害银行，只有人用的时候，才会产生效果，用的得当就会积极正面，用的不当就会产生问题。导致本次金融危机的根本起因是之前的房地产泡沫，在房地产泡沫破灭时，导致众多次级按揭贷款证券以及 CDS（Credit Default Swaps 信用违约掉期契约）等衍生品的价格崩溃，问题起源于人的行为，而不是自身无主动性的金融工具。所以，强化监管的目的是要促进金融发展，实现金融创新，保证不压制效率，这才是真正意义上的有效监管。

半个世纪以来，中国的金融结构有两个鲜明特点：一是以银行业为主体的金融产业结构；二是以存款货币为主体的金融资产结构。在这样的金融结构下，银行体系在整个国民经济和金融运行中发挥着决定性的作用。进入 21 世纪以后，中国银行业进入了一个全新的发展时期，金融业全面对外开放，商业银行尤其是国有商业银行的股份制改造和公开上市等变革为银行业发展注入了新的活力。银行业在规模迅速扩大的同时，业务范围和种类也在不断拓展，金融创新层出不穷，呈现出市场化、国际化、全球化、一体化、网络化的发展趋势，市场竞争日益激烈。与之相伴的是，银行风险问题日益显现。在这个充满机遇和挑战的新时代，银行业的稳健运行对于维护公众利益、实现可持续的经济增长尤为关键。而有效的银行监管则是保障银行业稳健发展的前提。因此，深入研究银行业有效监管就显得格外重要。

张宏的《银行业有效监管与改革》一书，对以上问题有自己独到的见解。书中对如何实现中国银行业有效监管，做到"管的管住，放的放开"、"管而不死，活而不乱"等进行了深入的研究，从理论与实践相结合的角度，运用现代经济学和管理学的研究方法，对衡量银行有效监管的基本指标体系和有效监管的政策法规体系进行了较为全面的尝试。

我对本书的改革视角尤为欣赏。作者着眼宏观，立足微观，搜集了国内外有关银行监管的最新研究成果，阐明了各类监管方式的理论依据，分析了现行中国银行业监管在监管模式、信息披露制度、监管法律体系、监管协调配合、处理问题机构及监管人才支持等方面存在的制度性缺陷。作者提出，要实现银行业有效监管，必须以改革的勇气，通过有效处理规制性与原则导向性、市场调节与政策约束、引进借鉴与嫁接吸收、成本收益与投入产出、金融供给与社会付出、解决当前问题与实现长远利益之间的关系，真正做到银行监管理念、监管机制、监管约束、监管技术、监管准则、监管模式的科学有效，才能提高中国银行业核心竞争力，实现全面可持续发展。可以说，本书的很多观点来自金融工作中各种思想碰撞的火花，很多内容是工作实践的总结和升华，值得从事相关工作的朋友认真一读。

陈志那

前　言

国内外银行业发展的实践表明，银行有效监管对于维护良好的金融秩序、优化资源配置和促进资金融通具有十分重要的作用。银行作为金融业的主体和国民经济的重要组成部分，其内在的脆弱性、趋利性、公共性及银行监管制度的内生缺陷性，是引发金融风险乃至金融危机的根本所在。如何认识其固有属性，制定有效的监管政策，树立科学的监管理念，加快体制、机制、制度创新和改革，实施科学有效的银行监管，及时有效防范、控制、化解金融风险，实现银行体系稳健运行和经济健康发展，具有重要的现实与理论意义。基于此，本书着重从以下几方面展开论述：

首先，从世界金融危机给银行监管带来的警示入手，提出了加强银行有效监管的必要性和紧迫性。在此背景下，分析了银行监管理论取得的进展，进而研究了银行有效监管理论，为解决当前中国银行业有效监管问题提供了理论依据。

其次，探讨银行监管效率问题，界定适度监管区域，对影响有效监管的主要因素进行了分解，从而对银行有效监管问题进行了模型化分析。主要是创新设计了银行有效监管的指标体系框架，分别从存款人利益保护、银行业稳定性、银行业效率、发展性目标、消费者利益保护等方面，全面设计了衡量银行有效监管的基本指标体系。以此体系为据，对中国银行业有效监管进行了具体量化分析和判断。认为中国银行业监管在支付较高监管成本的情况下，只是中等水平地达到了监管目标，银行有效监管亟待提高。

再次，对银行监管政策法规进行了深入研究。在对中国银行业监管政策法规面临的现状及问题分析的基础上，系统阐述了银行监管的法律体系、组织体系和方法体系，并从银行有效监管的立法原则和目标入手，明确了银行监管的法律依据，进而从建立有效银行监管体系、夯实有效银行监管基础、培育有效银行监管条件等方面，提出了构建中国银行业有效监管政策法规体系的政策措

1

施。而且，着眼于对国外银行监管的比较，分别研究了美国、日本、韩国等国家银行监管的演化状况及发展趋势，归纳出发达国家银行监管的规律性特点，提出了对中国银行业有效监管的现实选择。

最后，剖析了中国银行业监管在监管模式、信息披露机制、监管法律体系、监管协调配合、处理问题机构机制以及监管人才队伍等方面存在的制度性缺陷，进而从监管理念、监管重心、监管体系、监管制度等方面，认为中国要深刻汲取2008年金融危机的教训，加快金融监管体制改革，不断改进和加强银行监管，切实提高银行监管的有效性，防止发生系统性风险和区域性风险。要实现中国银行业有效监管，必须做到银行监管的理念、监管的目标、监管的思路、监管的机制、监管的约束、监管的技术、监管的准则、监管的原则、监管的模式的科学有效，只有坚持规制性监管与原则导向性监管相结合、政策约束与市场激励相结合、引进借鉴与嫁接吸收相结合，立足当前，着眼长远，才能确保银行监管各项目标的全面实现，进而促进中国银行业稳健发展。

Preface

The development of banking at home and abroad shows the banking regulation plays an important part in taking good care of financial order, optimizing resourcesallocation and promoting funds accommodation. As the main part of the financial industry and the national economy, the bank's inner quality of the fragile, seeking benefits, public and the endogenous defects of the banking regulation are the main reasons to induce the financial risks and even to the fiancial crisis. Therefore, it is significant practically and theoretically to realize the moderate working of the banking system and the healthy development of the economy through making effective regulation policy, setting scientific regulation ideas, fastening the innovation of the system, mechanism and institution, fufilling the effective and sicentific regulation, and effectively keeping watch, controlling and dissolving the financial risks. Hence, this book mainly e-laborates the following aspects:

First, the book points out that the valid banking regulation is necessary and pressing from the world financial crisis. Based on this study, the book studies the theory of the banking regulation and provides the theoretical basement for solving the problems in China's banking regulation.

Secondly, the book inquries into the efficiency issues of the banking regulation, definites the appropariate regulating arears, discloses the factors affecting the subject of the regulation that quantizes the analysis of the valid banking regulation. Based on these, the book designs the index system of the valid banking regulation in the respect of the depositor benefits protecting, the stablity of the banking, the efficiency of the banking, the developing goals, and the consumer benefits protecting which establi-shes a complete basic index system of the valid banking regulation. Accoding to this system, the book analyses and asseses the China's valid banking regulation and finds that the China's banking regulation has achieved a middle level regulation goal under the high regulating costs and needs further improvement.

Thirdly, the book goes into the law level to study the policy, law and regulations of the banking regulation. After reviewing the actuality of the law of the banking regulation, the book elaborates the law system, organization system and method system of the banking regulation, defines the legal basis of the banking regulation and then points out the policy and measurements should be adopted in China's valid banking regulation. It also compares the banking regulation of the U. S. A. , Japan and the South Korea, analyzes those countries' developing trends and the regularity of their banking regulation and then puts forwards the insights to China's valid banking regulation.

Finally, the book cards the institutional flaw in the mode of the banking regulation, the mechanism of the information disclosure, the legal system of the regulation, the cooperation of the regulation coordination, the mechanism of solving the problems and the talent team of the regulation, and then puts forward that it should learn the lesson from the financial crisis in 2008, fasten the reform of the financial regulation, improve and strengthen the banking regulation, increase the validity of the banking regulation by changing the idea, core and requirement of the banking regulation. Based on the thorough analysis, the book puts forward the institutional arrangements of China's valid banking regulation, believes it must be scientific and effective in the idea, aim, thoughts, mechanism, constraint, technology, rule and principle of the supervision to realize China's valid banking regulation and to insure the valid realization of each goal of the banking regulation.

目　　录

第一章　绪　论

　　金融监管是金融工作的重中之重，银行监管作为金融监管的重要部分，其有效性至关重要。深化金融体制改革、加强和改进金融监管、有效防范和化解金融风险，是当前金融改革的重要任务。在当前形势下，经济全球化、金融一体化及金融自由化的进程，使得银行在整个社会经济中的地位和作用越来越重要，尤其是近年来，由美国次贷危机引发的全球金融危机，还有欧债危机，不仅导致了相当数量的银行大范围大规模亏损甚至倒闭，而且风险已经从金融领域蔓延到实体经济。这场史无前例的金融危机，成因关系比较复杂，但可以肯定的是，它与监管的失效有直接联系。这足以引起银行监管者的警惕，提高银行有效监管也就成了目前不可回避又非常紧迫的现实问题。因为银行业是高风险行业，它是资金的中介，一旦某家银行机构经营不善、资不抵债或出现流动性困难，会直接影响到众多存款人的资金安全，而作为整个金融体系的一个环节，个别银行机构发生挤兑风潮或倒闭，极有可能引发存款人的恐慌，或波及其他机构，产生多米诺骨牌效应，牵涉整个金融体系和社会稳定，危害极大。纵观银行业发展的历史，无不留下金融风险的烙印（见图1-1）。可以说，各国银行监管的历史就是与金融风险斗争的历史。

　　各种类型的市场经济国家，都很重视银行监管问题，把保护存款者利益作为监管的第一目标，而要实现这一目标，其有效性是第一要务。

　　从中国情况看，随着银监会的成立和发展，中国银行业监管职能不断完善和深化，银行业的对外开放水平明显提高，防范和处置金融风险的能力不断增强，在维护金融安全稳定、促进国民经济又好又快发展方面发挥了十分重要的作用。但是，由于我国社会主义市场经济体系还不够完善，经济社会各项事业都处于转型时期，银行业也不例外。计划金融体制向市场金融体制的转变，政策性金融向开发性金融的转变，开发性金融向商业性金融转变，传统银行业务向现代银行业务的转变，专业银行向商业银行的转变，分业经营向混业经营的

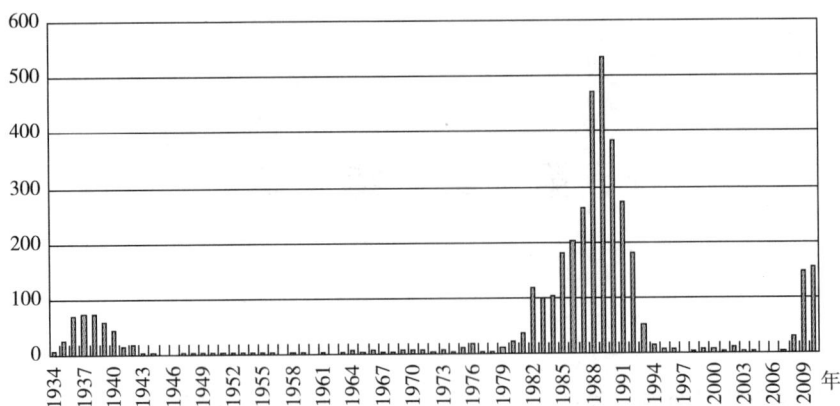

图1-1 FDIC成立以来历年破产银行数量

转变，分业监管向综合监管的转变等，都处在转轨的过程，银行业经营及监管的体制、机制、制度正处在转型期。在这种背景和环境下，形成银行业经营风险的环境、制度、体制和管理等因素不可能在短时间内得到根本改善。同时，随着改革开放的不断深入，经济全球化、金融国际化、银行电子化的加快，原有经济体制和运行机制方面的深层次结构性矛盾日益显现，并不断向金融领域转移和集中，这些系统性金融风险都为监管有效带来严峻考验。

从国际背景来看，自20世纪90年代以来，金融市场危机四伏，动荡不定，发生了一系列重大国际金融事件（见表1-1），有些事件是全局性的，如英镑和意大利里拉先后大幅度贬值、墨西哥金融危机、东南亚金融危机、阿根廷金融危机、美国次贷危机、欧洲主权债务危机等，有些事件是局部性的，如英国巴林银行倒闭、日本大和银行和美国花旗银行巨额亏损。1997年东南亚金融危机以后，世界许多国家和地区相继爆发了金融危机。时隔10年，美国发生次贷危机，并波及全球，不但使美国经济水平急剧下降，而且引发了世界金融危机，导致全球经济整体衰退，我国经济金融也受到很大冲击。这些金融危机事件，从根本上暴露出银行风险管理的严重缺失和不足，也反映出监管的滞后和监管模式的缺陷。同时告诉我们，这些事件不仅给银行机构、金融市场及经济发展带来极大危害，而且也给人们提出了一个严肃的问题，即在全球化、货币化、信息化、网络化程度越来越高的情况下，银行业如何应对突如其来的金融危机，监管当局如何有效解决和防范系统性风险，这正是我国银行业监管所面对的一场难以捉摸的战争。如果要赢得这场战争胜利，只有超前预警，全局把控，运用科学的战略战术，才能占领制高点，实现精准的打击，取得胜利。

国际、国内银行业务发展表明，银行监管对于维护良好的金融秩序、优化资源配置、加快资金周转起着十分重要的作用。而疏于监管，不能及时有效地解决银行业运行中出现的问题时，金融风险会形成连锁反应，引起的经济风险和社会问题会使一个国家多年经济建设的成就毁于一旦。因此，汲取近年来不断出现的金融风险和金融危机教训，反思金融监管，切实完善监管体系，转变监管方式，改进监管手段，提高银行监管有效性迫在眉睫。

表 1-1　　　　　　　　　　近年来世界主要金融危机概览

	金融危机	爆发时间	爆发主要原因	影响或损失
货币危机	墨西哥金融危机	1994 年 12 月	投资体制不完善，巨额外贸逆差，经济结构失调，外汇体制不合理，经济自由化改革过猛。	墨西哥比索贬值 60%，经济增长大幅下降，通货膨胀加剧，殃及拉美各国甚至欧、亚金融市场。
	日本金融危机	1990 年初和 20 世纪 90 年代中期	资本过剩，货币政策失误，金融监管不力，过度投机，泡沫经济，金融抑制，超低利率。	股价暴跌，跌幅超过 60%，地价狂泄，普遍下跌 30% 左右，日元大幅贬值，银行资产质量恶化。
	东南亚金融危机	1997 年 7 月	经济结构失调，外汇体制不合理，国际游资冲击，过度投机。	印尼盾贬值 85%，泰铢贬值 56%，菲律宾比索贬值 43%，马来西亚林吉特贬值 48%，其他国家或地区货币大幅贬值，股指大幅下跌。
银行危机	美国富兰克林国民银行破产	1994 年 10 月	对外部资金过度依赖，外汇业务操作失误，监管不力。	破产（属美国第 12 大银行）。
	意大利阿姆伯西诺银行倒闭	1990 年夏	不良国外贷款，资本亏空。	倒闭，损失 10 亿美元。
	美国德累塞尔投资银行破产	1990 年 2 月	内部监管松懈，过度投机垃圾债券。	破产，损失 30 亿美元。
	国际商业信贷银行破产	1991 年 7 月	金融诈骗，业务不正当，监管不力。	破产清盘（属世界级跨国银行）。
	法国里昂信贷银行巨额亏损	1992 年至 1995 年	国外投资失误，用人不当，扩张过快。	实际亏损超过 1 000 亿法国法郎，导致法国全行业利润下降。

	金融危机	爆发时间	爆发主要原因	影响或损失
银行危机	英国巴林银行倒闭	1995年2月	用人不当，违规操作，监管不力。	倒闭，亏损10亿美元。
	日本大和银行巨额亏损	1995年7月	内部控制不力，用人不当，越权操作。	损失1 100亿日元，掀起日本银行赤字风暴。
	阿尔巴尼亚集资风潮	1997年	"金字塔式集资计划"，违规操作，监管不力。	经济崩溃，社会动荡，政治危机。
	美国次贷危机	2007年8月	以新世纪金融公司申请破产为标志，美国次贷危机爆发，在过去的几年里，美国的商业银行非审慎地提供贷款给那些不能满足银行严格审贷标准的购房者，之后贷款抵押公司（主要是房地美和房利美）将这些贷款的所有权收购过来，然后将这些住房抵押贷款证券化（MBS）后出售给相关金融机构（主要是投资银行和大的金融集团）。这些MBS债券，又被进一步分解为各类债务抵押债券（CDO）并贴上3A等评级标签，卖给各国追求高额投资回报的养老基金和对冲基金等机构投资者。	有关大银行收紧信贷，大银行停止向其提供融资，资金链断裂，贷款机构间盲目降低贷款条件，恶性竞争，持续加息、房贷市场泡沫、过度消费、过度负债等，演绎"蝴蝶效应"，不仅对美国经济产生很大影响，而且传导范围大，对全球主要银行市场的流动性出现了巨大危机。

续表

金融危机		爆发时间	爆发主要原因	影响或损失
金融危机	国际金融危机	2008 年 9 月	美国次贷危机爆发以来，世界经济迅速减退，而危机的影响远未见底，大大超出了所有人的预期，愈演愈烈，并进入了一个新金融混乱阶段。美国"两房"出现资金危机并被政府接管，雷曼兄弟申请破产，引爆华尔街以及全球金融市场的动荡。与美国金融联系最紧密的欧洲首当其冲，接连出现大银行资金困难需要政府注资的事件，英国、瑞士、荷兰等国大型金融机构频频告急。危机甚至由机构破产蔓延至国家破产，导致冰岛政府债务沉重，濒临破产。全球市场信心受到极大打击，股市严重缩水，房价暴跌，全球市场动荡一片。2009 年 12 月 8 日全球三大评级公司下调希腊主权评级，始于希腊的欧洲债务危机爆发。2010 年起欧洲其他国家也开始陷入危机，希腊已非危机主角，整个欧盟都受到债务危机困扰。	对此次金融危机，各国央行史无前例地联合起来共同抗击，由澳大利亚央行 2008 年 10 月 7 日将指标利率自 7%降至 6%引发第二天全球多家主要央行（包括欧盟、英国、瑞士等央行）联手降息，将基准利率下调 0.5%，向市场提供流动性。新型市场国家包括中国、印度、韩日等亚洲国家，也同样受到较大程度影响。油价回落、出口疲软、资金抽逃。受油价下跌影响最严重的国家如俄罗斯、印度尼西亚、沙特等国股市一泻千里，俄罗斯正面临 1998 年政府无法偿债以来最严重的金融动荡；韩国面临严重的外债压力，情况恶化程度甚于 1988 年亚洲金融危机，并被认为是最有可能步冰岛后尘而破产的国家。未来各国经济增长的前景不明朗，在全球大多数国家，问题已由金融机构传导到实体经济，发生危机的可能性很大。中国也明显受到较大冲击，经济下滑风险很大。伴随德国等欧元区的龙头国都开始感受到危机的影响，因为欧元大幅下跌，加上欧洲股市暴挫，整个欧元区正面对成立十一年以来最严峻的考验，有评论家推测欧元区最终会解体收场。希腊财政部长称，希腊在 2010 年 5 月 19 日之前需要约 90 亿欧元资金以渡过危机。但是欧洲各国在援助希腊问题迟迟达不成一致意见，4 月 27 日标普将希腊主权评级降至"垃圾级"，危机进一步升级。

1.1 本书研究的基本思路

本书所指的银行监管包括对银行业金融机构和非银行金融机构的监管研究。银行有效监管是文中的关键词,与日常提到的有效银行监管在本质上是一致的,具有内在的统一性,但侧重点又有所不同,需予以说明。

银行有效监管和有效银行监管都是指银行监管当局对银行业金融机构通过有效的监督管理而体现的安全效率、规范运行、健康发展的过程或结果。银行有效监管重在目标和结果,是通过对银行监管收益与成本的分析,研究如何以最小的监管成本实现银行监管收益的最大化,或者说在监管成本既定的情况下如何以最有效的方式实现银行监管目标,提高监管效率和银行效益。有效银行监管或有效监管重在过程或实施,指的是对于达成有效性目标而采取的制度设计和现实的银行监管措施。本书把重点放在讨论银行有效监管上,但又互相渗透,互为因果。具体讲,银行有效监管关注以下几个目标。

1. 监管的宏观目标。即维护银行体系的安全性和健全性。要求达到:银行监管能有效防范和管理系统性银行风险,在健全安全机制、减少银行业负外部性的同时,有效抑制和防范道德风险、逆向选择等。

2. 监管的微观目标。即保持银行市场的效率和竞争性。要求达到:银行监管活动在有效控制银行风险的同时,对银行经营活动造成的附带损失最小化,并且能够有效增进银行业的市场效率。

3. 监管的成本约束。即关注监管行为的效益性。要求达到:监管目标的合理定位,监管制度的合理安排,监管工具的有效运用,在监管成本既定时,最大限度地实现监管目标。

从目前我国情况看,促进银行有效监管的努力还没有被用于改进市场效率。有效监管经常被理解成强化监管。监管目标仍然常常被简单地说成防范风险,监管实践中也常常是以防范风险为着力点,而很少重视提高银行效益。这里对银行有效监管的上述界定主要是基于此考虑,即维护银行体系的安全性与健全性固然重要,但保持银行市场的效率性与竞争性,实现银行体系市场效率的最大化至少是同样重要的银行监管目标。银行有效监管固然应当重视银行监管行为本身的效益,但也同样应当重视最大限度地促进银行效益的实现。

从各国实践来看,银行监管失败的根本原因常常在于监管者目标定位不清,或者忽视了"银行体系的市场效率"这个银行监管的重要目标。银行有效监管对此给予了新的关注。即银行有效监管既关注银行监管活动的效率,也重视银行经营活动的效益。其中，对银行体系市场效率或者银行机构竞争性与效益性的关注对银行监管具有重大的现实意义。

概括起来，本书主要有以下几个观点：

1. 由于银行体系的公共产品特性和外部性、信息不对称的存在，以及银行机构不同于一般企业的自由竞争原则，形成金融市场的失灵，这就促使政府必须对银行机构和市场体系进行外部监管，提高银行监管的有效性。银行越发展，银行监管越重要，一部银行监管史，就是一部金融风险史。

2. 与现代银行监管一样，我国银行业监管的产生、演进、发展反映了特定时期社会政治、经济、历史、文化的特征，是随着我国银行业的不断发展而与时俱进、不断完善、创新的。具有完善的银行监管法律、组织、方法体系，突出风险监管，加强国际合作，是现代银行监管发展的基本趋势。只有坚持依法、审慎、持续、适度监管的原则，树立管法人、管风险、管内控、提高透明度的监管理念，采取更有效的监管措施，方能消除风险隐患，维护银行体系的安全稳定。

3. 当前，中国银行业监管还存在制度性缺陷，监管体制不顺，监管模式不够统一，监管协调机制名存实亡，分业经营与分业监管的矛盾比较突出，监管法律体系不健全、中央银行利益关联和金融机构承担政策性业务使银行监管陷入两难境地、银行机构内部风险与外部监管信息脱节、处置"问题银行"协调成本较大，监管效率低下、综合监管人员缺乏、信息披露机制不健全等这些问题直接影响着监管效能的发挥和监管目标的实现。从银行国际化进程来看，随着现代化科技手段在银行业的广泛运用，银行产品创新步伐加快，银行倒闭转化成金融危机的概率越来越高（见表1-2），对金融体系和全球经济的破坏也越来越大，我国银行业监管面临前所未有的挑战。

表1-2　　　　　　　　　近年来倒闭的美国银行数

年份	倒闭银行数	年份	倒闭银行数	年份	倒闭银行数
1980	22	1987	262	1994	15
1981	38	1988	470	1995	8
1982	117	1989	534	1996	6
1983	98	1990	381	1997	1
1984	103	1991	271	1998	3
1985	180	1992	180	1999	8
1986	203	1993	50	2000	7

银行业有效监管与改革

年份	倒闭银行数	年份	倒闭银行数	年份	倒闭银行数
2001	4	2005	0	2009	148
2002	11	2006	0	2010	157
2003	3	2007	3	2011	92
2004	4	2008	30		

资料来源：FDIC。

4. 有效银行监管模式是银行监管理论及监管有效性的前提和核心问题。纵观银行监管架构，都经历了维持金融体系安全稳健→提高效率优先→维持金融体系安全稳健的反复过程。当前形势下，要不断完善分业监管的体制，但从现实及长远看，分业监管（将银行、保险、证券分离）的监管模式是有缺陷的。这种缺陷包括被监管者可能钻监管分离的空子，监管力度在各部分不一致，大型金融机构可能需要面对不同的监管者，致使财务和管理成本增加。中国目前采用的这种监管模式，在金融业刚刚起步阶段是适合的，但必须从国际金融危机中，反思他人的过失，引以为戒。美国目前还在反省这种做法，认为英国的统一监管模式更有利于建设国际金融体系。中国需要考虑金融业发展的国家战略规划，完善金融监管体系，考虑建设统一的金融监管模式。在架构上，既要考虑实际国情，又要保障监管体系适合国际金融的发展，建立起一个金融监管部门、中央银行和财政部"铁三角"协调机制。

1.2 本书运用的分析方法

历史分析。通过对历史纵深分析和对现实情况的了解，可以从大量的图表中发现、推导和把握客观事物的发展规律，从而能够比较准确地提出如何实现银行有效监管的脉络和路径。本论文在对银行监管法律环境、监管模式、银行监管体制与银行有效监管的分析方面，在对中国银行业监管制度的形成过程的历史考察中大量使用了历史分析的方法。

对比分析。通过对某一具体事物在不同时间和不同空间的分布形态、表现形式的差异进行对比分析，直观地展示不同观点，可以寻找、发现差异的根源，从而作出正确的判断。本书对美、日、英、德等国家银行监管制度变迁以及金融监管模式进行了对比介绍，对赞成和反对分业监管模式、赞成和反对分离货币政策与金融监管职能、赞成和反对实行资本管制、关于中国金融监管模式的各种意见等进行了对比分析。

实证分析。实证分析就是对事实的描述和解释，说明"事实是什么"以及"问题是如何解决的"，偏重于对事物现象的概括和归纳，即从经济现象出发，总结和分析其具有的内在规律性。本书在对中国银行业监管制度评价和银行监管体制及中国银行业有效监管存在问题的陈述中，都使用了实证分析的方法。

规范分析。规范分析就是根据公认和传统的价值标准，以主观判断形式，对事物应该具有的规律性和应该实现的结果进行阐述和说明。规范分析研究事物"应该是什么"或者研究各种问题"应该是怎样解决的"，偏重于对规律的推理和演绎，即从已有的经济金融原理出发，对所发生的各种经济金融现象进行阐述和解释。在对银行有效监管与银行监管的制度机制创新、模式体制选择、政策法规设计、基本程序做法的关系阐述中使用了规范分析的方法。

模型分析。经济模型是指用来描述与所研究的经济现象相关的各种经济变量之间相互关系的理论结构，它既可以用文字来表示，又可以用几何图形来表示。本书综合运用了文字、数学公式和几何图形相结合的手法来构建银行有效监管模型，借助模型对银行有效监管进行了分析。

在实际研究中，不只是单独运用一种方法来解决问题，往往是综合运用以上各种方法。此外，还广泛应用制度分析、归纳与推演等不同研究方法。

1.3 本书的突出特点

首先，把银行有效监管及改革作为一个专题进行研究，为后来者对银行有效监管理论研究提供了资料准备和理论线索。因为这方面的研究成果还不多，所以本书对现有这方面的研究理论成果进行了综合、梳理和概括，对相关的资料进行了收集、整理。

其次，提出了银行有效监管及改革就是达成银行监管目标的成本与收益的比较，并初步明确了银行有效监管及改革需要研究解决的基本问题。这些定义和提法不一定完全妥当，拟在抛砖引玉，还需要进一步探讨。

再次，对有效银行监管模式问题给予了特殊的关注并进行了初步研究，掌握了第一手材料，对中国现行的银行监管模式存在的有效性问题进行了独到的分析，供决策者参考。

最后，提出了银行有效监管及改革的措施和政策建议：明确银行监管目标、改进银行监管方法、完善银行监管法规、建立监管新模式、落实信息披露制度、加强监管国际合作、提高监管者素质、改革监管体制等，尤其是明确银行监管目标许多人还重视不够的问题,对于实际工作有一定的参考价值。

银行有效监管及改革是个大题目,本书研究仅仅是开了个头,对许多问题的涉猎还是粗浅的,有的问题虽谈到了,但没有谈透,一些问题还有待深入研究。

1.4　本书的主要内容

银行有效监管包含着丰富的内容,它应该是银行监管当局以科学的机制设计和有效的运行系统不断推进监管能力和监管效率持续提升,并以此促进银行业持续发展的良性循环过程。从理论基础上看,银行有效监管至少应包括思路理念、目标架构、标准设计、机制体制、约束纠偏等方法和手段。本书的内容结构概述如下:

第一章:绪论。主要包括本书研究的基本思路、方法、突出特点和内容结构。通过绪论部分,给读者提供一条把握本书的研究目的、主要观点、研究思路及方法的阅读主线。

第二章:银行有效监管理论基础。主要从金融监管由来及演进入手,在对金融监管理论及银行监管理论全面论述的基础上,系统阐述了银行有效监管理论基础。

第三章:影响银行有效监管的主要因素分析。主要从银行监管成本与收益两个方面入手,根据需求供给曲线原理比较分析影响银行监管效率的内外因素,对实施有效银行监管提出了合理的边界,进而应用成本—收益分析模型,对银行监管的成本因素进行系统分析,通过比较对银行监管的有效性进行了全面深刻地论述,提出了加强银行有效监管的基本原则、可行选择。

第四章:银行有效监管的指标体系框架设计。在对银行监管和成本收益分析比较的基础上,为把银行监管的最终目标具体化,从稳定性层次、效率性层次、公平性层次、发展性层次四个方面建立了衡量银行有效监管的指标体系框架。根据框架,初步设计了包括六大类指标的基本体系来衡量银行监管的有效性体系,具体包括存款人利益保护指标、银行业稳定指标、银行业效率指标、消费者利益保护指标、发展性目标指标、监管成本指标。

第五章:中国银行业有效监管的判断。分别从上述五个方面对中国银行业监管的实践作了分析与判断,得出了相应的结论。

第六章:银行有效监管的政策法规。在回顾银行监管法律历史变迁的基础上,对银行监管的法规体系、组织体系、方法体系进行了深入分析,在研究银行监管政策法规发展态势的基础上，深刻探讨了银行有效监管的法律依据。

　　第七章：银行有效监管中外比较。通过对美国、日本、韩国监管实践的研究，从历史变迁的视角总结了不同国家监管实践的规律性问题，提出了对做好当前中国银行业监管的有益启示。

　　第八章：次贷危机及欧债危机对中国有效银行监管启示。通过分析美国次贷危机引发的国际性金融危机（重点是欧债危机）的根源和巨大影响，提出了对中国银行业有效监管及改革的启示。

　　第九章：银行资本监管分析。对国际银行资本监管的发展和成果进行了较为全面的总结，分析了中国银行资本监管的基本情况，结合《巴塞尔协议Ⅲ》的实施，提出了中国银行业资本监管的建议。

　　第十章：中国银行业有效监管制度评价及改革。介绍了有效银行监管制度的基础构成要素，梳理了有效银行监管的主要内容和制度变迁，分析了帕累托改进的具体措施，剖析了中国银行业监管的制度性障碍和制度性缺陷，进而提出了我国银行业有效监管及改革的制度安排。

第二章 银行有效监管理论基础

2.1 金融监管的由来及演进

金融监管是经济监管的重要组成部分,是指一个国家的金融监督管理当局依据国家法律法规及政策规定的授权对金融业所实施的监督和管理的泛称。金融监管有广义和狭义之分。广义的金融监管除包括一国金融监管当局对金融体系的监管外,还包括各金融机构的内部自律及同业自律性组织的监管和社会中介组织的监管等;而狭义的金融监管仅包括一国金融监管当局的监管。具体来说,监管(regulation),即监督管理的简称,是政府对企业活动的控制,指政府专业管理部门或政府授权的行政执法机构依法对市场交易行为、市场主体竞争行为实行监督管理,维护市场运行秩序的管理行为。在《新帕尔格雷夫经济学大辞典》中,"Regulation"则被译为"管制"。比较起来"管制"带有依照规则行事的含义,更接近日本经济学界对英文"Regulation"或"Regulatory Constraint"的翻译。因此,金融监管所强调的是政府不仅仅是通过实施法律和规章制度来约束和规范经济主体行为,而且同时应该对金融机构行为进行提早监测监督,注意金融机构经营方向的偏差,及时将危机消除在萌芽状态,是事前防范,而不是事中、事后。

最早的金融监管主要是针对具体的危机事件,管制的方法主要有:(1)拖延兑换,赢得时间或环境。(2)关闭市场,以阻止恐慌。(3)作为支付工具,清算票据,提供流动性。(4)银行合作,以支持弱小公司抵御危机。(5)通过财政票据向企业发行有抵押的可流通债券。(6)最后贷款人。前五种管制的方法都是临时的,缺乏法律的强制性,往往影响对金融危机的迅速及时处理,特别在发生系统性危机的情况下,同业援助能力往往有限。这样,最后贷款人的职责就显得更加重要。最后贷款人理论(LOLR)是由亨利·桑顿

（Thornton. Herry）在 1802 年首次提出的。查理斯·P. 金德尔伯格（2000）、亨利·桑顿在"金块论战"中指出，真实票据的不断贴现过程，将会导致信用链条的延长和信用规模的成倍扩张，故真实票据原则并不能保证银行有足够的流动性或货币供给弹性，从而避免银行遭到挤提引发通货膨胀或紧缩。因此，以真实票据原则发行银行券存在发行过度的危险，应集中监管。1873 年，巴杰特（Bagehot. W）发表其代表作《隆巴德大街》（Lombard. Street），也对最后贷款人理论进行了系统阐述，并强调中央银行在管理危机时被赋予最后贷款人职能的必要性。认为最后贷款人的一般原则应包括：（1）LOLR 政策应该仅向陷入暂时性流动危机但资可抵债的银行提供援助，使之免遭倒闭，这决定了贷款必须是短期的。（2）紧急援助资金的数量不受限制，并执行惩罚性高利率。（3）央行应向提供良好抵押品的申请人安排流动贷款，抵押品价值以恐慌前的价格计算。但是，法国财政大臣路易斯·安东尼·加尼尔培基认为，加速危机、缩短商业周期并不是坏事，并以法国在 1850—1852 年危机之后的经济辉煌发展作佐证。穆瑞·洛斯巴德认为，"支持摇摆不定的局势，只会延迟清算，增加局势的复杂"。在随后半个多世纪的争论中，桑顿的观点得到实践的支持，统一货币发行的中央银行纷纷建立。作为货币管理者，中央银行承担起信用"保险"的责任——作为众多银行机构最后贷款人为其提供必要的资金支持和信用保证，其目的是防止因公众挤提而造成银行连锁倒闭和整个经济活动的剧烈波动。这样，中央银行的货币管理职能从统一货币发行和提供弹性货币供给逐渐衍生为最后贷款人，承担起金融稳定的责任。中央银行的最后贷款也就成为迫使金融机构遵从其指示的一个重要砝码。Schoenmaker（1996）通过对美国 1880—1936 年间的失败银行的实证表明：在问题银行因失败而产生系统性冲击时，央行不仅有必要而且有能力扮演最后贷款人角色。由此，中央银行对部分金融机构经营行为的检查活动发展延伸，就形成了金融监管理论的胚胎。

2.2　金融监管理论概述

金融监管的理论基础是金融市场的不完全性。金融市场的失灵促使政府对金融机构和市场体系进行外部监管。现代经济学的发展，尤其是市场失灵理论和信息经济学理论的发展为金融监管奠定了理论基础。总的来看，主要体现在以下方面：

1. 金融体系的负外部性效应。金融体系的负外部性效应是指金融机构的破产倒闭及其连锁反应将通过货币信用紧缩破坏经济增长的一种特有的金融特征。按照福利经济学的观点，外部性可以通过征收"庇古税"① 来进行补偿，但是金融活动巨大的杠杆效应——个别金融机构的利益与整个社会的利益之间严重的不对称性显然使这种办法苍白无力。另外，科斯定理②从交易成本的角度说明，外部性也无法通过市场机制的自由交换得以消除。因此，需要有一种市场以外的力量介入来限制金融体系的负外部性影响。

2. 金融体系的公共产品特性。一个稳定、公平和有效的金融体系带来的利益为社会公众所共同享受，无法排斥某一部分人享受此利益，而且增加一个人享用这种利益也并不影响生产成本。因此，金融体系对整个社会经济具有明显的公共产品特性。在完全市场经济下，私人部门构成金融体系的主体，政府主要通过外部监管来保持金融体系的健康稳定。

3. 金融机构自由竞争的悖论。金融机构是经营货币的特殊企业，它所提供的产品和服务的特性，决定其不完全适用于一般工商业的自由竞争原则。一方面，金融机构规模经济的特点使金融机构的自由竞争很容易发展成为高度的垄断，而金融业的高度集中垄断不仅效率和消费者福利方面带来损失，而且在其他经济和政治上会产生不利影响；另一方面，自由竞争的结果是优胜劣汰，而金融机构激烈的同业竞争将导致整个金融体系的不稳定，进而危及整个经济体系的稳定。因此，自从自由银行制度崩溃后，金融监管的一个重要使命就是在维持金融体系效率的同时，保证整个体系的相对稳定安全。

4. 金融体系的信息不对称。信息经济学表明，信息的不确定、不完备和不对称使市场经济不能像古典和新古典经济学所描述的那样完美运转。金融体系中信息不完备和不对称现象更加突出，导致即使主观上愿意稳健经营的金融机构也有可能随时因信息问题而陷入困境。然而，处理信息的高成本又使金融机构难以承受，因此政府及监管当局就有责任采取必要的措施来减少金融体系中的信息不完备和不对称问题。

以上是对金融监管理论基础的综括。但要真正追根溯源，还得进一步从它

---

① 庇古税：目的是解决外部性问题。按照庇古的观点，导致市场配置资源失败的原因是经济当事人和私人的成本与社会成本不相一致，从而私人的最优导致社会的非最优。因此，纠正外部性的方案是政府通过征税或者补贴来矫正经济当事人或私人成本。这种纠正外部性的方法也被称为"庇古税"方案。

② 科斯定理：科斯为解决外部性问题而提出的一个方案。其内容可以表述为：只要产权是明确的，并允许经济当事人进行自由谈判，那么在交易成本为零或者很小的条件下，无论在开始时产权赋予谁，市场均衡的最终结果都是有效率的。这一结论包含三个要素：a. 交易费用为零；b. 产权界定清晰；c. 自由交易。由此引申出来的第二个定理是：在交易费用不为零的条件下，不同的产权制度会影响到资源配置的效率。

的历史演进来看。20世纪30年代爆发的全球性经济大危机是金融监管发展史上的重要里程碑。大危机在给西方国家经济以巨大冲击的同时，也给金融业敲响了警钟，使人们不再相信市场。立足于市场不完全、主张国家干预政策和重视财政政策运用的凯恩斯主义取得了经济学的主流地位。在这一时期，金融监管理论主要以维护金融体系安全、弥补金融市场的不完全为研究的出发点和主要内容。主张政府干预、弥补市场缺陷的宏观政策理论，以及市场失灵理论和信息经济学的发展进一步推动了强化金融监管的理论主张。这段时期的金融监管理论研究成果认为，自由的银行制度和全能的金融机构具有较强的脆弱性和不稳定性，认为银行过度参与投资银行业务，并最终引发连锁倒闭是经济危机的导火索。在凯恩斯主义宏观经济理论的影响下，传统的中央银行的货币管理职能开始转化为制定和执行货币政策并服务于宏观经济政策目标，从而金融监管也更加倾向于政府的直接管制，并放弃自由银行制度。从法律法规和监管重点上看，对金融机构的市场准入、业务运营、市场退出以及金融市场的利率水平等进行规制和干预逐渐成为这一时期金融监管的主要内容。

2.2.1 金融体系脆弱性基础上的金融监管理论

金融体系脆弱性基础上的金融监管理论，主要是从金融机构、信贷企业以及金融市场三者间的特点出发，普遍认为金融机构、金融市场具有较强的脆弱性和传染性。关于脆弱性的研究主要有：

1. 商业周期的存在是导致金融脆弱性的主要原因。海曼·明斯基（H. Minsky，1985）从信贷市场上金融机构与信贷企业之间的关系出发进行研究，金德尔伯格（Kindleberger，1985）通过区分信贷市场上不同融资性质的企业，提出了"金融脆弱假说"。金融脆弱表现为资金流动性困难，表现为私人信用创造机构特别是银行和其他相关贷款人把资金贷给了投机性企业（Speculative - financed Firm），即将商业周期的存在作为导致金融脆弱性的主要原因。如商业周期发生衰退时，投机性企业会陷入资不抵债，财务状况恶化，企业违约和破产，不能按时归还贷款，造成流动性困难，进而影响到金融体系稳定，金融危机爆发。克瑞格（J. A. Kregel）则是从银行的角度研究信贷市场流动性的脆弱性，提出了"安全边界说"。他将安全边界理解为银行收取的风险报酬，包含在借款人给银行支付的贷款利息中。由于扩张期的投资预测失误，结果银行家和借款人变得很自信，安全边界不断地被降低，当减少到最低程度时，金融危机爆发。上述研究都认为，金融脆弱性的导火线是商业周期，经济萧条时导致信贷紧张，流动性不足。因而商业周期是金融脆弱乃至崩溃的根本原因，正如克瑞格所指出，对于金融脆弱性，"即使你很努力，也不能防止它……这种努力是非理性的，是资本主义制度理性运作的自然结果。"

2. 流动性不足是金融脆弱性的根本所在。Friedman 和 Schwartz（1986）、Diamond 和 Rajian（2001）从金融机构自身特点出发，从流动性不足角度进行研究，说明了金融业由于三大原因而存在较大的脆弱性。一是短借长贷和部分准备金制度导致了金融机构内在的脆弱性；二是在资产负债表中，主要是金融资产而不是实物资产，主要是金融负债而不是资产净值，这导致金融机构之间存在着相互依赖的关系；三是存款合同的等值和流动性形成了在萧条时期提取存款的激励。

3. 高杠杆率是造成金融脆弱性的固有属性。主要是 Kaufman（1995）从金融机构之间的关系出发进行研究，金融机构间的传染性是由于银行间的拆借及其支付系统使得金融机构间的资产和负债相互关联，使得单个金融机构的倒闭传染到其他的金融机构，从而引起一连串的金融恐慌。Kaufman（1996）总结了银行之所以比其他行业的企业更具传染性的原因：一是过低的资本与资产比率（或高杠杆比率），使得银行提供补偿损失的空间很小；二是过低的现金资产比率，通常需要变卖能够获得利润的资产来弥补存款债务；三是较高的负债比率和短期债务在总债务中比率过高，使得问题银行为了解决支付危机，被迫迅速地降价出售贷款资产和抛售抵押品来应付流动性需求，使得贷款价值和抵押品价格下降，从而扰乱整个金融市场，造成银行状况急剧恶化。这些分析都赞同对金融业的严格监管，如对机构准入、业务准入以及机构退出的监管等。

4. 货币紧缩效应是金融脆弱性的罪魁祸首。Fisher（1933）从货币供给角度来出发进行研究，认为是由于货币量的变化导致了金融机构的流动性不足。并从债务与通货紧缩关系着手，提出了债务—通货紧缩论，认为是由一些金融事件引起债务—通货紧缩。认为经济的扩张过程主要是通过债务融资（银行贷款）导致物价水平的上涨，使未清偿债务的实际价值下降，导致企业借贷量增加到过度负债状态，没有足够的流动资金来清偿到期债务，进而引起一连串的债务—通货紧缩。弗里德曼、舒瓦茨和 Cagan（1965）也认为一些突发事件会引发或加剧货币紧缩效应的银行恐慌。比如重要的金融机构的破产可能会使公众对银行存款兑换为通货的能力丧失信心，从而引起恐慌。金融体系的脆弱具有内生性，是由货币供给量自身决定的。因此，Fisher 认为，要防范、控制金融体系脆弱性的爆发，监管部门就必须把非金融部门债务量作为监测目标，而弗里德曼则认为应该将银行储备和货币总量作为调控监管的政策目标。上述理论分析表明，自由市场经济是不完善的，全能的金融机构具有较强的脆弱性和系统风险性，认为金融市场同样存在市场失灵，因而金融资源的市场配置不能实现帕累托最优（Stiglitz，1981；Varian，1996），因此需要政府的强力介入，通过实施管制调控等手段以纠正或消除市场的失灵，增进资源配置的效率，改善全社会的福利水平，这种理论又一般被称为公共利益理论。Anna Schwartz（1988），Daniela Kingebiel（1995），Gerald Caprioand Daniela Klingebiel（1995）等认为，自从 20 世纪 30 年代以来，单个金融机构的失败导致的金融恐慌和传染的现象在发达国家的消失说明了针对降低金融脆弱性、系统风险的金融监管是有成效的。但 Edward Kane（1985，1989，1992）等则认为，建立中央银行制度和建立存款保险制度使得金融机构既增加了资产和负债比率的风险，又降低了资本比率。中央银行制度和存款保险制度的建立使得银行的道德风险增加。

2.2.2 经济管制基础上的金融监管理论

没有金融监管才是真正的监管。与金融监管当局间的关系，芝加哥学派认为，针对市场失灵的监管存在严重的缺陷：第一，金融监管的目标是否与社会公共利益相一致值得怀疑；第二，金融监管主体是否有能力执行各种监管政策。经济学界讨论得更多的则是政府失灵，即政府金融管制是否有效，对此，学术界出现了对监管行为本身的多种解释。对金融监管行为效率的考察主要是依据经济管制理论。经济管制理论由 Stigler（1971）提出，后经 Posner（1974）和 Peltzman（1976）补充，该理论趋于完善。经济管制理论认为，政府的管制并不是为了保护全体公民或者人数众多的社会集团利益而制定的。政府之所以进行金融监管，其直接目标并不是公共利益理论所称的要控制市场失灵、控制资金价格、防止各种金融风险的传染，以及为保证金融体系的健康和最优化的资源配置效率等，而是为了某些利益集团的政治利益和经济收益的最大化。Tullock（1967）早在"关税、垄断和偷窃的福利成本"一文中，就将分析的视角从经济学的研究领域扩展到管制的政治决策过程中，认为被管制企业有动机要求政府垄断权。Stigler、Peltzman、Becker、Posner 代表的"利益集团论"或称为"管制俘获说"也认为，政府管制是为了满足产业对管制的需要而产生的（即立法者被产业所俘获），而管制机构最终会被产业所控制（即执法者被产业所俘获）。该理论强调指出，管制不仅仅是经济过程，更重要的是政治决策对经济资源重新分配的过程，认为管制的目标不是为公共利益，而是被俘于特殊利益集团。这一理论的最大贡献者 Stigler 于 1971 年指出："经济管制的中心任务是解释谁是管制的受益者或受害者，政府管制采取什么形式和政府管制对资源分配的影响。"Peltzman（1976）通过提出特殊利益论和多元利益论概念，认为政府无法对各种金融管制的产生过程给予更为清晰明确的认识，因为政府只是一个抽象的概念。政府由许多政党和利益集团组成，金融监管是利益集团政治斗争的产物。不同的社会经济利益集团是金融监管的需求者，政府作为一个代表（利益集团）则是金融监管和监管制度的供给者。Peltzman通过数学模型作了更明确的表述：管制市场的供求均衡要求财产转移受益人的边际（政治）收益应当等于对其他人征税的边际（政治）成本。同时，即使管制的利益都被一个利益集团所独占，其得益也要小于私人组织的卡特尔。经济管制理论的发展揭示了金融监管主体、客体之间的关系，认为针对市场失灵的金融监管是不现实和理想化的。Stigler通过完整的研究得出了受管制产业并不比无管制产业具有更高的效率和更低的价格的结论。但是，该理论过分注重了金融监管主体与监管客体之间的关系，忽视了金融体系本身内在的特点，并没有指出为何需要金融监管，也没有提出如何才能更有效地进行金融监管，但是却让人们更加深刻地认识到了政府在市场监管中的作用和局限性。

20世纪70年代，困扰发达国家长达十年之久的"滞胀"宣告了凯恩斯主义宏观经济政策的破产，以新古典宏观经济学和货币主义、供给学派为代表的自由主义理论和思想开始复兴。在金融监管理论方面，1973年麦金农（R. I. Mckinnon）和肖（Shaw）几乎同时出版了《经济发展中的金融深化》和《经济发展中的货币与资本》两部著作，从发展经济学的角度提出了"金融抑制"和"金融深化"理论。该理论指出，发展中国家之所以落后，就是因为存在严重的"金融抑制"——矛头直指政府对金融的严格监管，"而具有'深化'金融效应的新战略——金融自由化战略——则总是促进发展的，自由化对发展是重要的"（肖，1973）。金融自由化理论主要从两个方面对20世纪30年代以后的金融监管理论提出了挑战。一方面，金融自由化理论认为政府实施的严格而广泛的金融监管，使得金融机构和金融体系的效率下降，压制了金融业的发展，从而最终导致了金融监管的效果与促进经济发展的目标不相符合；另一方面，金融监管作为一种政府行为，其实际效果也受到政府在解决金融领域市场不完全性问题上的能力限制，市场机制中存在的信息不完备和不对称现象，在政府金融监管过程中同样会遇到，而且可能更加严重，即政府也会失灵。金融自由化理论主张放松对金融机构的过度严格管制，特别是解除对金融机构在利率水平、业务范围和经营的地域选择等方面的种种限制，恢复金融业的竞争，以提高金融业的活力和效率。在金融自由化理论的推动下，金融监管部门放松了监管，金融监管理论逐渐转向了如何提高监管的效率方面。但是，现实金融活动中一系列区域性金融危机的相继爆发，迫使人们不得不重新开始关注金融体系的安全性及其系统性风险，因而金融脆弱性和传染性再次成为金融监管理论的研究重点。如阿斯里·德米尔居斯·昆特和埃里克·蒂特盖奇通过对全球53个国家在1980—1995年间金融危机与金融自由化相关性分析表明：在实施金融自由化的国家，其金融基础设施越健全、法律规范越完善，政府的腐败行为越少，合同的履约率越高；该国的金融自由化对金融体系的脆弱性的影响越小，发生金融危机的可能性就越小。反之，则危机的可能性就会加大。这方面还有韦勒（C. E. Weller，1999）、凯·明斯基（K. Aminsky）和瑞因哈特（Reinhart）的研究。该研究同时认为，金融危机和金融自由化有着某种联系，金融自由化导致金融体系脆弱性的增强，但是金融自由化并不必然导致危机的产生。面对金融自由化的冲击，由托马斯·赫雷曼（Thomas Hellmann）、凯文·穆尔·多柯（Kevin Murdock）、约瑟夫·斯蒂格利茨（Stiglitz）以及青木昌彦提出的金融约束理论认为，选择性干预金融约束有助于而不是阻碍了金融深化，通过低利率管制进行金融约束性干预，政府在金融活动中创造了"租金机会"，从而给金融中介提供一些激励，推动它们在金融服务的广度和密度上增强存款动员，与此同时，储户也得到了比自我中介更高、更稳定的收益，而企业受益于得到额外的融资途径，形成一种典型的帕累托改进。因此，金融约束理论逐渐成为金融监管理论进一步发展的标志性文献。综上所述，金融危机浪潮推动了金融监管理论逐步转向了如何协调安全稳定与效率的方面。

上述金融监管理论主要是在古典经济学的分析框架下，以市场的不完全性为出发点，同时结合金融业自身的独特性来进行研究，但是，它对金融监管理论的研究仍然滞后于经济理论的发展，对"为什么需要监管"的研究只是随着理论的发展而深入。

2.2.3　信息经济学基础上的金融监管理论

20世纪70年代不对称信息市场理论的发展，形成了新的分析范式——信息经济学。信息经济学强调信息不对称在市场上的运用和分析，将以往金融监管理论全部统一到这一新的分析范式中，认为金融体系中存在的信息不对称是引起"为什么需要监管"的主要原因，即金融体系中存在两类不对称：

一类是金融机构与存款者之间的信息不对称。Diamond 和 Dybvigr（1983）的银行挤兑模型，从信息不对称前提出发，对金融危机和金融脆弱性的研究提供了有效的研究工具，证明了有效金融监管的必要性。Grossman 和 Stiglitz

（1976）认为，金融机构与存款者间的信息不对称使得金融市场上的价格信息不能有效地传递，从而加大了金融市场交易的成本，降低了市场交易效率。金融资产的定价由于受到不完全信息的制约，有限理性的微观主体对金融资产的非完全理性的选择、追逐与投机，使得金融资产价格常常处于动荡之中，风险随之增大。这从理论上说明了针对提高金融市场透明度的金融监管是非常有效的。

另一类是在信贷市场上，金融机构与贷款企业之间的信息不对称。Stigliztz 和 Weniss（1981）把不对称信息引入到了对信贷配给现象的解释，通过分析信贷市场上存在的逆向选择和道德风险，证明了即使没有政府的干预，由于存在贷款人方面的逆向选择和借款人方面道德风险的行为，信贷配给可以作为一种长期均衡的现象存在。资金的配置不是按照古典经济学上的出清价格出售的，即资金的配置是低效率的。随着信息经济学理论的成熟，金融监管理论对"为什么需要监管"有了进一步的认识，金融监管理论的重点也逐步转变到"如何进行金融监管"的思路上来。

近来有学者把"如何进行金融监管"的问题也纳入到上述分析范式之中，对金融监管机构与金融机构在信息不对称下的行为进行了分析。拉丰、梯若尔（1986）在"Using Cost Observation to Regulate Firms"中通过非对称信息模型研究了信息不对称下的管制成本问题，认为"配置效率"与"信用租金"之间存在边际替代关系。Kane（1990）、Boot 和 Thakor（1993）及 Walsh（1995）则从委托—代理角度研究发现，由于信息不对称导致激励约束不力，是引起监管低效的主要原因。激励约束机制为委托—代理理论提供了解决问题的方法，同时为"如何进行监管"指明了方向。通过设计激励约束机制来控制金融机构在市场风险和效益之间的替代，使得金融监管目标既不是围绕金融体系的稳定安全，也不同于效率优先的金融自由化理论，而是推动金融监管理论向着协调金融活动和防范金融体系中的风险方向转变，追求安全与效率并重。

2.3　银行监管理论概述

银行监管是金融监管的核心。银行监管理论也就形成了金融监管理论的主要构成。是在金融监管理论基础上更细微更深入地研究银行业监管问题，旨在阐明对银行监管的经济学原因，回答政府是否有必要对银行进行监管、现代经济体系中为什么需要并出现了大量的银行监管等问题，而不是其他包括证券、保险等金融问题。早在 1960 年，格里·肖就强调了融资组合的理念；米什金在 1995 年也专门讲到了银行有强大的资金聚合作用，并进一步提出有效政府管制的必要性，这些都是理论界关于是否应当进行银行监管（管制）的初期论述。

2.3.1　正统经济学基础上的银行管制理论

本书所指正统经济学主要是凯恩斯经济学和福利经济学，建立在此基础上的银行监管理论主要包括市场失灵理论和社会崩溃理论，它们的理论基础是信息不对称，银行危机的外部性、法律的不完备性[①]、金融约束理论。这两个理论构成了当代主流经济学研究银行监管的基石。

市场失灵论的代表人物有佛朗茨、Stiglitz 和 Varian，他们认为金融市场与其他市场一样，同样会面临市场失灵，诸如信息不充分、信息不对称、垄断、公共品、规模经济递增以及外部性等问题。如果让银行在市场力量的作用下自发配置金融资源，则金融资源将因为金融市场失灵而无法达到资源配置的最优状态。因此，为了纠正金融市场失灵问题，必须对银行业进行管制和监督，通过强制性信息披露、市场分割、业务分类、区域划分以及提供基础设施等来纠正这些缺陷。正如佛朗茨（1993）所言："市场是脆弱的，如果放任自流就会趋向不公正和低效率；而公共管制正是对社会的公正和需求所做的无代价的、有效的和仁慈的反应。"

社会崩溃市场论的代表人物主要有 Minsky，Cypher，Kregel，Friedman 和 Schwartz 等，他们认为由于银行业的特殊性，银行在金融市场中所面临的信息高度不对称、外部性特点、内在的脆弱性等问题不仅仅会导致局部市场失灵，而且会导致社会性的经济崩溃。相比于非金融企业、银行由于其业务的专业性和复杂性，信息不对称和不确定现象更为突出，具有不稳定性，从而通过干扰国家的货币供给机制和信贷形成机制，对实体经济产生强烈的冲击，并且由于银行系统的乘数效应，这些冲击的副作用将是毁灭性的。所以，政府应对银行进行全面管制。

金融市场失灵论和金融社会崩溃市场论在本质上是一致的。它基本上是在新古典经济学的框架中构建的理论，并假定国家和其他监管主体具有监管的能力，

---

① 芝加哥派经济学家在研究产权时提出了法律的不完备性。其基本观点是，法庭是中立的，因此法庭可以实施中立的监管，这在理论界产生了巨大影响。但是，现实中法律是不完备的，因此政府规制成为低效司法程序的替代品。从这个角度考虑，出现了 regulation 和 supervision 两个既相近又相远的词汇。regulation 更多的是从法律上规制，即规制性监管；supervision 更多的是从行为上监管，即原则导向性监管。

且它们的目标是与社会利益一致的。其观点可以具体归纳为：在瓦尔拉斯的理想世界中，由于信息的完全性和不存在道德风险以及逆向选择等问题，所有的制度安排都能够达到金融资源配置的最优状态。因此，不管采取自由银行制度，还是完全管制的金融计划体系，经济体系的效率都是相同的。但是，在现实经济中，由于个体的理性有限，人们并没有完全的信息，必定会面临大量的信息不对称、逆向选择以及道德风险等问题，即使在一个竞争充分的市场体系中，也可能出现大量的金融市场失灵现象或金融市场崩溃。可见金融与货币事务不能完全由市场来进行支配、必须对包括银行在内的金融体系进行管制。

市场失灵理论和社会崩溃理论的理论基础是信息不对称，银行危机的外部性、法律的不完备性①、金融约束理论②。

2.3.2 政治经济学基础上的银行管制理论

在新古典经济学的框架中构建起来的上述两大理论存在着致命的缺陷：一是都无法解释银行业管制和监管制度的演变和来源，不能辩证地处理监管制度动态发展的规律；二是它们天真地假定监管者的目标是社会利益最大化，并认为它们有能力实施各种监管工具；三是它们都只是 20 世纪 30 年代大萧条的理论产物，只能为大萧条时期改革所实施的大部分管制措施提供理论基础，并不足以解释 20 世纪 80 年代以来银行业监管的体系和架构；四是在政治制度不完善的情况下，无法确定什么是社会利益。

为此，一些经济学家从政治经济学的角度出发，建立了政府掠夺论及特殊利益论和多元利益论。

1. 政府掠夺论。

政府掠夺论的代表人物 Roe（1990、1996）指出，如果从政治经济的角度分析政府对经济的作用，那么我们无法了解现代银行管制出现的原因。事实上，任何管制和监管都是由政府推行、政治家一手策划的。政府和政治家并非

---

① 芝加哥一大批经济学家在研究产权时就提出了法律的不完备性，主要是如 20 世纪 60 年代，芝加哥大学经济学家加利贝特主要考虑如何利用私人和法庭的力量来达到最优的管制，是否可以由政府专门设置一个监管机构来代替政府进行监督管理的问题。其基本观点是，法庭是中立的，因此法庭可以实施中立的监管，这在理论界产生了很大的影响。但是，现实中法律是不备的，因此政府规制成为低效司法程序的替代品。从这个角度考虑，出现了 regulation 和 supervisiono 两个既拉近又相远的词汇。regulation 更多的是从法律上规制，即规制性监管；supervision 更多的是从行为上监管，即原则导向性监管。

② 银行是有特许经营权（license）的部门，向公众负债，如果不被管制住就有可能出问题。为此，从金融约束方面来讲，斯蒂格利茨提出政府应该加强对经济的干预，为了维护特许权价值和市场的安全，应防止过度的市场准入导致银行业的过度竞争。

像人们所想象的那样都是完美的社会利益的代表，实际上，其利益与社会利益有着很大的差异，他们有着自己的效用函数。政府之所以要对银行业进行管制，其直接的目标不完全是要控制各种市场失灵、控制物价水平和投资水平，为经济增长奠定宏观经济基础，为保护存款者的利益，为防止各种金融风险的传染，保证金融体系的健康和资源配置效率的最优；而是自身政治收益和经济收益的最大化。

上述分析，由市场失灵引出了政府监管，而从政治经济学的角度看，政府也会失灵。在经济理论上也被称为监管单位被非监管单位所俘获了，这被称为监管的俘获理论。斯蒂格利茨在 1974 年提出，市场失灵和政府失灵可能会同时出现。管制本身被俘获以后，事实上就代表了被监管的利益集团，无法根据充分的信息进行公正的判断，判断就会偏向被管制的某一个产业集团，因此监管效率就会变得低下。监管的俘获理论在现实中是非常普遍的，面临市场失灵和政府失灵，怎么去解决？银行利益和社会公共利益冲突很大，有很多描述政府失灵与市场失灵并存的研究，也就是"掠夺之手"或"帮助之手"。为解决双重失灵，有人提出能不能创立一个科学机制，这个科学机制既能避免政府的"掠夺之手"，又能提高整个社会福利，利用政府的平衡理论，解决双重失灵的问题。又有人提出，强化公众对银行的监督性，即强化债券持有人对银行的监督权。其理论意义在于，银行的监管战略是通过强化银行的信息披露来实施的，从而可以限制政府监管的权力，还可以解决"搭便车"问题。

2. 特殊利益论和多元利益论。

这两种观点是在政府掠夺论的基础上发展起来的，认为政府掠夺论把分析的立足点放在"抽象的政府这个集合体"上，将无法对各种金融管制的产生过程给予更为清晰明确的认识。特殊利益论和多元利益论（Peltzman，1976；Stockman，1991）认为，对于银行业的管制是利益集团通过政治斗争而形成决策的产物，不同的社会经济利益集团是金融管制和监管的需求者，而政府中的政治决策机构是银行业管制和监管制度的供给者。特明（1991）等人对美国金融监管制度的演进做了大量的历史研究后得出了以下结论：第一，由于小银行在国会中具有比较重大的影响力，所以美国才会对银行业进行区域和行业的反垄断管制，这种管制是小银行维护自身利益的产物；第二，为了方便金融寡头进行金融掠夺，于是产生了存款保险制度，因为金融寡头们想通过存款保险制度为自己不负责的行为开脱，把自己本身应当承担的责任让所有的纳税人来承担；第三，分散化的政治格局产生了分散化的银行业，比如美国双重监管机制是美国联邦体制的产物，是各州与国会政治力量妥协的产物。第四，为了自身利益发动相关利益集团进行院外活动便产生了Q条例和其他利率管制。在这些例证下，特殊利益和多元利益论认为，银行业管制工具和监管制度是一个需求和供给不断变化的匹配过程，只有把握好各方利益的结构以及政治力量的分布，才能了解这些工具和制度变迁的过程，并在过程中确定这些工具和制度的效应以及效应的分布。

特殊利益论和多元利益论的最大优点是将政治纳入银行业监管制度的分析，从动态角度分析这些工具和制度演变的动力机制以及产生的过程。虽然这些理论的代表人物认为他们的观点与建立在新古典分析框架上的理论存在着根本的对立，但是两大流派在认识银行监管制度的必要性以及形成过程方面应当是互补的。

通过对银行监管理论和管制经济理论的对比分析可以看出，对银行监管的必要性研究，基本上是把管制经济论直接移植过来。最初经济学家将经济监管理论应用于银行监管，认为在不存在信息成本或交易成本很低的前提下，政府对银行强有力的监管会完善银行的公司治理，从而使社会福利最大化，即用帕累托最优来回答经济管制问题。后来公共理论就代表官方监管了，因为私人部门一般缺少相应的动力去监控企业和机构，迫切需要一个强有力的政府机构来对银行进行监管，所以这被统称为"斯蒂格利茨管制经济学"。也许是由于银行业本身的特殊性，上述银行监管理论虽然在某一方面说明对银行业进行监管的原因，但是还没有达到完备的程度。

2.3.3 银行挤提模型基础上的银行监管理论

人们一直在努力从规范经济学分析角度探讨银行监管的理由。戴蒙德和迪布维格的（Diamond and Dybviger，1983）的银行挤提模型就是在现代经济学分析基础上，运用不对称信息和博弈论分析范式，研究银行不稳定的内在原因，得出了政府干预银行经营活动必要性的结论。戴蒙德和迪布维格在《银行挤提、存款保险和流动性》一文中，剖析了银行内在的不稳定性，银行业在提供流动性转换职能的过程中潜在着银行挤提的可能性。他们的分析是现代银行监管理论的代表，其银行挤提模型堪称经典。戴蒙德和迪布维格认为，现有的银行监管理论，对银行契约比其他类型的金融契约更加不稳定的原因根本没有涉及。他们在1983年给出了一个经典的银行挤提动态模型。认为依据"经济人"假设和存在信息不对称，必然会出现银行挤提现象。戴蒙德和迪布维格强调的契约为"活期存款契约"。一方面，它类似于某种债务，若银行不破产则有固定收益；另一方面，若银行破产则没有固定收益，并且存款人在 T = 2 时拥有某种剩余索取权，这又使得它看上去像是一种债权与股权混合的金融工具。戴蒙德和迪布维格在这种特殊的契约下分析银行可能起到的最优风险分担作用和潜在的银行挤提的可能性。戴蒙德和迪布维格还提出"顺序服务约束"（sequential service constraint），指提款需求是随机地到达银行这一中介的，而银行支付仅仅取决于存款人在队列中所占的位置，排在后面的提款者可能面临无款可提的情况。第一期提款之后若还有剩余资产，则存款人可以按在银行资产中的份额获得相同比例的收益。综上所述，超越对市场失灵的一般表现而言，银行监管的两个基本理由在于：一是降低系统风险，二是保护自然人（往往也是知情较少者）的利益不受损。卡瑞肯（Kareken，1986）提出，银行业监管的"官方"理由是：需要给银行提供一个"安全网"，以保护存款者免遭其银行倒闭的风险。如果把考虑问题的层次提升到更高的角度，那么，银行监管的目标仍然是一般的公共政策目标的一部分。

2.3.4　银行监管的科斯定理（CoasianTheorem）

建立在科斯定理基础的银行监管理论认为，国家以经济效率最大化的方式设定银行的监管政策，其中经济效率与产出和福利最大化相联系，而非与帕累托最优相联系（Acemoglu，Johnson and Robinson，2005），政治家可能为实行经济上有效的政策而订立合同，并以此来实现政治效益与经济效益的最大化。

银行监管的科斯定理存在潜在误导，需要深入认识。诺贝尔经济学奖获得者科斯并不认为达成和执行复杂的合同足够的廉价和确定，以至于交易主体可以为社会有效的结果订立合同。当然，他证明在许多情况下，需要设定有关合同订立环境的额外、非现实的假设，以推导出私人的安排将产生社会效益。因此，科斯认为，自己立足发展更现实和更有用的模型，需要从无摩擦的世界中走出来，考虑交易成本的重要性。因此，如在"科斯对科斯主义者"（Glaeser，Johnsonand Shleifer，2001）中讨论的，科斯主义者与科斯存在不同。科斯主义者集中于研究零交易成本的基准案例，而科斯则强调这些基准模型显而易见的局限性，并力劝经济学家发展基于交易成本的理论。这种差别促使我们使用短语"银行监管的科斯定理"来指代一个基准案例，然后发展出监管的理论，既考虑订立合同的成本，又对政治制度和银行监管之间的关系进行预测。

银行监管的科斯理论的核心逻辑是，当社会中不同的集团协商和订立合同没有成本且执行合同没有成本和不确定性时，外部效应被内部化，社会将制定有效政策（Coase，1960）。考虑一种情况，新的银行监管政策将引导资金重新分配，使同样的投入产生更多的产出。然而，在新的制度安排下，额外的产出将累积给 A 集团，但 B 集团获得的资金将减少从而使其产出减少。在银行监管的科斯定理下，A 集团可以与 B 集团订立一个合约：作为 B 集团支持银行监管改革的回报，A 集团将补偿 B 集团的损失。这样，每个集团的境况都可以通过政策改革获得改善。给定一个国家的偏好、禀赋和经济结构，可以得出的结论是，银行监管的科斯定理意味着每一个国家都选择有效的银行监管政策，使大家都能从中得到改良，都能皆大欢喜。关于银行监管的科斯定理的故事其实是一种潜在的误导，含蓄的表现，更加强调"发展"，重在用"发展"的办法解决前进中理论和实践的问题，力求形成一个科斯定理般的，能有效促进整体改善效率优先、兼顾各方利益的监管政策。

故事毕竟是故事。在实践中，人们一直还是对银行监管科斯定理的运用价值存在疑虑，最重要的原因是合约对有效政策的产生来说是必要的，但这些合约却缺乏执行机制。如果合约不能被执行，那它们将不会被订立，国家也不能形成有效的银行监管政策，社会不同集团之间执行合约的困难可能妨碍社会有效监管改革的实施。这进一步表明了政治的重要性。也许一个足够好的政治体系可以使集团间的合约执行足够可信，从而使更有效的政策可行。因此，政治体系的组织和运作与银行监管政策之间存在着特殊联系，不可忽视。

2.4 银行有效监管理论概述

2.4.1 银行有效监管理论的发展脉络

银行监管本身不等同于政府干预，但银行有效监管理论却受到政府干预理论的强力支持。由于政府干预与自由放任问题历来是各经济学派争论的主要焦点，争论双方的此消彼长使银行监管的有效性不断发生变化；由于银行监管活动又具有很强的实践性和历史性，因此，对银行有效监管理论发展脉络的梳理，既要考虑当时主流经济学思想和理论的影响，还必须考虑当时金融领域的实践活动和监管理念。纵观银行有效监管理论的发展，总括起来，大体经历了四个阶段（见表 2－1）。

第一阶段：20 世纪 30 年代以前。该阶段为银行监管理论的自然发起阶段，针对古典经济学和新古典经济学"看不见的手"的信条与亚当·斯密的真实票据理论，享利·桑顿提出了"金块论战"。在自由主义经济的鼎盛时期，为了防止银行货币挤提等风险，各国先后成立了统一货币发行、统一票据清算的中央银行，使桑顿的观点得到实践的支持，作为货币管理者，中央银行逐渐开始承担起信用"保险"和维护整个金融体系的责任。

第二阶段：从20世纪30年代到70年代。这一时期的监管特点体现在严格监管、安全优先。大危机后，凯恩斯主义经济学取得了西方经济学的主流地位，这也为政府银行监管提供了有力的理论支持。从此，主张政府干预，弥补市场缺陷及市场失灵来维护银行体系安全、弥补金融市场不完全的政府直接管制成为主流。

第三阶段：从20世纪70年代到80年代末。该阶段的主要特征是金融自由化和效率优先。这一时期，随着新古典宏观经济学和货币主义、供给学派等流派的自由主义理论和思想的复兴。在银行监管理论方面，自由化理论（"金融压抑"和"金融深化"）逐渐发展起来并在学术理论界和银行机构不断扩大其影响。

第四阶段：自20世纪90年代以来。安全与效率并重的银行监管理论是该阶段银行监管理论发展的主要特点。随着金融危机的频繁出现，金融自由化所带来的风险和效率在不完全市场背景下成为银行监管者新的研究点，安全和效率并重的监管理论成为新的理论发展方向。

表2-1　　　　　　　　银行有效监管理论的发展脉络

演变阶段	时期	基本特征	理论基础	主要内容
第一阶段	20世纪30年代以前	银行监管理论的自然发起	针对古典经济学和新古典经济学"看不见的手"的信条与亚当·斯密的真实票据理论，享利·桑顿在1797—1825年的"金块论战"中提出，真实票据的不断贴现过程，将会导致信用链条的延长和信用规模的成倍扩张，故而真实票据原则并不能保证银行有足够的流动性或货币供给弹性，从而避免银行遭到挤提以及引发通货膨胀或紧缩。统一货币发行、统一票据清算的中央银行的纷纷建立，使桑顿的观点得到实践的支持，作为货币管理者，中央银行逐渐开始承担起信用"保险"和维护整个金融体系的责任。	主要集中在实施货币管理和防止银行挤提政策层面，对于银行机构经营行为的监管很少论及。这种状况与当时自由市场经济正处于鼎盛时期有关。然而，20世纪30年代的大危机最终扭转了银行监管理论关注的方向和重点。

銀行業有效監管与改革

续表

演变阶段	时期	基本特征	理论基础	主要内容
第二阶段	20世纪30年代到70年代	严格监管、安全优先	大危机后，立足于市场不完全、主张国家干预政策和重视财政政策的凯恩斯主义取得了经济学的主流地位，为20世纪30年代开始的严格而广泛的政府银行监管提供了有力的理论支持，并成为第二次世界大战后西方主要发达国家对银行系统进一步加强管制的主要论据。	以维护银行体系安全、弥补金融市场的不完全为研究出发点，主张政府干预，弥补市场缺陷及市场失灵。在凯恩斯主义宏观经济理论的影响下，传统意义上的中央银行货币管理职能已经转化为制定和执行货币政策并服务于宏观经济政策目标，银行监管更加倾向于政府的直接管制，并放弃自由银行制度，从法律法规和监管重点上，对银行机构的具体经营范围和方式进行规定和干预。
第三阶段	20世纪70年代到80年代末	金融自由化，效率优先	困扰发达国家长达十年之久的"滞胀"宣告了凯恩斯主义宏观经济政策的破产，以新古典宏观经济学和货币主义、供给学派为代表的自由主义理论和思想开始复兴。在银行监管理论方面，自由化理论（"金融压抑"和"金融深化"）逐渐发展起来并在学术理论界和银行机构不断扩大其影响。	一方面，政府实施的严格而广泛的银行监管，使得银行机构和银行体系的效率下降，压制了银行业的发展，从而最终导致了银行监管的效果与促进经济发展的目标不相符合；另一方面，银行监管作为一种政府行为，其实际效果也受到政府在解决银行系统市场不完全性问题上的能力限制，市场机制中存在的信息不完备和不对称现象，在政府银行监管过程中同样会遇到，而且可能更加严重，即政府也会失灵。

续表

演变阶段	时期	基本特征	理论基础	主要内容
第四阶段	20世纪90年代至今	安全与效率并重的银行监管理论	自由主义经济理论的"复兴",并没有否定市场的固有缺陷,它们与"政府干预论"的差异主要体现在干预的范围、手段和方式等方面。如斯蒂格利茨和日本的青木昌彦曾经提出过的金融约束论,成为银行监管理论进一步发展的标志性文献。对于金融危机爆发的原因,一般倾向于认为金融自由化和金融管制的放松并不是最主要的,事实证明,很多高度开放的经济体,同时拥有较高的金融自由度和市场稳定性,并且为经济发展提供了效率保证。	20世纪90年代的金融危机浪潮推动了银行监管理论逐步转向如何协调安全稳定与效率的方面。现在的银行监管理论除继续以市场的不完全性为研究的出发点,也越来越注重银行业自身的独特性对银行监管的要求和影响,不断推动银行监管理论向着管理银行活动和防范银行体系中的风险方向转变。鉴于风险和效益之间存在着替代性效应,安全效益并重的理论既不同于效率优先的金融自由化理论,也不同于20世纪30年代到70年代安全稳定优先的银行监管理论,而是二者之间的新的融合与均衡。

通过以上演变分析我们可以发现:银行有效监管理论的发展与经济理论的发展是密不可分的,与金融监管理论、银行监管理论融为一体,形成了内在的统一性和完整性。同整个银行业的发展水平及监管实践息息相关。从世界范围来看,银行有效监管理论的目标正在由安全稳定向追求安全与效率并重转变。从演变的过程来看,金融市场是不完善的,存在大量的信息不对称,因而需要政府进行监管,但是试图通过政府的全面监管来纠正市场失灵既会降低银行监管的效率,又会阻碍银行业对经济作用的发挥。因此,银行监管的有效性理论是建立在金融监管理论、银行监管理论和经济管制理论基础上的新范式,旨在通过有效银行监管的成本与收益的比较,来实现银行监管的一般目标(建立和维护金融体系的安全与稳定)和具体目标(有多个)。

2.4.2　银行有效监管理论概述

由于监管成本与收益的比较是困难的,在既定的理论假设下,实现银行有效监管目标所需资源的多少可以通过有代表性的几个理论进行考察。归纳起来有金融脆弱论、公共利益论、管制失灵论和管制成本论。

1. 银行脆弱论（vulnerability）。

自 Minsky 1982 年首次提出"金融不稳定假说"后，金融体系的脆弱性问题引起了广泛的关注。Diamond（1983）、Friedman 和 Schwartz（1986）、Rajian（1992）、Cypher（1996）、Kaufman（1996）、Kregel（1997）等从不同角度研究了金融体系脆弱性的原因，他们认为由于资产和负债的流动性难以匹配、信息不对称的存在、个体理性和集体理性的冲突，加上银行由于其高杠杆率和"短借长用"的特点，银行业具有内在的不稳定性。银行体系脆弱性的这种内生性，是由货币供应量自身决定的。因此，Fisher 认为，要防范、控制金融体系脆弱性的爆发，监管部门就必须将非金融部门债务量作为监测目标。同时自由市场经济是不完善的，自由的银行制度和全能的银行机构具有较强的脆弱性和系统性风险，金融市场存在市场失灵，主要表现为自然垄断、外部效应和信息不充分，因而金融资源的配置不能实现帕累托最优，因此需要政府的强力介入管制。银行脆弱论还从反面论证了为达成银行监管的目的，不实行银行有效监管有可能导致一国经济金融的巨大损失甚至是灾难性的后果，不论其成本多高都必须实施银行监管。但是银行脆弱论和公共利益论并没有证明，实行银行监管就一定能达成银行监管的目的，一定能避免灾难性后果；不实行银行监管就一定导致灾难后果等有关问题。

2. 管制利益论。

佩尔兹曼（Peltzman）在《通向更一般的管制理论》一文中，将施蒂格勒的理论模型化，提出了价格决定模型。管制的过程就是管制当局干预市场、调整各利益集团关系的过程，是管制当局追求政治支持最大化的过程。在价格决定模型中，企业追求利润最大化；消费者追求消费者剩余最大化；而管制者追求政治支持最大化，管制者根据生产者利益集团和消费者利益集团的力量对比，对消费者剩余和生产者剩余实行不同的组合，达到政治支持的最大化。管制者的目标函数如下：

$$M = M(p, \pi), M_P < 0, M_\pi > 0 \qquad (2-1)$$

政治支持（M）是价格（p）和利润（π）的函数。价格 p 代表消费者剩余，$M_p < 0$ 表明价格越高，得到消费者的政治支持越低；利润 π 代表生产者剩余，$M_\pi > 0$ 表明利润越大，得到生产者的政治支持越高。管制当局可以操纵企业利润和价格，实现自身利益的最大化，而在此过程中，消费者利益保护状况处于摇摆不定的状态，取决于不同利益集团力量的对比状况。管制者追求政治利益最大化的过程中，可能顾不上经济利益，或以损失当前经济利益为代价去实现自身利益，这种管制，由于出发点偏好，极易导致市场、政府"双失灵"，到时，"拆东墙补西墙"，"头痛医头，脚痛医脚"，也会出现社会危机。这种管制理论是当代银行有效监管面临的最大挑战。

3. 管制失灵论。

该理论属反对银行有效监管的理论。比较有代表性的有三种：即管制俘获论、管制供求论、管制寻租论。

管制俘获论。Stigler（1971）、Posner（1975）、Chatov（1978）从不同角度研究了管制与公共利益之间的关系之后认为，管制是为了维护公共利益，并在危机和公众压力之下引入经济体系，管制措施在实施之初，一般还是有效的，但是当被管制的行业熟悉了管制的立法和执法程序后，他们会疏通和影响管制当局，管制当局就会逐渐被它所管制的行业控制和主导，成为被管制行业攫取自身利益的工具。所以，管制的效果最终是有利于生产者的利益，而不是消费者的利益，管制机构是被管制者捕获的猎物而已。因此，管制俘获论认为管制与公共利益无关，管制机构不过是被管制者俘获的猎物或俘虏而已，但这一理论缺乏理性的论证和逻辑推论，缺乏说服力。

管制供求论。最早发展该理论的是 Stigler（1971），后来通过 Posner（1974）和 Peltzman（1976）的完善，该理论趋于成熟。他们认为管制是一种产品，管制是由政府供给的为特定个人和集团所需求的产品，并非按"公共利益"提供，有着最高有效需求的生产者集团左右了这种供给。

管制寻租论。自 Tullock（1967）发表他的论文《关税、垄断和偷窃的福利成本》之后，后经 Krueger（1974）的研究而形成了寻租理论。该理论认为在银行监管中存在着大量的寻租行为，破坏了银行竞争的公平，影响了银行效率。管制失灵论对银行监管存在的各种弊病提出了尖锐的批评，但对银行危机的后果没有提出有效的解决办法。

4. 管制资本论。

该理论认为，美国开始实行资本充足性管制前后 20 年（1965 年至 1986 年）的实践表明，资本充足性管制达到了监管当局的预期目标。从这个意义上说，资本监管是有效的。莫迪利安尼与米勒提出，在一个假想的没有破产成本和税收的理想资本市场条件下说明公司的资本结构不会影响公司的价值和全部资本的成本，银行公司价值与资本的充足性无关，因而与银行资本管制是不相关的。然而，在破产成本、交易成本和营业税存在的前提下，税收利益和财务清偿成本决定了银行的资本结构。假如政府设立的存款保险制度能够全部或大部分吸收银行财务清偿成本，那么等于鼓励银行以获得尽可能多的债务去扩充资本，从而达到银行价值的最大化。因此，监管当局就应当要求银行保持"充足资本"，防止银行滥用政府的税收津贴和存款保险制度。银行财务理论模式分析表明，银行资本管制不是无代价的，虽然它确有降低风险、增进银行安全的作用。

5. 管制成本论。

20世纪80年代以后，发达国家银行监管改革主要目标之一就是增强银行竞争力，尽量减少监管造成的效率损失。为了实现这一目标，监管当局开始把成本分析纳入监管实践，关注和计算银行监管成本已经成为考察银行有效监管的重要内容。按照Miller（1995）的分析，不仅市场运作存在交易费用，而且其组织监管的成本也不可低估。监管机构的设立、实施监管的费用、监管信息的收集等都需要成本，所以，该理论没有简单地肯定或否定银行监管，认为银行监管像经济生活中的所有活动一样，都有成本和收益。成本分析法为考察银行有效监管的成本和收益提供了思路，但银行有效监管并不能像产品那样可以准确地衡量。管制成本论的整个推论都是建立在存在银行有效监管的前提下，未对不存在银行有效监管的情况进行成本收益分析。

资源稀缺性是经济学的基本命题，为了实现公共利益效应，政府、银行、公众等多方力量要耗费经济资源，支出巨额成本，这些成本支出虽然有其必要性，但也要遵循成本与收益相匹配的原则。判断银行有效监管应当包括对监管成本的度量，在公共利益效应实现程度相同的情况下，成本越小的银行监管方案越是优选，其有效性越高。不仅从合理配置稀缺资源这一宏观层面需要研究银行有效监管的成本，随着监管机构的日益庞大和监管行为对银行业产生的影响日益明显，从微观主体的层面，如何度量成本、促进监管成本与监管收益相匹配也日益受到关注。（1）银行监管作为一项公共政策，政府财政支出是监管成本的重要组成部分，这包括监管者的立法成本、执法成本和危机救助成本等诸多方面，而政府支出主要源自税收收入，纳税人实际上是上述监管成本的最终承担者，按照公共选择学派的理论，政府官员也具有经济人特征，政府与纳税人之间也存在委托代理关系，为了全面考核代理人绩效，需要对政府履行受托责任的成本进行核算，从而对其行为形成约束力。（2）银行监管作为一项政府权力，存在被用于寻租、设租的可能，监管腐败所产生的沉没成本构成了对公众利益的侵害，会制约银行有效监管。（3）为满足监管要求，被监管银行要付出一定的服从成本。如在2003年汇丰银行年度股东大会上，董事会主席庞·约翰公开指出：该银行在全球范围内为尽到监管义务、满足监管要求共花费了4亿美元，占到了128亿美元税前利润的3%。同时，监管限制和不当监管还会造成效率损失，降低生产者福利，这种效率损失大到一定程度时还可能引发银行危机，损害监管的公共利益目标。如利率限制是导致美国储贷协会盈利能力下降、并最终形成危机的监管因素之一。不仅如此，过多限制性监管措施也会制约银行为消费者提供更为低廉和多样化的服务产品。从促进银行业发展和维护消费者利益的角度来看，有必要降低监管成本，提高监管效率，使之与监管收益相匹配。

第三章 影响银行有效监管的主要因素分析

本章重点从银行监管成本与监管收益两个方面入手，根据需求供给曲线的原理比较分析影响银行监管效率的内外因素，从而对实施有效银行监管提出合理的边界。

3.1 银行有效监管成本分析

银行有效监管指的是在监管成本约束下的监管目标的实现程度。为了从根本上评价银行有效监管，本书首先从研究银行监管的成本入手，设计银行监管的具体成本的衡量指标。一般来讲，监管成本中的直接成本部分相对容易统计和估算，但是间接成本就比较难以计算。和监管成本相比，监管的收益更难以准确地计算，因为监管带来的收益几乎都具有间接收益的特点。然而，从世界各国的具体经验来看，大家都认为监管的收益大于监管的成本，但究竟是多少，无法准确地回答。

从既有的理论研究和各国监管实践看，监管成本的划分标准和统计口径并没有一个统一的标准，这是因为监管成本具有多样性、大量监管成本难以分割、无法或难以观察等特征。根据孟艳（2007）的研究，她参考了英国金融服务局对监管成本的划分方法，并结合中国银行业监管实践，从以下三个类别考察银行监管的成本：直接成本、间接成本和扭曲成本。

3.1.1 银行监管的直接成本

孟艳（2007）给银行监管直接成本定义如下：银行监管的直接成本是指由政府或监管当局所耗费的经济资源，这类成本主要用于制定监管规则以及实施监管、设立监管机构、救助问题银行等方面，具体包括立法成本、执法成本和处理高风险机构成本。

立法成本。立法成本是指为建立银行监管法律基础设施所付出的成本，包括制定、颁布和修改各项法律法规的成本。由于监管法律法规的出台往往要经过好几年的时间，为了多方征求意见，所以在立法过程中会耗费大量的人力、物力和财力，增加银行监管的成本。随着中国银行运行及监管的规范化，这部分成本呈现出逐步上升的势头。

执法成本。执法成本是指监管机构开展监管执法所耗费的人力、物力和财力，包括建立监管组织体系的各项开支、稽查办案费、监管人员培训费、各种现场及非现场监管的费用等。执法成本的计算比较容易，一般来讲，可以通过分析监管机构资金来源总量直接获得，至少在监管机构内是可以知道的。不过，当监管职能由多个机构承担时，执法成本的计算就不太容易了。尤其是由中央银行来执行监管职能时，就很难把监管活动的成本与央行承担的其他职能引起的成本分开。在该部分成本计算中，监管机构资金来源一般分为政府预算拨款和被监管银行缴纳的监管费用两种渠道，中国实行的是收支两条线，每年约收缴 50 多亿元监管费，监管机构资金费用采用中央财政拨付预算制。

处理高风险机构的成本。该成本是指银行出现危机或严重性问题的时候，政府、中央银行和存款保险机构为救助或处理问题机构所需付出的成本。这种成本虽然不经常发生，若一旦发生则通常数额巨大，而大量研究表明新兴市场国家为解决高风险银行付出的成本往往比发达国家付出的成本要高得多。Caprio 和 Klingdiel（1997），Homhan（1997）以及 LindgreI1、Garda 和 Saal（1996）在研究了东亚危机以前发展中国家银行破产之后，通过较为全面的数据估算出，截至 1996 年年中，这些银行破产的全部财政费用为 2 500 亿美元，平均占到发生危机的 59 个发展中国家 GDP 的 9% 左右，而相比之下，10 个工业化国家银行危机的财政费用平均只占到 GDP 的 4%。另外，根据前世界银行首席经济学家约瑟夫·斯蒂格利茨估计，东亚金融危机过后，亚洲约有 1 万亿美元的收入化为乌有。世界银行 2000 年的数据显示，亚洲金融危机国家用于补充银行资本金的成本占到了相关国家 GDP 的 10% 至 60%。

在建立了存款保险制度的国家，存款保险机构可以负担一定份额的处理问题机构的成本，但是这种市场化的解决方案也只局限于处理个别问题机构，一旦发生系统性银行危机，税收资金往往成为最终的解决方案，由纳税人来负担此成本；在中央银行独立性较差的情况下，通过增发货币增收通货膨胀税也是常见的解决途径，其成本则由全体国民支付。在没有存款保险制度的情况下，该项成本就只有依赖于后两种途径解决。

3.1.2　银行监管的间接成本

银行监管的间接成本又称银行监管的执行成本，是被监管者为监管所付出的成本。银行监管的间接成本不但包括被监管者根据监管机构要求提供信息的成本、为了使本部门符合监管条例而进行内部检查的成本、"填表"（提供报表和报告）成本等，还包括因监管所损失的业务收入，如银行按要求保持最低资本比率、缴纳存款准备金、存款保险金以及按规定提取高额坏账准备金等。

在国际上，像英国金融服务局把银行监管的间接成本分为总间接成本和增量间接成本两类。增量执行成本即执行监管要求所增加的成本，而这些成本在没有监管的情况下不会发生，它只是总执行成本的一部分，是总执行成本超过企业在正常经营活动过程中应发生的成本的那部分。这种区分实际上涉及政府外部监管与银行内部控制一致性的问题，当监管要求与银行内部控制要求一致时，增量执行成本负担最小。因此，可以这样讲，银行监管的间接成本实际上是监管当局"强加"给金融机构的。

3.1.3　银行监管的扭曲成本

孟艳（2007）认为，尽管监管的重要目的是为了消除或减轻市场失灵，但是，必须认识到监管本身也会带来各种扭曲行为，这些行为对银行所提供产品和服务的性质和可获性都会产生明显的影响，会降低整个社会的福利水平。在评价监管成本时必须考虑这些扭曲行为带来的额外成本，即扭曲成本。

在许多情况下，银行监管的扭曲成本是导致监管制度失效或变迁的重要因素。比如人们普遍认为欧洲美元市场的产生和发展与美国对银行过度的监管有关；银行监管的扭曲成本主要包括消费者福利损失、生产者福利损失、监管腐败、道德风险等多方面，一般具有隐性特征，短期内难以观察和衡量。具体来讲：

生产者福利损失。主要是指银行在执行如利率限制、分业限制等监管规定时致使银行资产不能有效配置而造成的经营效率损失。一般而言，银行监管对金融创新具有抑制作用，而这种抑制作用会限制新产品的开发和银行获取利益的机会，比如说：流动性比例、资本充足率要求会限制银行业的扩张等。

消费者福利损失。主要是指监管法律限制对银行竞争和创新行为的抑制所引起的银行提供产品和服务质量的下降或其服务种类的减少以及对消费者带来的不方便等，进而所引起的消费者享受的总福利损失。

道德风险。主要是指由于金融安全网所引起的投资者、存款人和经营者等多方的行为改变所发生的风险，这种行为的改变常常会增加银行体系的风险，降低整个社会的福利水平。如保护存款人利益的监管，降低了存款人通过挤兑对银行施加市场约束的动力，银行可以通过提高利率吸收存款，并从事风险更大的投资活动；由于对监管当局保证银行安全和稳定的信任，投资者会忽视对银行的监督，只考虑投资的收益性，而对经营不良的银行并不在意。另外，银行为执行监管规定宁愿选择高风险、高收益资产的方式来承担一定的成本损失，而不安分守己。这些行为都会背离监管的初衷，给社会福利带来净损失。

3.1.4　监管寻租与反腐败成本

监管是一种垄断性的强制权力，监管者可能会滥用监管权力用于谋取自身私利，这种腐败行为属于社会的沉没成本，会导致社会财富的浪费和社会福利的净损失。谢平和陆磊 2005 年的研究指出：监管者的腐败行为可以分为通过抽租进行贪赃而不枉法的行为和通过收取贿赂而进行的贪赃枉法行为两种。所以，为了防止监管者的这些腐败行为，便产生了包括事前防范、事中监督和事后处理等对监管者的再监督成本。

以上从银行监管的直接成本、执行成本和扭曲成本三个角度分析了银行监管成本的构成。但是，由于大量成本不易分割、观察和量化，估算银行监管的成本，特别是执行成本和扭曲成本存在诸多困难。

目前，研究银行监管的间接成本最常采用的方法主要有问卷调查、案例研究和推理估算。问卷调查主要采用向银行业金融机构发放问卷调查表或进行座谈的形式进行。这种方法要提供大量的样本，被调查的银行可能会以不同的方式来理解调查问卷，它们的答案会存在很多差异；而用座谈的方式进行调查虽然可以保持调查的前后一致性，但是，由于成本较高，只适合选取较少样本的情况。案例研究则集中研究更少的样本银行，有时甚至是一个或两个，但是，这种方式可以从个案角度深入和全面地分析监管给银行所带来的额外成本。推理估算是通过对银行达到监管要求的变化与较早监管要求引起的相似变化作比较，或与其他领域的相似情况作比较，以推算这些变化的成本。

在银行监管的间接成本绝对额的研究方面，Enidamen（1998）在对银行监管间接成本的研究成果综述时指出，大量案例研究和调查表明，间接成本大约占到银行非利息经营费用的 13%，大约相当于银行净收入的 50%。

在研究银行监管的间接成本相对额方面，许多文献主要研究直接成本和间接成本之间的关系，Ohmax（1987）的研究表明，英国执行 1986 年《金融服务法案》的直接成本是 20 亿英镑，间接成本是 80 亿英镑，在此基础上提出了直接和间接成本的经验比是 1∶4。Franks、Schaefer 和 Staunton（1998）估算了

銀行业有效监管与改革

英国、美国和法国三国证券交易和投资管理监管的直接成本和执行成本，发现
两者的关系基本上遵循这一经验比例。

在银行监管的扭曲成本方面，量化的研究成果甚少，Douglas Dband
（1998）在计算了银行业管制给美国银行业带来的效率损失之后得出的结论是：
由于投入扭曲造成的成本要占总成本的比例不到1%。该研究表明，在20世纪
70年代以前，由于资源配置的不当而引起的效率损失是非常明显的，但到20
世纪80年代中期以后，由于放松了金融管制，这种效率损失基本上就没有了。

3.1.5 监管成本的模型化分析

监管成本虽然不好直接测算，但秦宛顺等（1999）提出了通过监管强度来
间接分析成本的思路，把监管成本看成监管强度的函数。监管行为包括两类：
一类是制度性行为，即有关金融监管的法律法规；另一类是针对单体机构采取
的监管行为，如检查、处罚等。监管度的概念是对两类监管行为的抽象综合度
量，监管当局颁布的规章制度越严格，为保证规章制度得以贯彻而实施的检查
越频繁，实施的处罚越严厉，银行监管的强度越强。这样就可以通过监管强度
来间接地以函数形式表示监管成本。可以认为监管的成本函数具有一般成本函
数的特征，即监管成本对监管强度的一阶导数和二阶导数均为正。以 x 表示监
管强度，以 c（x）表示监管成本。则 c（x）有如下函数性质：

$$dc(x)/dx > 0 \qquad (3-1)$$
$$d^2c(x)/dx^2 > 0 \qquad (3-2)$$

监管成本函数的这种性质可以用图 3-1 来表示。

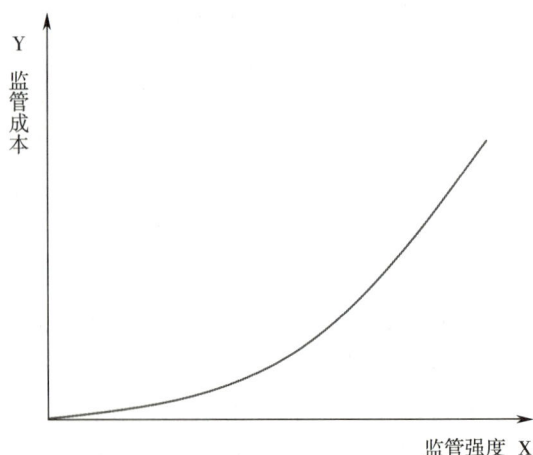

图 3-1　监管强度和成本关系曲线

3.2　银行有效监管收益分析

银行监管的收益就是因监管避免了银行体系中的不稳定从而所获得的利益。监管的收益等于不实施监管所造成的损失。从这个定义可以看出，银行监管的收益是一种预期收益，由于不实施银行监管的后果有很多种，可以说银行监管的收益就等于无监管所造成的损失的期望值。从理论上说，银行监管的收益是可以计算的，只要知道各种无监管的损失有多大以及各自的概率是多少，就可以计算出无监管损失的期望值，这就是银行监管的预期收益。但现实中，要评估由于没有监管而造成的损失是徒劳的，因为这种损失是一种假想中的损失，在损失没有成为现实之前，我们是无法知道的；再从另一个角度看，银行监管是一种公共产品，具有公共品的非排他性和非竞争性性质，由监管所带来的好处更多地体现在它对社会整体的贡献上。因此，要准确测算其收益几乎是不可能的。尽管银行监管收益是非常抽象的，我们还是可以从银行监管目标的实现程度的角度来理解银行监管的收益。因为监管的目标有宏观和微观之分，因此也可以将银行监管的收益分为微观收益和宏观收益两类。

3.2.1　银行监管的宏观收益

银行业是一个高负债行业，涉及面广，渗透力强，其业务活动关系到千家万户存款人的利益，涉及国计民生方方面面，银行业的稳定关系到经济稳定和国家稳定。因此，银行监管效益可以说是无法估量的。简单地说，监管可以维护银行秩序稳定，促进社会经济活动健康发展，保障整个社会环境安全。尤其对我国来说，由于企业的银行贷款比例极高，因此银行市场的安全对国民经济稳定和发展更加重要。银行监管对银行市场的发展是有利的，不受任何监控的银行活动的潜在危险可能是巨大的，将造成资本市场的无序和混乱。但过严的监管措施也可能会阻碍银行业的发展，由于新市场开发困难而失去的机会成本，以及为实施监管而投入的资源都是不容忽视的。

3.2.2　银行监管的微观收益

监管保护了存款人的权益。由于储户在与银行机构交易中属于弱势群体，较容易受到损害。银行监管可以保护银行的客户免受行为主义的侵害，即保护客户免受银行机构和其他参与者的垄断定价或机会主义行为的损害。也就是说，由于普通储户在竞争中的弱势地位，容易被欺诈和漠视，监管的存在可以确保银行客户得到完全的、诚实的银行服务。

监管促进了银行改革和安全运行。第一，促进银行改革。银行监管可以有效地促进银行内部自控系统建立和完善。银行是否安全运行更大程度上取决于银行内部自我约束制度是否完善。《巴塞尔新资本协议》对银行内部风险评估标准作了更加严格的规定，以保证银行安全运行；中国银监会制定的五级贷款分类制度，有效地保证了银行不良贷款的控制，促进了中国银行股份制改革，完善了产权制度。第二，银行监管可以保障银行从业人员的素质。例如，在对银行高管人员的监督上，中国一直将监管法人作为银行监管的重要内容，其目的就是通过对银行业金融机构的董事和高管人员任职资格管理，防范因法人出现道德风险，进而诱发经营风险，以此促进银行业健康发展。同时对其他银行业务人员进行监管，可以很有效地避免从业人员的违规行为，保证储户利益和银行正常运行。

监管提高了银行监管机构自身的效益。第一，进一步完善监管制度。由于监管当局对银行监管工作的重视，监管机构各项软、硬件的投入成本加大。在此情况下，为了能够有效地开展监管，就必然要进一步完善监管制度，这种制度不仅仅包含对各银行机构实施监管的各项制度，同样也包含完善和提高监管机构的自身能力和水平的各项内部基础制度。第二，强化监管组织。监管组织是实施银行监管的主体，一般来说，在监管成本投入较小的情况下，监管组织也必然难以得到扩充和加强。由于投入成本加大，监管组织体系也必然会得到不断加强，从而形成一个较为庞大的组织体系。对银行机构业务经营的合规性、风险性和效益性的监管，也将由于监管主体的增多而更为全面、更为细化、更有针对性。第三，不断提高监管人员素质。在投入一定程度的监管知识、技能教育和培训成本以后，监管部门所获得的效益回报必然是监管人员素质的不断提高。这种整体监管素质的提高，在维护银行秩序，促进银行业的稳健发展方面必将起到积极作用。

3.2.3 监管收益的模型化分析

与监管的成本相比，监管的收益可能是更加难以准确计量的，因为监管的收益几乎都具有间接收益的特征。但是我们仍然借鉴前面的思路，通过监管力度来分析监管收益的思路。仍以 x 表示监管力度，以 R（z）表示监管收益。我们认为监管的收益函数 R（z）也具有一般收益函数的特征，即监管收益对监管力度的一阶导数为正和二阶导数均为负：

$$dr(x)/dx > 0, \quad dr^2(x)/dx < 0 \qquad (3-3)$$

监管收益函数的这种性质可以用图 3 - 2 来表示。

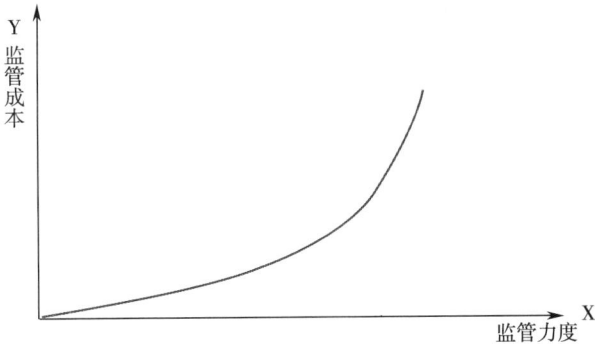

图 3 - 2　监管力度与监管成本之间的关系

如图 3 - 2 所示，当监管程度低时，市场的无序和混乱降低资本市场的收益；随着监管程度的增加，市场运作良好，银行业收益提高，但监管的边际收益会逐渐下降。有些学者认为当监管过分严厉时，可能会使得收益下降，即出现边际收益为负的情况。按照这些学者的观点，监管收益与监管力度的关系曲线也可能出现倒 U 形态（如图 3 -3 所示）。但这还只是理论的假说，在现实中是很难真正出现的。

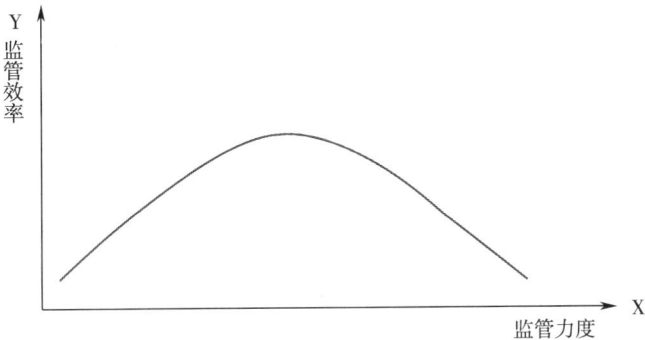

图 3 - 3　监管力度与监管效率之间的关系

3.3　银行监管效率问题

3.3.1　研究银行监管效率问题的必要性

斯蒂格利茨曾说：对于经济中私人部门与公共部门的最佳混合提供更深入的见解是经济学理论的一个任务。因为现实中的市场总是不完全的，市场失灵的状况也是经常存在的。因此政府在监管制度方面的供给是对市场机制的必要补充。对于银行信贷市场更是如此，信贷市场上存在着严重的信息不对称现象，而银行业自身又具有内在的脆弱性，因此监管毫无疑问是必要的。但什么样的监管才是有效率的，才能使政府的干预尽量多地对市场的正常运行起到良性的促进作用，而不是起到副作用，这是银行监管中需要解决的一个至关重要的问题。因此，对银行监管的效率问题进行分析具有重要的理论和现实意义。具体来讲，至少有以下三个方面的原因使我们不得不对银行监管的效率问题进行深入的研究。

银行脆弱性需要高效的银行监管。由高负债经营行业特点所决定的银行脆弱性使银行经营的内在风险与银行对经济增长的促进作用总是相互作用的。因为银行具有很高的负债率（一般均在90%以上），银行必须保持充足的流动性，并采取部分准备制，用来随时足额满足支付需要。如果公众对银行的信心发生动摇，就会对银行的经营或者生存产生毁灭性的打击，而且这种信任危机还具有传染效应，产生系统性风险，对个别银行的不信任可能危及整个银行体系乃至金融体系这种多米诺骨牌效应，会对社会经济造成巨大破坏。因此，外部监管对制约银行的脆弱性显得非常必要。在银行内在脆弱性的作用下，银行经营中的风险趋于不断积累，其自然的结果是发生银行危机。在20世纪30年代经济大萧条的前夕，美国商业银行的总量一度达到30 456家这一历史最高纪录，到1933年，美国银行总量只剩下14 207家，50%以上的银行在这次大危机中结束了生命。20世纪70年代中期以来，银行危机更是普遍发生，自1980年到1996年，有133个IMF成员国发生过银行部门的严重问题或危机，其频度和绝对规模几乎是史无前例的。在发达国家，国际股权持有量的价值达到了其国内生产总值的80%。跨境证券投资存量为12万亿美元，等于全球生产总值的二分之一。全球衍生工具合同的名义余额达到令人难以想象的173万亿美元，等于全球国内生产总值的5倍以上。据世界银行估计，过去25年里，在93个国家至少发生了117起全系统的银行业危机。平均而言，危机造成的损失高达所在国家国内生产总值的16%。而为清理这些危机花费的预算总额超过1万亿美元。于是，章展曼说："如果说，这几年来金融领域里有什么新的发展，那就是监管是必不可少和必须加强的。"

金融自由化需要高效的银行监管。理论和实证分析表明，金融自由化的收益大于风险。而且在实践中，伴随着经济金融全球化进程的不断加快，金融自由化也是一个不得不进行的过程。然而，经济金融全球化和金融自由化也使银行脆弱性有一种自然增强的趋势，同时也使银行风险变得更加难以预测、应对，危害的广度和深度空前。诚如克鲁格曼所言："谢天谢地，亚洲金融危机前中国没有允许货币自由兑换。多亏货币不能自由兑换，使金融稳定得到了保障，从而使中国幸免于危机。"金融的安全和效率问题是事关国家经济金融生死存亡的问题，也是直接危及国家主权的问题。金融自由化加剧了金融市场参与者的信息不对称性，需要政府采取监管措施以改善金融市场的信息不对称状况，从而降低风险，促进金融交易量的增加和效率的提高。与金融自由化相对应的就是加强银行监管，这主要是指风险监管，而不是完全的行政强制。

特定经济发展阶段需要高效的银行监管。我国将长期处于社会主义初级阶段，由于银行监管法律体系并不完备，银行监管赖以发挥效能的基础设施尚不健全，银行机构的法人治理结构和内部控制制度尚须完善，监管人员法律、业务素质还有待提高等因素，防范和化解银行风险变得更加困难和低效。在中国一些地区和机构出现过较严重的金融风险，监管当局通过收购、注资、债权转股权、关闭、破产、重组等不同方式化解和处置了海南发展银行和中银信托投资公司、中国农村信托投资公司、中国光大信托投资公司、中国新技术创业投资公司、广东国际信托投资公司等非银行金融机构，依法撤销了近 50 家严重违规经营和高风险的城市信用社。中国改革开放已三十余年，银行业增长速度迅猛。据统计，截至 2010 年末，全国银行业金融机构境内资产总额达到 94.3 万亿元，银行业金融机构境内负债总额为 88.4 万亿元。需要说明的是，银行增长并不必然意味着银行发展，数量的增长并不必然包含质量的同步提高。银行目前仍是中国经济增长的重要支撑，如果银行微观基础不牢，势必影响宏观经济的持续增长，客观上需要有力、高效的银行监管去规范和引导。

3.3.2 监管效率的界定

效率是指投入与产出或成本与收益之间的对比关系，是现有生产资源与所提供的人类满足程度之间的对比关系。Faml 在 1957 年最早系统地研究经济效率理论，他指出，技术效率和配置效率是一个企业最重要的两个效率。Whitesm（1994）则指出，经济效率是指一个经济体在既定的生产目标下的生产能力。与经济效率理论相比，银行监管效率理论尚未形成完整、成熟的理论体系，有关银行监管效率的内涵、价值评判体系等相关理论尚还在起步之中。陈建华认为，金融监管效率是达到金融监管目标的成本和收益的比较。霍洪涛认为，银行监管效率是指一国由于银行监管当局实施了对银行业的监督和管理而增加的收益与银行监管职能实施所花费的成本之间的比较，它反映了银行监管职能在既定目标下的作用程度和能力，用来衡量或说明监管职能实施结果的数量特性或者结构变化，以及它对经济运行系统的辐射作用。总之，目前关于银行监管效率的界定还是比较笼统地借鉴了一般效率理论中成本与收益对比的思想。这样笼统的界定给分析造成了困难，正如前面所说，监管中的成本和收益是难以准确计量的。

有研究者在分析银行监管效率时，提出了以成本收益分析法为基础的定量分析思路。比如使用金融产品的多样性、产品质量、产品销量、竞争效率等与监管中的成本来进行比较（汪东山，2004）。但这种模型方法本身很不成熟，对成本的计量只能统计直接成本，对收益指标的选择也往往带有较大的主观性。前面提到的通过监管力度来分析成本和收益的思路，这样的分析有助于通过边际收益和边际成本分析来确定监管边界。虽然这种分析很难用于实际问题中监管成本和收益的测算，但可以从动态角度提供监管当局调整监管力度和适度监管区域的指导思想。实际上，适度监管区域的确定是监管效率的一个重要方面。因为我们可以认为只有在适度监管区域的边界以内，监管才会是有效率的。这为我们分析监管效率提供了一个很好的理论模型工具。

本人认为，研究监管效率的前提应是对银行机构的效率进行明确的界定，否则监管效率缺乏微观基础。因为银行机构的环境（政治、经济、文化、诚信环境、客户需要）是变化的，决定了监管效率是动态的，这就很难用一个或一系列的财务或非财务指标来进行度量。

3.3.3 银行监管效率模型化分析

银行监管是一把"双刃剑"。一方面监管有利于银行体系的稳定，另一方面监管也存在资源的约束，监管会抑制银行创新。监管成本和收益的存在，使适度监管成为可能。适度监管就是使监管的预期收益最大化的监管区域（李怀珍，2006）。如图 3 - 4 所示，监管当局将监管强度（x）提高一个单位（如严格监管标准、增加检查频率）所带来的监管预期收益的增加称为监管的预期边际收益 [$MR(x)$]。监管当局将监管强度提高一个单位而造成的成本的增加称为监管的边际成本 [$MC(x)$]。当预期边际收益等于边际成本时，即 $MR = MC$ 时，监管的预期净收益 $F(x) = r(x) - c(z)$ 达到最大，此时达到理想的监管均衡状态，监管强度则为理想的监管均衡强度 x^*。此时，我们可以认为监管是最有效率的。当监管强度低于理想监管均衡强度时，监管预期净收益随监管强度的提高而增加；当监管强度高于理想监管均衡强度时，监管预期净收益随监管强度的提高而递减。可以看出，虽然银行监管的成本和收益难以准确计量，但我们可以通过监管强度的变化来间接地表示监管带来的边际成本和边际收益，从而可以确定均衡监管强度和适度监管区域。理论上讲，当监管强度等于均衡强度时，监管是最有效率的。而只要监管强度处于适度监管区域内，也可以认为监管是有效的。

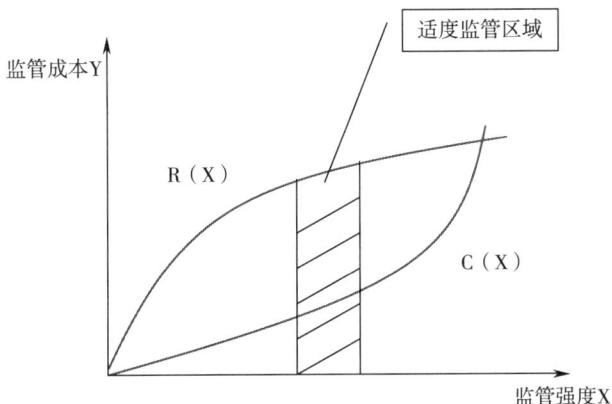

图3-4　适度监管区间分析图

3.4　内外因素分析

监管效率受到很多因素的影响，这些因素使监管效率出现差异。主要分为内部影响因素和外部影响因素。

3.4.1　内部影响因素

金子寿、刘鹤麟（2001）认为，影响金融监管成本收益的因素主要体现在以下因素，这些因素最终影响了监管成本收益的考虑变量。

银行监管机构设置模式。一般来讲，有两种银行监管组织机构的设置模式，一种是在分业监管背景下银行监管机构，在该模式下分别设立银行、证券与保险业监管机构，但监管效率不高；另一种是统一的监管机构，即把规模单一、分散的功能监管机构统一起来，提高监管效率。

银行监管多重目标。《有效银行监管核心原则》中指出：银行监管的目的是保持银行体系稳定性的信心，以降低存款人和银行体系的风险，银行监管还在于努力建设一个有效的充满竞争的银行体系。一方面监管当局要考虑以稳定银行体系为重心，另一方面要激励银行机构竞争以提高银行体系的活力为重心。两种不同的监管价值取向必然影响监管的成本收益。如果以稳定银行体系为重心，实施监管的力度可能就大，过度的求稳反而会抑制银行创新，削弱银行体系的竞争活力，损失银行业的运行效率。如果以提高银行体系的效率为重心，实施监管的力度就可能比较适度，银行业竞争力提高，监管效率也会提高。

银行监管者激励机制。银行监管是一种公共产品，根据公共产品的特点，公共产品的供给总是效率低下。而由一些独立利益的人组成的监管当局作为一个政府部门，其行为目标并不是公共利益的最大化，而是有着自己的目标，他们会通过各种措施使其行为遵循某种组织程序和规则，并按照自己设定的标准来评估其行为绩效，这些特点使监管当局具有了某种可称之为内部性的类似于私人组织的内在目标。同时，由于银行监管的预算不像其他公共支出那样占用很多，所以银行监管的关键就在于如何评价银行监管的业绩，建立一套合适的监督监管者的激励约束机制。显然，在传统的以银行体系稳定为评价标准的机制背景下，银行监管必然会采取更为保守的措施，因为监管不慎也是要付出沉重代价的。

银行监管者规模效应。监管者的规模效益是一个经济学中的规模效应问题，在银行监管之初，增加监管人员的规模具有边际效益递增效应，但当增加监管人员的边际效益达到最大点之后，根据经济学原理，便会出现边际效益递减的趋势。假若人员不断地扩充，就会导致机构臃肿，使监管成本过度增加。另外，从监管者素质来说，监管者的素质应该是越高越好，但如果一味地追求高素质会加大监管的投入，所以我们在监管过程中还应注意人员结构的比例。

银行监管方法成本。监管涉及事前、事中、事后三个阶段的监管，这中间又涉及规章制度是否完善的问题。一套完整的规章制度不仅使监管有章可循，而且有助于监管效率的提高。如果事前有较高的银行机构准入标准，那么在银行机构成立后面临的经营风险就会相对较小；如果在事中的检查较为频繁，有设计较为合理的检查程序指标，那么银行机构的经营风险也会降低；如果事后的如存款保险制度等救助制度较为完善，那么银行机构所面临的风险也会降低，监管收益也比以前有所增大。但是，过细的程序和严格的非现场监管指标和频繁的现场检查制度会导致银行监管入不敷出，可能会使效率更加低下。另外，银行监管机构先进的技术设备有利于迅速处理各种监管信息，为监管者提供迅速而准确的决策参考，提高监管效率。

以上分析表明，银行监管的效率受到多种因素的综合影响。这里提出"综合监管效力"概念，将影响监管效率的因素引入监管效率分析模型中，以进一步认识这些因素的综合作用。若用函数来说明"综合监管效力"，可以表示为 $Y=Y(m, g, h, c, t, w, u)$，其中 m 代表金融监管组织机构的设置模式，g

代表金融监管的目标，h 代表金融监管的激励机制，c 代表金融监管人员的多少及素质，t 代表金融监管的技术装备水平，w 代表金融监管的方法，u 代表其他因素。这些因素会对银行监管的效率产生综合影响，因此在一定的监管效力下，银行监管的效率（收益、成本）函数就可以改写为 $R（X，Y）$ 和 $C（X，Y）$。根据前面的分析，这两个函数的特征是：

$$dR(X,Y)/dY > 0, dC(X,Y)/dY < 0 \qquad (3-4)$$

如前所述，银行监管的效率表示的是监管收益与成本之间的对比。这里可以用 $F（X，Y）$ 表示监管收益和监管成本之间的差值，即

$$F(X,Y) = R(X,Y) - C(X,Y) \qquad (3-5)$$

也可以在原来分析监管的成本与收益的图形中加入综合监管力这个因素（见图 3-5）。

如图 3-5 所示，假如 Y 增加，则同样的监管力度下监管收益将会增加。那么整个监管收益曲线将从原来的 R（X，Y）位置上移到 RF（X，Y）位置。同时，监管的成本曲线也将从原来的 C（X，Y）位置下移到 CF（X，Y）位置。借助以上的图形工具，可以得到如下的结论：随着综合监管效力的提高，监管的"净收益"将会增加（表现为图 3-5 中阴影区域的加长部分）。阴影所表示的适度监管区域的宽度也会因为这些因素的变化而变化，这体现了监管效率的提高。说明综合监管效力的提高，使监管部门在确定适度监管区间内有了更大自由，恪守适度监管原则对监管部门意义很大。

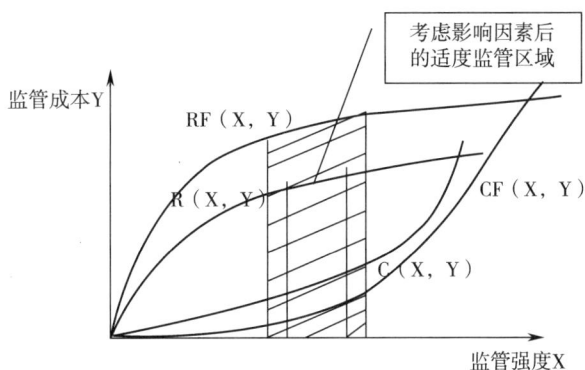

图 3-5　考虑影响因素后的适度监管区间分析图

3.4.2　外部影响因素

除了监管部门自身有关的内部因素会对监管效率产生影响外，一些外部的经济和制度等因素也可能会影响到银行监管的效率。

银行业有效监管与改革

1. 经济金融环境的影响。经济金融环境通常是影响银行监管的效果即监管效率的重要因素。在相同的监管措施下，由于经济金融环境不同，监管效率也不尽相同。在封闭或者未完全开放的经济金融环境下，政府管理宏观经济只限于内部交往，则银行业处于政府当局过度的保护和信息屏障之下；另外，银行业经营的决策从宏观到微观的具体操作都要受到政府的指令或意图的限制，甚至政府会直接决策。在此情况下，围绕市场准入和合规性监管而展开的改革是银行监管的发展方向，或者说，银行监管的改革是一种行政性和执法性的监管。所以，这种监管方式在一定程度上能减弱银行机构的经营风险，其效率的取得是以牺牲金融体系的效率来换取的。在开放的经济金融环境下，由于突飞猛进的技术和经济发展，日新月异的金融创新，封闭的金融体系不得不去调整，进而加强金融领域的国际合作，这样会使一国的经济金融环境发生深刻的变革，包括金融运行的主体和经营行为、金融运行的调控主体、监管主体、金融中介与金融市场的多元化等方面的金融运行机制也随之发生变化，必须要求作出监管主体、内容、原则等方面的银行监管职能的调整，使其具有审慎性、有效性、前瞻性的特点。

2. 宏观经济运行状况的影响。一方面来说，对银行监管起良性促进作用的关键因素主要是稳健可持续的宏观经济运行状况，一旦宏观经济波动，必将影响到其他经济部门，甚至影响银行监管策略的制定和执行以及制约银行监管职能的发挥；从另一方面看，银行监管效率如何又反作用于宏观经济运行状况。银行监管对宏观经济的影响主要表现在：（1）宏观经济的周期性可以通过调节银行的货币创造功能和金融市场的信用规模而施加影响；（2）当经济处于低迷时期，金融机构的活力可以通过较为宽松的、有效率的银行监管实施来实现，进而加快总体经济复苏的步伐；（3）当经济处于高涨时期，为了防止经济过热和出现危机，可以通过实施严格而高效的银行监管来实现。如美国 20 世纪 30 年代的大危机和亚洲金融危机后各国的经济复苏与富有成效的银行监管密不可分。

3. 银行产权结构和内部治理机制的影响。有效银行监管的微观基础是明晰的银行产权结构和良好的内部治理机制。不同的银行监管效率的最终形成的机理主要表现在：产权关系的不同及其安排决定着银行业的组织结构和治理机制，这样就会形成银行机构内部不同的激励和约束机制，进而形成有区别的银行监管微观基础，导致有差异的监管政策反应。所以，产权制度改革和公司治理结构规范可以说是一个问题的两个方面，二者共同构成了银行监管的微观基础，影响着银行监管效率的高低。

4. 非经济因素的影响。这主要是指一国的政治制度、法律制度、风俗习惯、文化道德等因素都会影响到一国银行监管的框架、方法和技术手段，进而影响银行监管效率。银行监管政策的选择只有在充分考虑到本国的基本国情下才会取得预期的效率。如日本、英国因为人文历史环境、法制环境等的不同，相应采取了符合本国实际情况的银行监管模式。

3.4.3　提高银行监管效率的可行选择

实践证明，只有银行监管部门按照适度监管的原则，将监管手段控制在合理边界以内，银行监管才可能有效率。还要从监管部门内部入手，通过对影响监管效率的各因素不断调整，营造良好的运行环境和机制，达到良好而持续的监管治理。

1. 贯彻适度监管原则。如前所述，银行监管一方面可以控制系统风险，维护金融稳定，提高银行运行的效率；另一方面又会加大银行交易的成本，降低经济金融运行效率。如果监管不足，就不能有效防范风险；若监管过度，则不能保证金融效率。有效的金融监管应该是创造金融创新的宽松环境，刺激金融竞争充分化，引导金融资源合理配置，使社会福利达到帕累托最优。《银行业监督管理法》对监管当局的监管职责、监管措施都有明确的规定，要求按照"遵循依法、公开、公正和效率的原则"对银行业实施监督管理。适度监管原则应该体现在广度、深度和透明度方面。

（1）广度问题。"广度"是指在监管制度安排上，明确界定政府的行政权力范围。对于商业银行而言"法无禁止即许可"，监管当局的职能是不断发现金融创新过程中的各种负外部性，完善法规。同时在监管策略上，"要从能做什么"转向"不能做什么"。具体来讲，应该包括：事前的制度安排，如制定清晰、准确、普遍认同的银行评级标准和监管制度体系，完善公司治理结构，优化银行监管环境；事中的例外管理，只有当金融机构发生系统性信任危机或市场缺陷及市场成本过高等情况时，政府才果断介入，直接行使其行政权力进行处罚或对自律组织施加影响和压力迫使其改进监管，日常的监管主要由金融机构内控合规部门负责；事后监管主体的责任追究机制，在明确界定政府有关部门监管职能的前提下，建立并严格落实责任制度，避免走过场的监管行为。

（2）深度问题。"深度"是指监管当局和其他有权监管机构以及银行业协会、银行机构内审部门在监管权力上的分割，并不是在任何时候任何情况下，只要涉及银行监管的问题，监管当局都要插手。而是作为监管当局，要明白监管不是万能的。银行存在的痛疾使其自身的市场化、商业化的程度不够彻底，这些不是通过监管能达到的，所以它不能保证所有的银行不倒闭。虽然我们现在收取监管费，但监管的责任是"体检"，针对不健康指标和风险的信号，通过科学"把脉"、检查、发现、判断问题隐患，指导监督银行真正建立有效的内部控制机制。如果监管当局对银行机构管理得过细、过量的话，那么银行机构将难以持续健康发展，公众利益反而受到政府的侵犯。所以，监管当局应避免直接微观管制机构。监管当局不是银行机构的经营管理者，不能企图对银行机构具体事务进行微观管理，避免对银行机构经营权的侵犯，做到管而不死，活而不乱。

（3）透明度问题。透明度原则是世贸组织规则的重要内容。所谓透明度，是指"在通俗易懂、容易获取和及时的基础上，让公众了解政策目标以及政策的法律、机构和经济框架，政策的制定及其原理，与监管政策有关的数据和信息，以及机构的责任范围"。首先就是决策机制和决策程序的透明度。我国加入世贸组织后，必须按照世贸组织规则，不断提高银行监管的透明度。银监会成立后，已经把提高透明度融入监管理念，体现在按政策法规、按程序、公开、依法监管银行等方面，尽量少采取内部文件的形式去监管银行，禁止随意指手画脚，惩罚的规则必须是透明的。

2. 合理设置内部监管框架。影响监管效率的因素有内部的，也有外部的。其中内部因素对监管部门来说是可控的。通过影响各种内部因素来提高监管绩效是监管部门实现有效监管的一条切实可行的途径。（1）合理配置监管设施设备。如果在这方面不能合理地控制而造成设施设备的重复设置，那么对银行监管效率会带来很大的消极影响。银监会设立后，涉及的人员会将注意力集中在能否在机构变动中升级、提职、扩权上面，有可能因变动在短期内造成监管效率损失，也在原有监管设施、信息、人才等基础上产生大量的办公性支出。（2）提升监管人员水平，引进监管人才，有效提升监管效率。中国为适应金融发展，必须建立一支既熟悉银行业务，又有较高的政策水平；既懂得传统银行业务，又要熟练掌握现代化技术手段，并且熟悉国内外银行业务的监管队伍。因为只有高素质的人才能充分领会科学的监管理念，才能以高度的责任感和使命感去监管，才能在监管实践中真正贯彻实施科学的监管手段，为整个国民经济的协调发展保驾护航。我国现阶段必须建立完善的人才培训机制，培养一大批专业化、国际化的监管人才；建立有效的激励机制，留住、吸引专业人才，充分发挥专业人才的积极性和创造性。银监会成立以来，加强与国际金融组织、境外监管机构及国内外商业银行的合作，运用研讨会、培训班、工作交流、工作实习等方式，进行有针对性的、多层次的、强制与自主相结合的培训；通过多种渠道培养和引进一批最急需、能代表国际先进水平的特种专业人才，特别是风险监管、复杂金融产品的风险计量，以及法律、会计等领域的高级人才。（3）提高监管措施的针对性，有效平衡监管实施成本。银行监管的现场监管和非现场监管工作必须投入大量的人力、物力和财力。特别是通过对影响监管效率的评估，确定现场监管和非现场监管的侧重形式以及操作程序，以更合理地配置监管资源，提升监管效率。（4）建立高效的监管协调机制，降低协调成本。银行监管需要扩大银行监管国际合作，需要建立以政府积极支持为基础的参与协调机制，需要健全、完善以金融行业相互制约为基础的银行业自律机制，同时还需要加强以社会力量监督为基础的监管补充机制。

3. 良好而持续的监管治理。银行业的监管治理是狭义的公共治理在银行监管领域的具体表现形式。监管治理主要包括：独立性、问责制、透明度、操守。其中，透明度本身就是适度监管的重要组成部分，而独立性、问责制和监管人员的职业操守也为监管部门实施适度监管提供了重要保证。

第四章 银行有效监管的指标体系框架设计

本章在对银行监管和成本收益分析比较的基础上，为把银行监管的最终目标具体化，从稳定性层次、效率性层次、公平性层次、发展性层次"四个方面"建立了衡量银行有效监管的指标体系框架，可用图4－1表示。

根据框架图，初步设计了包括六大类指标的基本体系来衡量银行监管的有效性（见图4－2）。具体包括存款人利益保护指标、银行业稳定指标、银行业效率指标、消费者利益保护指标、发展性目标指标、监管成本指标。

4.1 存款人利益保护指标

存款作为一项金融资产，它的安全性、收益性和流动性是存款人利益的具体体现，其中安全性是最根本的要求，银行监管也主要是从安全性的角度来保障存款人利益，至于存款的流动性和收益性则取决于存款人市场化的资产选择行为。所以，银行是否可以及时、足额地满足存款人的提款要求、支付其本金和利息，特别是，银行发生破产、倒闭等意外事件时，存款人获取支付和补偿的情况是存款人利益保护程度的集中体现，而银行业属于高负债经营企业，发生在银行业的违规犯罪案件会直接威胁存款安全，损害存款人利益。在此，选取两类指标作为存款人利益保护的衡量指标：（1）银行破产倒闭时，存款人获取的补偿金额；（2）银行业的违规犯罪案件，违规案件增多表明监管事前无效，至少表明是监管缺乏威慑力或存在监管漏洞；但如果违规犯罪案件由监管部门直接查出，表明监管事后有效，如果违规犯罪案件由监管以外部门查出，表明监管事后也处于无效状态。

4.2　银行业稳定性指标

银行体系的稳定主要表现在未发生系统性银行危机、支付体系正常运转、银行业具有较好的清偿能力和抗风险能力。据此，借鉴国际货币基金组织全球金融稳定报告使用的金融稳健性指标中有关存款机构的核心评价指标，选取以下指标来反映银行业稳定状况：（1）危机指标：在考察期间，该国发生系统性银行危机的频率和损失金额，该指标为衡量稳定性的核心指标；（2）资本指标：资本与风险资产之比、一级资本与风险资产之比；（3）资产质量指标：不良资产绝对额、不良资产与资产总额之比、不良资产拨备覆盖率、大额贷款与资本之比；（4）流动性指标：包括存款总额与 M_2 之比（A 指标）、贷款与存款之比（B 指标）、银行获得的央行再贷款与银行负债之比（C 指标）三个指标；（5）市场风险敏感度指标：资产久期、负债久期、汇率敞口与资本之比。对这些指标的应用有以下几点需要说明：

第一，银行危机的判断标准缺乏一个统一的共识，不同的研究者从不同视角界定了银行危机的定义，本人把这些定义划分为广义和狭义两个方面。广义上讲，以 Demirgiic – kunt 和 Detragiache 提出的判断银行危机的标准为代表：他们认为，如果一个国家只要满足下列 4 项中的 1 项即发生了银行危机：银行系统不良资产占总资产的比例超过 10%；救助行动的成本至少占 GDP 的 2%；银行业问题导致银行大规模的国有化；发生大范围的银行挤兑，以及采取紧急措施，如存款冻结、延长银行放假日，或者由政府发布存款保险的法令。狭义上讲，以 IMF（1988）提出的判断标准为代表，实际的或潜在的银行挤兑与银行失败导致银行停止偿还负债，或政府为防止该状况发生被迫提供大规模援助。

根据广义判断标准，我国银行体系已经呈现出一些潜在危机特征，如中国银行的不良资产比例仍然过高，银行体系以国有银行为主，世界银行认为（2003）中国政府最大的或有负债是可能需要为银行部门补充资本金。根据目前不良贷款水平估计值和银行改组相关财政成本情况，中国要支付的财政成本的估计值占 GDP 的 25% ~ 45%。但是，中国的支付体系却能够正常运转，并且未发生大规模银行挤兑，这反映了中国银行业发展和银行监管的特殊性。这些特殊性因素的存在使我们在判断中国银行危机状况时使用窄口径指标较为适宜，同时广义所涉及的其他标准在该指标体系的其余部分会有所反映。

第二，流动性风险对银行稳定具有最直接的威胁，在高储蓄率背景下，特别需要从存款角度考察银行流动性风险。因为在银行业资本充足率水平较低

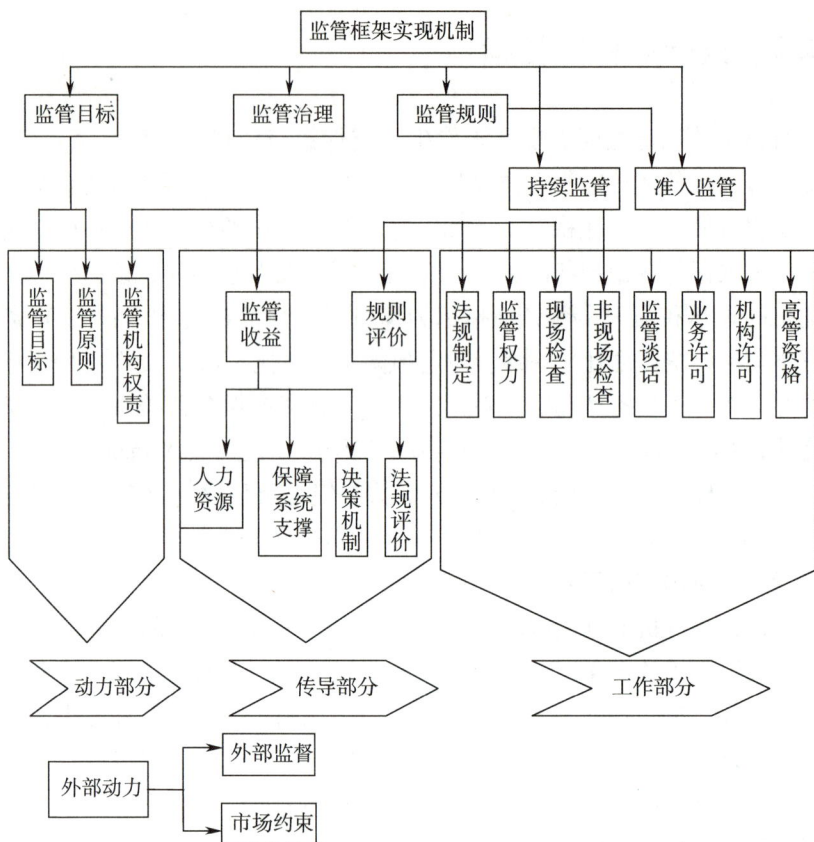

图 4 - 1　银行有效监管的指标体系框架图

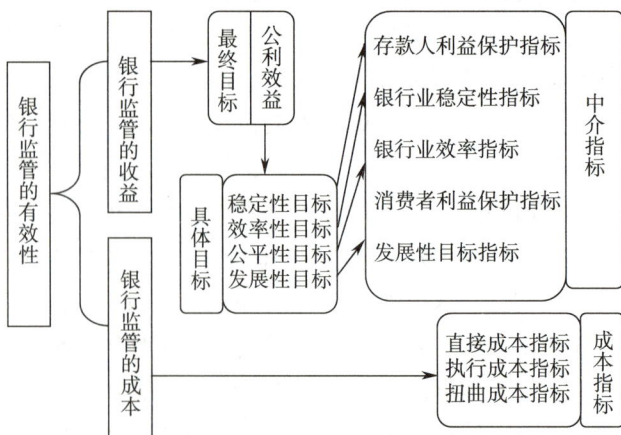

图 4 - 2　银行有效监管的指标体系构成

时，存款数额的增加是银行流动性主要的补充来源，是公众对银行业具有信心的重要表现，当然，存款数额的不断增加也可以掩盖银行体系真实的清偿能力状况，推延危机的爆发，而当存款指标发生明显逆转时则表明危机的苗头可能已经出现。在上述三个流动性指标中，A 指标大幅度下降可能是人们对银行体系失去信心的重要标志，它也可能表明非银行金融机构提供了更好的金融产品；B 指标反映了银行动员存款满足贷款需求的能力，该指标较高说明银行流动性压力较大，如果过低可能意味着银行体系面临经济冲击，比如流动性陷阱；C 指标大幅度提高通常表明银行体系流动性严重不足。

第三，由于我国利率市场化尚未完全实现，汇率方面除 1994 年、2005 年外汇管理体制改革时人民币汇率发生一次性大幅度调整，在大多数年份，汇率水平相对平稳，利率和汇率变动所引起的市场风险相对不显著。虽然在所考察年份对市场风险敏感度指标没有具体分析，但是可以预计，随着我国经济市场化程度和对外开放度的提高，利率和汇率的波动幅度会逐渐扩大，市场风险敏感度指标重要性会逐步提高。

4.3 银行业效率指标

银行业的效率主要体现在银行的市场竞争能力和获利增值能力方面。银行业的市场份额是其市场竞争能力的重要体现。可以选取存款占金融资产的份额、贷款占社会融资额的份额作为衡量银行业的市场占有率，当然这些指标只适宜做单个国家的纵向比较，不同国家金融体系的结构不同，有的以银行为主导，有的以市场为主导，一般不适合做横向比较。获利增值，追求利润最大化是商业化运作银行业的经营目标和业务扩张动力，是银行弥补损失的主要来源。如果银行的利润持续下降，说明其清偿能力的风险增加；如果盈利状况异常高，也可能是过度承担风险的表现。利润主要来自于收益的增加和成本的节约，因此可以选取资本收益率（ROE）、资产收益率（ROA）、收入成本比、非利息支出率、人均支出与盈利的比率。具体来说，选取以下 7 个指标来评价银行业效率：（1）存款占金融资产的份额，即银行吸纳的存款与各种金融资产总和之比，各种金融资产主要包括存款、股票、债券、基金等；（2）贷款占企业融资额的份额，即银行发放的贷款占企业外部融资总额的比重，企业外部融资渠道除贷款外还包括发行股票和企业债券；（3）资本收益率 ROE，等于税前利润与资本之比；（4）资产收益率（ROA），等于税前利润与资产总额之比；（5）成本收入比；（6）非利息支出率，等于非利息支出与总收入之比；

（7）人均支出与盈利的比率。其中，把资产收益率设为核心指标。

4.4 消费者利益保护指标

消费者利益保护的核心是消费者获取金融服务的机会是否均等，在收益率相同情况下，主要从消费者获取贷款服务是否享有公平，选取城乡信贷服务扭曲度衡量城乡贷款服务的差异，贷款公平度（待遇）等于不同地区的贷款份额与经济增长贡献率之比；选取企业信贷服务扭曲度衡量企业贷款服务差异，它等于不同企业的贷款份额与工业生产总值份额之比。除了运用这两个比例性指标反映贷款公平待遇外，还可用一些实证数据进行说明。

4.5 发展性目标指标

发展性目标指标主要包括经济增长贡献度指标，它等于 GDP 与银行业投入实体经济的资产总额之比。其中，银行业投入实体经济的资产总额等于资产总额扣减在金融体系内部循环的资产，它以信贷资产为主，还包括国债、企业债、股票等证券类资产。为实现经济赶超战略，发展中国家通常采取控制性手段集中金融资源支持重点区域、行业和产业的方式追求经济增长，这种发展战略在东亚国家表现得比较突出，如中国、日本、韩国等。在赶超战略的作用下，银行监管也服务于经济增长这一大目标，银行监管可以影响银行的信贷行为，进而影响经济增长。而且，在赶超经济大背景下，银行监管的稳定、效率等前述一般性目标与 GDP 快速增长目标相比往往居于次要地位；再者，如果收入分配相对公平，经济增长有利于国家和公众利益，可以视为公利目标。因此，有必要设置该指标。该指标的含义是银行投入实体经济的每一单位资产所推动 GDP 的数量，它的值越大表明银行资产运用对经济增长的推动作用越强，银行业对经济增长贡献度越大。

4.6 衡量银行有效监管的主要指标体系

归纳起来，衡量银行有效监管的基本指标体系主要内容见表 4 - 1。

表 4 −1 衡量银行监管有效的基本指标体系

基本指标	考察视角	具体指标
存款人利益保护指标	存款安全性	银行违约时，存款人获取的补偿金额
		A. 银行业的违规犯罪案件总数量
		B. 监管机构查出数量
		C. 非监管机构查出数量
银行业稳定指标	银行清偿能力和抗风险能力	危机指标：在考察期间，该国发生系统性银行危机的频率和损失金额
		资本充足率指标：A. 资本/风险资产
		B. 一级资本与风险资产之比
		资产质量：A. 不良资产绝对额
		B. 不良资产与资产总额之比
		C. 不良资产拨备覆盖率
		D. 大额贷款与资本之比
		流动性指标：A. 存款总额与 M_2 之比
		B. 贷款与存款之比
		C. 银行获得的央行再贷款与银行负债之比
		市场风险敏感度指标：A. 资产久期
		B. 负债久期
		C. 汇率敞口与资本之比
银行业效率指标	市场竞争能力	市场占有率指标：A. 存款占金融资产的份额
		B. 贷款占企业融资额的份额
	获利增值能力	收益指标：A. 资本收益率（资本回报率 ROE）
		B. 资产收益率（资产回报率 ROA）
		成本指标：A. 成本收入比
		B. 非利息支出率，等于非利息支出与总收入之比
		C. 人均支出与盈利之比
消费者保护指标	金融服务机会均等	城乡信贷服务扭曲度：等于不同地区的贷款份额与经济增长贡献率之比
		企业信贷服务扭曲度：等于不同企业的贷款份额与工业生产总值份额之比
发展性目标指标	赶超型经济发展战略	经济发展贡献度指标：等于 GDP 与银行业投入实体经济的资产总额之比
成本指标	直接成本	立法成本
		执法成本
		处理问题机构的成本
	间接成本	
成本指标	扭曲成本	生产者福利损失
		消费者福利损失
		道德风险
		监管寻租成本

第五章　中国银行业有效监管的判断

本章主要运用银行监管所设计的各类指标来判断中国银行业监管是否有效。在具体判断以前，首先分阶段简要回顾中国银行业监管的历史沿革。

第一阶段：1948—1978 年。1948 年 12 月，中国人民银行成立。在新中国成立初期和"大一统"时期，人民银行作为金融主管机构，对银行业都进行了不同程度的管理。但是，由于推行高度集中的资金管理体制，人民银行只是发挥着第二财政的作用，按照行政命令执行信贷计划，算不上现代意义上的银行监管。

第二阶段：1978—1993 年。1978 年 12 月党的十一届三中全会召开，中国开始逐步向市场经济过渡，金融体制改革也进入新的阶段。1983 年中国人民银行专门行使中央银行职能，并履行一些监管职能，包括审批银行机构、稽核检查银行业务、纠正违章行为、整顿金融秩序等。1986 年国务院颁布《中华人民共和国银行管理暂行条例》，使银行监管朝着依法管理的方向迈进了一步。但是，20 世纪 80 年代银行监管所要达到的目标、采用的手段和检查的内容，只能满足传统计划体制的要求，银行监管没有完全进入法制化、规范化的轨道。

第三阶段：1993—2003 年。对银行监管的重视起自 1993 年，国务院决定取消人民银行省级及省级以下分支行的再贷款权和信贷规模调剂权，集中了基础货币调控权，人民银行分支行不再利用手中的资金权监管金融机构，而是通过法律、法规、条例规范金融机构的行为。1994 年银行业开始逐步实施资产负债比例管理。1995 年通过的一系列金融法规把金融监管明确列为中央银行的职责。2003 年 4 月 26 日，第十届全国人大常委会第二次会议通过决议，授权中国银行业监督管理委员会履行原由中国人民银行履行的银行监督管理职责。

第四阶段：2003 年至今。2003 年 4 月 28 日，根据十届全国人大一次会议有关决议，中国银行业监督管理委员会正式挂牌成立，履行原由中国人民银行履行的银行监督管理职责。中国银监会开始依法对银行、金融资产管理公司、信托公司以及其他存款类机构实施监督管理，形成了中国人民银行、银监会、证监会、保监会"一行三会"分业监管体制。

　　总体来看，第一阶段和第二阶段的银行监管以行政手段为主，具有不规范、非市场化的特征；第三阶段的银行监管才逐步进入法制化的阶段。第四阶段的监管是银监会成立以来以新的政策、机制、思路、办法，借鉴国际先进理念，结合国情实情，探索形成中国银行业发展实际的历史性时期。从上述时序上来看，对银行监管各项指标的考察主要放在20世纪90年代以后。具体衡量时，由于统计数据的缺乏、统计口径的变化、指标的可比性等多方面原因，在某些类别指标中只能选取部分指标作为代表；如果某些指标很有代表性，但又缺乏数据时，本书采用典型案例、估算等替代方式加以说明。

5.1　存款人利益保护指标状况

5.1.1　问题银行撤销对自然人存款的清偿

　　近年来，我国银行业关闭主要存在于中小银行和一些非银行类的小型存款类金融机构中，大型银行未曾发生破产倒闭事件。如1995年人民银行接管1996年由广东发展银行收购原中银信托投资公司，是监管机构首次实施的市场退出监管措施。1996—2002年，监管机构采取撤销、解散、关闭、破产等办法，对近500家严重违规经营、资不抵债、不能支付到期债务的中小金融机构以及28 000多家农村基金会实施市场退出，其中规模较大的有海南发展银行、广东国际信托投资公司等。此时期，央行运用支付再贷款，将部分资金专项用于解决各类机构的支付风险[1]。

　　这些存款类机构市场退出的方式主要采用行政性关闭或撤销，而不是市场化的破产方式，也有一些案例是在行政关闭后走向破产的，但总的来说，是行政主导型。为了维护社会安定，从近年处理危机银行业机构的实践看，中国自始至终对存款人的利益都是保护的，对自然人储蓄存款（包括客户证券交易结算资金）给予了高度保护，一旦有银行业金融机构破产或倒闭，对其个人储蓄

---

　　① 根据《中国金融年鉴》2002年。

存款实行全额偿付，保证全额返还本金和正当利息①，中国政府事实上对居民个人存款提供了一个隐性的存款保险制度，实质是由国家信用作保证。

5.1.2 银行业案件

银行业的案件行为对存款人利益会构成直接或潜在威胁，监管者应当及时发现和查处此类行为，保护其利益。近年来，监管当局每年都查处了大量违法违纪案件。1998 年共查处各类违法违纪案件 2 540 起，同比下降 30%，其中，百万元以上案件 120 件，同比下降 27%。2002 年通过对国有银行系统性检查，处罚有关责任人 1 200 多名；查出邮政储蓄机构违规揽储金额 300 多亿元。2003 年全年查处违规经营的各级银行机构 1 242 家，对 3 250 名违规人员进行了处分，其中国有银行各类案件共 420 件，涉案金额 141 637 万元，涉及 100 万元以上的案件 98 件。2008 年银行业金融机构百万元以上大案涉案金额首次下降到 10 亿元以内。截至 2010 年，银行业案件数已经降到只有 2005 年的五分之一，中国银行业的案件率已达到世界最好水平。亿元案件率、万家网点案件率，我们都好于欧洲国家水平、亚洲国家水平，这两个数字仅相当于过去的二十分之一。

但是，仍然有一些案件发现或查处太晚，或没有及时发现或查处，存款人利益还没有得到有效保护，主要表现为：

表 5 - 1　　　　　　　　　部分机构风险爆发时间与处置情况

关闭机构	支付危机发生时间	处置情况
中国农村发展信托投资公司	1991 年开始出现问题，1995 年下属公司原糖走私案发；1996 年面临债务、群众集资款等支付危机。	1997 年 1 月 4 日关闭并成立"12·28"专案组。
海南发展银行关闭事件	1995 年成立，组建伊始便面临支付困难；1996 年、1997 年、1998 年多次爆发支付危机。	1998 年 6 月 21 日关闭。

---

① 根据中国人民银行、财政部、中国银监会、中国证监会联合制定了《个人债权及客户证券交易结算资金收购意见》（2004），国家对储蓄存款和客户证券交易结算资金实行全额收购政策。而对其他个人债权，则以 10 万元为界：10 万元以下全额收购，10 万元以上九折收购。收购个人储蓄存款和客户证券交易结算资金的款项全部由中央政府负责；收购其他个人债权的资金由中央政府负责 90%，其余 10% 由金融机构总部、分支机构、营业网点所在地省级政府分别负责筹集。中央政府负责筹集的收购资金在存款保险制度及证券投资者补偿机制建立之前，由人民银行用再贷款垫付。地方政府负责筹集 10% 的收购资金，如地方财力确有困难，可向央行申请再贷款解决。

关闭机构	支付危机发生时间	处置情况
河南郑州城市合作银行大面积挤兑事件	1997 年出现支付困难苗头；1998 年 6 月出现大面积挤兑。	1998 年 6 月后重点关注，并于 1999 年实施全面救助。
广东恩平关闭 20 家城乡信用社案	1995 年上半年建行恩平支行因账外高息存款出现严重支付风波，建行为此调集 26 亿元保支付；1997 年春节前后行社联手，农村信用社发生严重支付危机。	1998 年 7 月，建行恩平支行被撤销、农行恩平支行停业整顿，20 家城乡信用社被行政关闭，损失国家资金 68 亿元。
河南长葛市人民城市信用社非法经营案	1988 年违规设立；1998 年元旦、春节爆发支付风险；1998 年 7 月发生挤提风波。	1998 年 12 月 23 日行政关闭。
广东汕头商业银行支付危机案	1997 年成立，1998 年 10 月开始出现流动性资金困难；1999 年 7 月开始出现大面积挤兑和全面支付危机。	1999 年 2 月人行广东分行向其发出预警和整改要求；1999 年 11 月落实改革重组方案。

资料来源：转引自《财经》2002 年第 3/4 期合刊。

　　一是问题处置不及时。表 5-1 提供了部分机构支付风险发生时间与监管当局行动的时间，通过比较可以发现监管处置均在金融机构发生了挤兑、挤提、资不抵债或恶性事件等重大风险以后，才开始采取行动的，未能做到事前预警，导致损失扩大化。

　　二是监管行动力度欠缺。由于地方政府干预、监管独立性缺乏、法律滞后等多方面原因，此类事件亦较为常见，但缺乏具体统计资料，江苏铁本钢铁有限公司（简称铁本）事件就是典型代表。2004 年，铁本因违规建设钢铁项目、涉嫌偷漏税等被国务院严肃查处，该案共有 6 家金融机构向铁本及其关联企业提供贷款 43.4 亿元，作为借款方的铁本本身注册资本金只有 3 亿元，作为贷款方的 6 家金融机构竟然竞相向该公司贷款而相互之间没有任何联系，而相当部分的资金以信用贷款的形式流入到铁本。[1] 在铁本事件中，各家银行存在严重的违规放贷行为和不正当竞争，同时放松了应有的监管。

　　三是监管当局未发现问题，由其他机构查处。图 5-1 提供了 1995—2010 年由审计部门审计出来的金融业的违规金额。从图中可以看出 1998 年和 2003 年是金融业违规案件涉及金额最多的两年，1995 年是金融业违规案件涉及金额最少的一年，2000—2003 年，金融业违规案件涉案金额逐年攀升，这种变化一方面反映了在改革深化阶段银行内控机制的建设和完善存在漏洞；另一方面也

---

　　① 根据《中国金融法治 2005》。

銀行业有效监管与改革

反映出对金融业快速变革阶段存在的问题缺乏有效的监控，这种情况伴随着金融业利益格局、业务范围、业务种类的多元化日益明显。

年
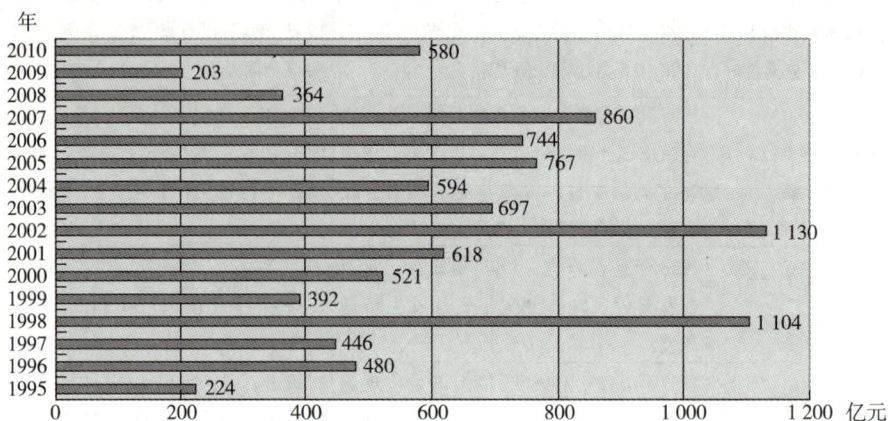

资料来源：审计署报告。

图 5 - 1　1995—2010 年审计出的金融业违规金额统计

国外机构案例中，比较典型的是中国银行纽约分行案件。2002 年，美国财政部货币监理署对中国银行在美国的三家分行罚款上千万美元，同时对中国银行总行课以等值罚款。罚款原因是三家分行存在不安全和不可靠行为，包括单个客户授信过高、信用证诈骗案、贷款欺诈、未经许可提前放弃抵押品并隐瞒不报以及其他可疑活动等。这些违规行为主要是在 20 世纪 90 年代，美国监管当局到 2000 年发现并开始调查，而中国到 2002 年才做出了事后罚款。而在 2002 年 1 月，审计署对中国银行总行、部分省分行及 100 多个分支机构进行了 2000 年度资产负债表审计，发现大案要案线索 20 几起，涉案金额近 30 亿元人民币。

以上情况的存在，说明中国银行业监管在及时发现、有效处理问题银行机构方面存在低效和不足的缺陷，对存款人利益保护方面还存在潜在的隐患，一旦问题机构引发大规模银行危机甚至系统性银行危机，仅靠国家信用来支撑的隐性存款保险制度难以保障存款人本金和利息的安全。

5.2　银行业稳定性指标状况

5.2.1　危机指标

按照窄口径标准来衡量，20 世纪 80 年代以来，中国发生的存款类金融机

62

构倒闭事件主要是中小银行或中小非银行金融机构，所发生的挤兑事件也都是区域性的，范围较小，没有发生规模较大的银行倒闭事件，也没有发生大范围的银行挤兑。所以，在考察期间，可以认为中国没有发生系统性银行危机，该指标为 0。

5.2.2　资本充足率指标

人民银行对资本充足率的计算方法是 1996 年规定的。2004 年中国银监会又制定了《商业银行资本充足率管理办法》，对商业银行的资本充足率采取了更为审慎的监管，按 2004 年方法计算，同一银行同一年份的资本充足率会低于按 1996 年方法计算的资本充足率。但由于统计数据的缺乏，无法获得全部商业银行资本充足率的时间序列数据。在此，分别用以下数据对中国银行业资本充足率状况作一说明。

1993 年中国银行业的资产总量 2.8 万亿元，银行的资本金总量 1 560 亿元，不考虑资产的风险加权，资本金与资产比率是 5.6%；2003 年银行的资产总量 23 万亿元，资本金总量 8 000 亿元，资本金与资产比率是 3.5%。从 1993—2003 年的 11 年间，中国银行资产增长 8.2 倍，而资本金增长 5.1 倍，资产增长快于资本金增长导致银行资本与资产比率下降，但无论是 1993 年还是 2003 年，我国银行业作为一个整体都没有达到 8% 的资本充足率要求。2004 年以后，随着资本监管的实施，发行次级债和可转债、注资、股改、加大利润留成等一系列补充资本金的措施使资本充足状况明显改善。全国资本充足率达到 8% 的商业银行由 2003 年的 8 家增加到 2005 年年末的 53 家；达标银行资产占商业银行总资产的比重由 2003 年的 0.6%，上升到 2005 年年末的 75% 左右。截至 2006 年第三季度末，资本充足率达标的商业银行增加至 66 家，达标银行数量占比达 44.30%，达标银行资产占商业银行总资产的 73.58%。2007 年达标银行 161 家，达标银行的资产占全部银行的资产是 79.2%；截至 2010 年末，中国 281 家商业银行全部达标，全部商业银行加权平均资本充足率为 12.2%。[①]

表 5 - 2 提供了 1998—2010 年国有商业银行资本充足率变化情况，除 1998 年因为发行 2 700 亿元特别国债补充国有银行资本金，使资本充足率状况明显改善，达到 5.29% 的最高值以外，1998 年以前和以后的各年度，国有银行资本与资产比率基本上是逐年下降的，资本金不足状况较为严重，从该指标来看，银行业稳定性存在潜在隐患。从 2003 年开始，国有银行资本充足率明显

---

① 数据来源：中国银行业监督管理委员会网站。

提高，按照 2004 年计算方法测算，2003 年年底为 7.62%；具体来看，中国建设银行资本充足率由 2002 年的 6.91% 提高到 2006 年的 12.11%、中国银行资本充足率由 2002 年的 8.15% 提高到 2006 年的 13.59%、中国工商银行资本充足率也由 2002 年的 5.54% 提高到 2006 年的 14.05% 以上。当时，只有中国农业银行未达到 8% 的资本充足率监管要求。

表 5 – 2   1998—2010 年国有商业银行资本充足率变化情况

单位:%

年份	四家大型银行资本充足率（资本/资产）	中国工商银行资产充足率	中国农业银行资本充足率	中国银行资本充足率	中国建设银行资本充足率
1998	4.8	4.9	1.5	9.9	4.3
1999	4.4	6.2	− 1.0	8.0	4.8
2000	5.1	5.5	0.4	9.8	4.4
2001	5.0	6.1	− 4.8	8.9	8.3
2002	4.4	5.8	− 4.8	8.7	7.0
2003	—	—	—	5.4	6.7
2004	—	—	—	8.0	12.0
2005	4.0	10.0		10.2	13.6
2006	7.0	14.2	—	13.5	12.6
2007	7.2	13.0	—	14.0	12.6
2008	12.2	13.1	9.4	13.9	12.2
2009	11.3	12.4	10.1	11.1	11.7
2010	12.3	12.3	11.6	12.6	12.7

资料来源：根据人民银行、银监会网站资料整理。

表 5 – 3 提供了 1998—2005 年 8 个国家或地区银行业一级资本与资产比率的数据，可以看出，中国银行业的指标最高值出现在 1999 年，具体为 6.54%，而最低值则为 2002 年的 3.62%，从整体趋势来看，2002 年以后呈现小幅攀升的态势，但从 2002 年以后，该指标不仅低于世界平均水平，而且低于中国台湾地区和周边国家，与发达国家银行业差距更大，到 2005 年，中国银行业一级资本与资产比率与西方发达国家相比，相当于法国的 26.0%，英国的 31.4%，美国的 41.1%。近几年，随着国有银行的股份制改革，通过国家注资，增加一级资本，中国银行的核心竞争力不断提高。

表 5 - 3 　　　　1998—2010 年各国或地区银行业一级资本与资产比率比较

单位:%

年份	中国	印度	韩国	新加坡	中国台湾地区	美国	法国	英国	前 1 000 家银行均值
1998	5. 75	6. 03	3. 81	10. 76	7. 63	8. 72	6. 55	7. 52	4. 48
1999	6. 54	5. 12	4. 27	11. 62	7. 49	8. 87	7. 09	9. 15	4. 72
2000	4. 83	4. 63	3. 97	10. 66	6. 41	8. 72	8. 69	11. 52	7. 86
2001	5. 07	4. 50	3. 97	8. 58	7. 74	9. 27	9. 47	13. 32	4. 67
2002	3. 62	4. 83	4. 22	7. 40	7. 00	9. 39	12. 36	12. 10	4. 62
2003	3. 67	4. 56	4. 04	8. 00	6. 86	9. 34	14. 09	13. 27	4. 50
2004	3. 74	4. 45	4. 47	6. 97	6. 72	9. 33	15. 71	14. 69	4. 54
2005	3. 83	5. 24	5. 33	7. 19	6. 45	9. 33	14. 75	12. 19	4. 53
2006	6. 5	—	—	—	—	—	—	—	—
2007	8. 4	—	—	—	—	—	—	—	—
2008	8. 8	—	—	—	—	—	—	—	—
2009	9. 2	—	—	—	—	—	—	—	—
2010	10. 1	—	—	—	—	—	—	—	—

资料来源:《The Banker》。

综上所述,中国银行业的资本充足率从 2003 年开始有了显著改善,许多银行达到了国际标准。但是,中国银行业作为一个整体与发达市场经济国家和一些周边邻国相比,还存在较大差距。除关注表内信用风险外,应考虑表外信用风险、市场风险以及操作风险等内容,还要不断增加用经济资本覆盖不可预见风险损失的比例,从而使资本充足率指标更加准确地反映中国银行风险状况和自身抵御风险的能力。

5.2.3　资产质量指标

主要选择不良贷款率和不良资产拨备覆盖率两个指标。

我国对银行不良贷款的关注始于 20 世纪 90 年代初。财政部于 1993 年发布《金融保险企业财务制度》,以期限为标准将贷款划分为正常贷款、逾期贷款、呆滞贷款和呆账贷款四类,其中后三类称为不良贷款。1999 年开始,经过试点,四家国有银行在内部按五级分类划分贷款质量,主报告按四级分类划分不良贷款统计数据。从 2002 年开始,国有银行按五级分类统计数据。国际公认的不良资产比例警戒线为 10%。

银行业的不良贷款 2001 年以前总体上是逐年增加的,2001—2003 年期间,银行业不良贷款(2001 年和 2002 年均采用"四级"分类口径,2003 年采用的是"五级"分类口径)余额和不良贷款比率均呈下降态势,即"双降"。按照一逾两呆的口径,2003 年年末银行业金融机构不良贷款余额 24 406 亿元,比年初下降 1 574 亿元；不良贷款率为 15.19%，比年初减少 4.69 个百分点。[①]

　　我国银行业不良贷款 2004 年以来总体上仍保持"双降"。2004 年年末主要商业银行不良贷款余额 20 776 亿元，不良贷款率为 13.21%。2005 年 9 月末，全部商业银行的不良贷款额比年初减少 8.6%，首次下降到 1 位数，比年初下降了 4.3%，不良贷款余额和比例继续保持"双降"。2006 年末，银行的不良贷款占全部贷款的比率已下降到 7.09%。[②] 以 2001 年为转折点，我国银行业的不良贷款经历了一个由连续攀升到下降的过程，直到 2005 年 9 月不良率仍接近 10% 的警戒水平。2006 年以来该指标有明显改善，2007 年为 6.17%，2010 年下降至 1.14%。表 5-4 提供了 1999—2010 年由英国《银行家》杂志公布的国有银行不良贷款率。2001 年，中行在四行中率先公布不良贷款率，按照从高到低顺序，中行在该年度前 1 000 家大银行中公布不良贷款率的银行中排名第 9。2002 年，农行第一次公布不良贷款率，按照从高到低顺序，在前 1 000 家大银行中公布不良贷款率的银行中排名第 5。与其他国家的大银行相比，我国四大银行的不良贷款率偏高，资产质量较差。但除农行外，从 2002—2007 年，工行、中行、建行不良贷款率逐年下降，到 2010 年得到明显改善，中行和建行不良贷款率已分别降至 1.10% 和 1.14%。

表 5-4　　　　　　1999—2010 年各银行不良贷款/总贷款情况比较

单位:%

年份	工行	农行	中行	建行	花旗银行	美洲银行集团	瑞穗金融集团	三井住友银行
1999	N.A	N.A	14.86	N.A	1.4	0.85	N.A	N.A
2000	N.A	N.A	N.A	N.A	1.94	0.97	4.94	N.A
2001	N.A	N.A	27.51	19.35	2.67	1.92	6.46	10.20
2002	25.69	30.07	22.49	15.78	1.85	1.56	6.89	4.67
2003	21.24	N.A	16.29	9.12	2.69	1.31	4.80	5.60
2004	18.99	26.73	5.12	3.92	2.06	0.47	N.A	N.A
2005	4.69	26.17	4.90	3.84	N.A	0.53	1.61	2.20
2006	3.7	23.4	4.6	3.3	N.A	N.A	N.A	N.A
2007	2.8	23.5	3.5	2.5	N.A	N.A	N.A	N.A
2008	2.29	4.32	2.65	2.21	N.A	N.A	N.A	N.A
2009	1.54	2.91	1.52	1.50	N.A	N.A	N.A	N.A
2010	1.08	2.03	1.10	1.14	N.A	N.A	N.A	N.A

资料来源：《The Banker》、《中国金融年鉴》。

---

① 资料来源：《中国金融年鉴》2004 年。
② 资料来源：中国银行业监督管理委员会网站。

国有银行作为一个整体按照五级分类口径统计，2002—2010 年，不良率分别是 26.12%、19.74%、15.57%、9.22%、8.6%、7.9%、2.45%、1.87%、1.33%。[①] 总体上，银行不良贷款的包袱较重，影响了银行资产的流动性和盈利能力，增加了经营风险。但是，无论从单个银行数据还是从整体数据看，2001 年以后，工行、农行、中行、建行不良贷款率呈明显下降趋势。其原因虽与国家财政支持密不可分，但至少可以从该指标账面数据得出：中国银行业稳定性在逐步改善。

由于会计和税收制度方面的原因，2001 年前中国银行业贷款损失准备金计提是按照贷款余额 1% 标准操作的，与银行不良资产状况无直接联系，而实际上，我国银行业的不良贷款居高，可以推知不良资产拨备覆盖率严重不足。国有银行 1996—2001 年的不良资产拨备覆盖率分别是 1.19%、0.81%、0.57%、1.24%、1.03%、1.57%。2001 年后，财政部对贷款损失准备金计提政策做了修改，加上 2003 年以后主要银行机构改革深化，该指标有了显著改善，2003 年、2004 年、2005 年、2006 年、2007 年分别达到 15.7%、10.2%、21.5%、34.0%、36.5%。近几年，在银监会审慎监管、持续监管的有力推动下，中国银行业改革发展迈出历史性步伐，拨备覆盖率从 2003 年的 18.5% 提高到 2010 年的 218.3%。

5.2.4　流动性指标

中国银行业 1995—2010 年存款总额与 M_2 之比、贷款与存款之比如表5-5所示。在这 13 年中，存款总额与 M_2 之比基本上逐年增加，存贷比基本逐渐下降，从这两个指标可以看出，中国银行业的流动性状况呈不断改善的趋势，存款数额的快速攀升使中国银行业保持了较好的流动性。但是，流动性指标有一个适度区间，并非越高越好。因为过高的流动性指标表明银行体系的有效需求不足，在证券类资产等投资渠道较为有限的情况下，如果存差资金不能被有效利用，就会带来银行利息成本负担加重、盈利能力下降、资金在银行体系中空转、资金运用效率低下、资源浪费等直接后果；长期来看，则会影响经济发展。按照表 5-5 的统计口径，中国银行自 1996 年发生存差以来，其规模逐年递增，到 2005 年年末已高达 92 650.4 亿元，2006 年年末略有下降，为 85 919.0亿元，2007 年为 123 304 亿元，2010 年年末为 224 000 亿元。

---

① 资料来源：分别来自《中国金融年鉴》2002—2007 年各期及相关资料。

表 5 – 5　　　1995—2010 年存款总额/M₂ 指标、存贷比指标变化状况

年份	M$_2$	存款总额	贷款总额	存款总额/M$_2$	存贷比	存差
1995	60 750.5	47 849.8	48 086.0	0.79	1.00	–
1996	76 094.9	61 715.7	58 231.6	0.81	0.94	3 484.1
1997	90 995.3	75 309.9	70 691.0	0.83	0.94	4 618.9
1998	104 498.5	86 627.8	81 493.2	0.83	0.94	5 134.6
1999	119 897.9	100 340.3	91 160.2	0.84	0.91	9 180.1
2000	134 610.4	113 231.2	101 815.6	0.84	0.90	11 415.6
2001	158 301.9	131 245.3	103 957.1	0.83	0.79	27 288.2
2002	185 007.0	167 943.9	131 464.0	0.91	0.78	36 479.9
2003	221 222.8	199 941.2	158 535.1	0.90	0.79	41 406.1
2004	254 107.0	240 573.1	176 303.0	0.95	0.73	64 269.8
2005	298 755.7	281 791.5	189 141.1	0.94	0.67	92 650.4
2006	345 603.6	325 388.12	239 469.16	0.94	0.74	85 919.0
2007	403 401	401 051	277 747	0.99	0.69	123 304
2008	475 000	478 400	320 100	1.01	0.67	158 300
2009	606 000	612 000	426 000	1.01	0.696	186 000
2010	726 000	733 000	509 000	1.01	0.694	224 000

资料来源:《中国金融年鉴》历年各期及其相关网站整理。

　　中国银行 1995—2008 年获得再贷款年度变化情况如图 5 – 2 所示。1996 年以前该指标逐年上升,1996 年达到峰值,为 14 210.1 亿元;1996 年以后逐年下降,1999 年达到低点,为 8 053.1 亿元;但 1999 年以后该指标又逐年上升,2003 年后又有所改观,2006 年降到最低值,为 6 201.95 亿元,2007 年、2008 年后又有所上升。该数值越大,说明银行业流动性不足的可能性越大,据此可估计中国银行业流动性存在局部问题,需要高额央行再贷款予以支持,特别是处于均值点以上的年份,包括 1995—1998 年以及 2002—2003 年。

　　综上所述,比较理想的是危机指标和流动性指标,危机指标为 0,流动性指标 A 和 B 逐年改善。值得一提的是,从 2001 年开始,尤其是 2003 年以后,中国银行业稳定的实际基础出现快速改善的趋势,"两低一高"的状况逐年明显好转。但是与国际先进水平相比,无论是资本充足率指标还是资产质量指标都存在较大差距,流动性指标 C 的时间序列也很不稳定,流动性在不同银行之间可能存在结构性差异。以上情况说明中国银行业总体是稳定的,较好的流动性是支持银行业稳定的重要原因。但是,过去和现在银行业稳定的实际基础仍

亿元

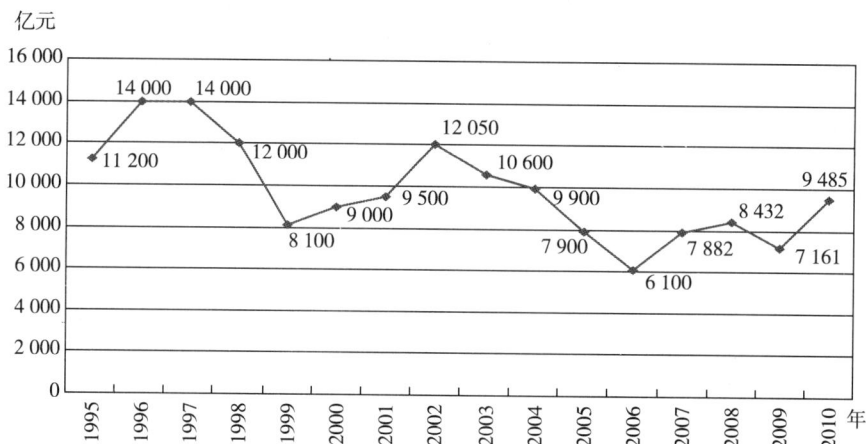

图 5 - 2　1995—2010 年银行业机构对央行负债情况

不够强，资本充足率、贷款损失专项准备充足率、拨备覆盖率差异性较大，贷款质量潜藏着一定风险等使未来银行业保持稳定存在一定不确定性。另外，银行资金有效需求不足问题也不容忽视。

5.3　银行业效率指标状况

5.3.1　市场占有率指标

1995—2010 年间存款一直是中国金融资产的主体（见图 5 - 3），但因为股票、债券、基金、保险保障性金融资产等多种投资工具的发展，银行吸纳的存款在金融资产总量中所占份额整体上呈下降趋势，这在 1995 年到 1999 年表现得比较明显，从 2000—2003 年存款所占份额又出现了小幅逐年回升的态势，尽管如此，2003 年存款比率已从 1995 年的 88.8% 下降到 2003 年的 77%，而且，2008 年呈小幅下降趋势，达到 75.88%。这表明，其他金融资产对存款的替代效应已经产生，但这个过程比较缓慢。

伴随着股票、企业债和商业票据等融资工具的发展，贷款占企业外部融资的份额在 1995—2010 年间整体也呈现下降的趋势（见图 5 - 4），从 1995 年的 97.86% 下降到 2010 年的 83.6%。

上述情况说明中国银行业在国内金融市场仍然保持了较强的市场占有能力，没有出现明显的"脱媒"现象，但银行业的中介作用已经在逐步减弱。

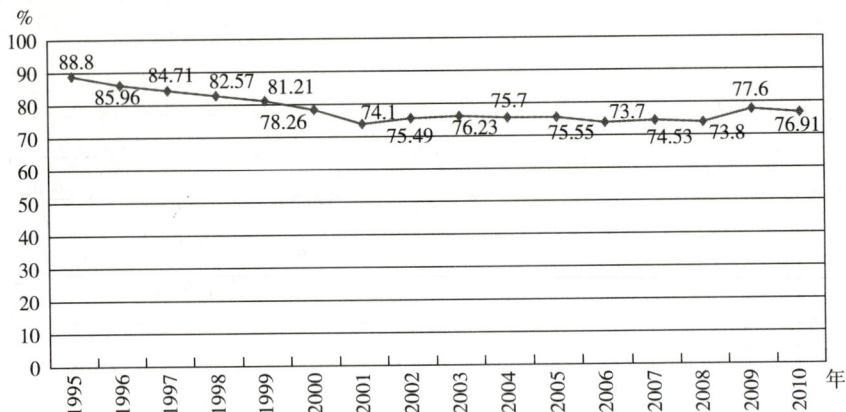

图 5 - 3 1995—2010 年存款占金融资产总额变化情况

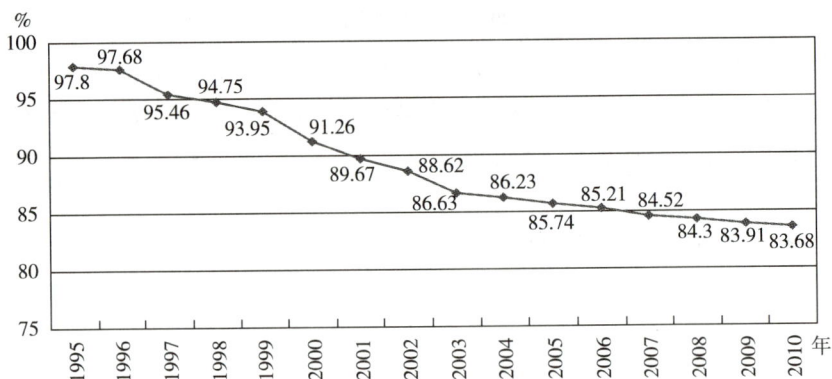

图 5 - 4 1995—2010 年贷款占企业外部融资的变化情况

5.3.2 收益指标

1995—2010 年国有银行和股份制商业银行的资产份额变化情况（见表 5 - 6）表明，这两类银行在全部银行中所占的资产份额一直在 70% 以上，2006 年开始低于 70% 。通过分析它们的资产收益率（ROA）来考察中国银行业的盈利能力。

1995—2003 年间国有银行平均 ROA 远远低于股份制商业银行平均 ROA，直到 2004 年两者的差距才明显缩小（见表 5 - 7）。从变化趋势来看，九家股份制商业银行的 ROA 从 1995—1999 年是逐年下降的，2000—2004 年基本稳定在 0.5% 左右的水平，其中，招商银行 ROA 在各家银行中位居榜首，11 年间平均的 ROA 高达 1.299% 。2005 年以来，无论是国有银行的平均 ROA，还是股份制商业银行的平均 ROA 都有显著改善。

表 5－6 1995—2010 年两类银行资产总额/全部银行资产总额的情况

单位:%

年份	1995	1996	1997	1998	1999	2000	2001	2002	2003	2004	2005	2006	2007	2008	2009	2010
国有银行①资产份额	77.9	75.6	75.1	74.8	74.4	70.7	69.4	62.9	61.5	57.5	56.4	55.1	54.1	51.0	50.9	49.2
九家股份制商业银行资产份额	10.4	10.9	10.4	9.9	10.3	12.0	14.2	12.8	14.1	14.5	14.0	12.4	13.8	14.1	15.0	15.6
两者份额合计	88.3	86.5	85.5	84.7	84.7	82.7	83.6	75.7	75.6	72.0	70.4	67.5	67.9	65.1	65.9	64.8

表 5－7 1995—2010 年国有银行 ROA 与股份制商业银行 ROA 比较

单位:%

年份	1995	1996	1997	1998	1999	2000	2001	2002	2003	2004	2005	2006	2007	2008	2009	2010	年度均值
交通	1.55	1.33	1.16	0.55	0.50	0.42	0.39	0.21	0.44	0.63	0.90	0.76	0.70	1.19	1.01	1.08	0.80
中信	1.17	1.46	1.59	1.50	0.72	0.62	0.52	0.67	0.58	0.18	0.88	0.93	0.98	1.08	0.94	1.13	0.93
华夏	1.62	1.83	1.32	0.99	0.84	0.79	0.67	0.65	0.56	0.55	0.56	0.98	1.02	1.20	0.75	1.20	0.94
民生	—	4.50	1.33	0.97	1.02	1.32	0.65	0.50	0.54	0.64	0.76	1.03	0.98	0.80	0.98	1.09	1.14
广发	1.15	0.53	0.26	0.25	0.26	0.24	0.22	0.21	0.18	0.18	—	0.34	0.40	0.57	0.56	0.84	0.41

① 本书中国有银行特指工、农、中、建四大银行，而股份制商业银行包括：交通、中信、华夏、民生、广发、深发展、招商、兴业、浦发等九家商业银行。

银行业有效监管与改革

年份	1995	1996	1997	1998	1999	2000	2001	2002	2003	2004	2005	2006	2007	2008	2009	2010	年度均值
深发展	2.50	3.06	2.04	2.20	0.63	0.76	0.47	0.31	0.18	0.24	0.28	0.45	0.33	0.34	0.43	0.56	0.92
招商	2.70	2.62	2.21	1.45	0.78	0.55	0.79	0.69	0.68	0.83	0.90	1.26	1.13	1.46	1.00	1.15	1.26
兴业	1.09	1.11	1.98	1.55	0.89	0.54	0.58	0.48	0.63	0.66	0.74	0.87	0.96	1.22	1.13	1.16	0.97
浦发	1.61	1.92	1.21	1.37	0.87	0.76	0.83	0.67	0.63	0.67	0.74	0.86	0.73	0.96	0.81	0.88	0.97
股份银行	1.60	1.56	1.34	0.93	0.62	0.55	0.53	0.46	0.51	0.55	0.80	0.91	0.88	0.92	0.85	1.01	—
国有银行	0.32	0.29	0.12	0.08	0.15	0.17	0.20	0.18	0.07	0.52	0.86	0.83	0.86	0.88	0.86	0.90	—

资料来源:《中国金融年鉴》历年各期整理。

由于国有或国有控股银行一直是中国银行业的主体，所以，在此有必要分析它们的 ROA 并与国际进行比较，以此来考察中国银行业的盈利能力。中国国有银行 1991—2010 年的资产收益率状况反映在表 5 - 8 中，该表把中国国有银行与世界前 1 000 家银行进行了对比。通过表 5 - 8 我们可以看出，中国银行业在 20 世纪 80 年代中期至 20 世纪 90 年代初期，盈利额有了很大的提高，1985 年中国国有银行的税前利润为 130 亿元，到 1992 年则增加到 320 亿元，增长了 1 倍以上。但 20 世纪 90 年代中期以后，中国国有银行资产收益率呈现逐年下降的趋势；相比于国际上同等规模的商业银行，这一趋势更为明显，在 20 世纪 90 年代初期中国国有银行的 ROA 尚居于世界同行前列，但 1993 年以后开始降低到平均水平以下，此后与世界平均水平的差距逐年扩大，1999 年两者差距达到第一个低点，为 0.69%，此时国有银行的盈利能力只有世界平均水平的 18%。1999 年以后该指标才有所改善，逐步回升，与世界平均水平的差距也开始缩小，2004 年两者的差距缩小到 0.38%。但是，中国银行业的资产收益率仍然很低。

总体上来讲，在 1995 年以后，中国国有银行业的盈利能力便落后于世界前 1 000 家大银行的平均水平。到 2000 年以后，中国股份制商业银行的盈利能力也低于世界前 1 000 家大银行的平均水平。所以说，从收益指标来看，中国银行业整体上不太理想。需要进一步指出的是：自 2005 年以来，通过在大型商业银行中推行股份制改革，中国国有银行的 ROA 有了显著改善。

5.3.3　成本耗费指标

银行成本收入率是指银行经营的总成本与各项收入合计的比率，它反映银行经营耗费和经营收入的比例关系，即一定数量的收入所耗费成本的数量。它是衡量银行成本水平和盈利水平的一个综合指标，如果成本收入率越低，则表明银行控制营业费用支出的能力越强，其经营效率也就越高，因此，主要选取成本收入比作为成本耗费指标的代表性指标。从表 5 - 9 中可以看出，在 1999 年以前，中国银行业成本收入比高居各国榜首，从 2000 年开始，中国银行业的成本收入比得到显著改善，并且逐年下降，到 2007 年为 36.58%，低于世界发达国家的水平，但是与世界领先水平还存在差距。

表5-8   1995—2010年国有商业银行ROA与TOP-1 000平均ROA比较

单位：%

年份	1995	1996	1997	1998	1999	2000	2001	2002	2003	2004	2005	2006	2007	2008	2009	2010
工行	0.42	0.16	0.15	0.16	0.08	0.11	0.12	0.13	0.34	0.13	0.04	0.05	0.92	1.01	1.20	1.32
农行	0.26	0.09	0.35	0.32	0.05	-0.05	-0.02	0.01	0.05	0.10	0.06	0.21	0.17	0.84	0.82	0.99
中行	0.57	0.66	0.52	0.55	0.26	0.14	0.17	0.22	0.12	0.39	0.22	0.79	1.20	1.00	1.09	1.14
建行	0.24	0.20	0.36	0.23	0.11	0.09	0.33	0.34	0.19	0.14	0.01	1.29	1.21	1.31	1.24	1.32
四行税前利润/四行总资产	0.40	0.28	0.32	0.29	0.12	0.08	0.15	0.17	0.20	0.18	0.07	0.52	0.86	0.98	1.06	1.18
TOP-1 000平均数	0.61	0.58	0.53	0.66	0.62	0.49	0.84	0.84	0.56	0.57	0.80	0.90	1.01	1.01	1.01	1.01

资料来源：根据《中国金融年鉴》，《The Banker》相关年度数据整理。

表 5－9　1999—2010 年中国与其他国家或地区银行业成本收入比率对比

单位:%

年份	1999	2000	2001	2002	2003	2004	2005	2006	2007	2008	2009	2010
中国	82.37	64.4	65.08	57.79	55.8	53.76	49.93	41.31	36.58	36.21	35.73	35.3
日本	81.54	79.54	74.28	87.4	81.63	74.29	71.43	—	—	—	—	—
韩国	75.37	67.7	57.87	58.04	52.65	52.52	53.34	—	—	—	—	—
中国台湾地区	59.34	56.77	57.74	58.42	55.49	51.54	64.54	—	—	—	—	—
新加坡	33.17	38.5	43.72	39.55	42.87	43.37	49.02	—	—	—	—	—
美国	60.24	63.14	60.39	58.24	59.58	61.15	58.19	—	—	—	—	—
法国	66.08	62.43	61.99	67.31	64.25	65.3	64.60	—	—	—	—	—
德国	59.77	61.29	64.63	92.85	62.05	63.17	63.00	—	—	—	—	—
英国	60.46	53.2	62.94	62.79	60.46	58.14	53.74	—	—	—	—	—
亚洲平均	58.14	57.66	58.96	56.15	53.23	51.43	53.97	—	—	—	—	—

资料来源:《The Banker》,2000—2006 年以及银监会统计数据整理。

从以上效率指标看,银行业市场占有率指标逐年下降,但尚无大规模"脱媒",银行业在国内仍保持较强竞争能力;2000 年后的成本指标得到了显著的改善;但是资产收益率这个核心指标的国际横向比较和历史纵向比较结果还不太理想,中国银行业的盈利水平有待进一步稳步提高。我们知道,支撑一国银行业保持稳定、在国际和国内竞争中取胜的基础条件是银行业较强的盈利能力,而低水平的银行业盈利能力直接反映我们有待进一步提高银行业效率。

5.4　消费者利益保护指标状况

消费者利益保护指标主要考察利润率相同情况下,中国不同地域和不同企业获得信贷服务机会的差异性。

1995—2007 年的中国城乡信贷服务扭曲度情况如表 5－10 所示,该指标的最优值为 1,数值越大表明不同地区获得信贷服务的机会越不均等,差异越大。根据该表,城乡信贷服务扭曲度在 1995—2007 年平均为 8.5,明显大于最优值 1,这表明中国农村地区获得信贷服务的机会远远低于城市地区。一些实证数据也提供了支持,例如,据 Jebrson 和 Singh(1999)估计,乡镇企业的资本收益率高于城市国有企业 25%。尽管农村经济的资本收益率高于城镇经济,但是银行还是倾向于将资源从农村地区转移到城镇地区。

表 5 – 10　　　　　　　1995—2007 年城乡信贷服务扭曲度

年份	经济增长贡献率（%）		贷款份额（%）		扭曲度
	城市 a	农村 b	城市 c	农村 d	(c/a) / (d/b)
1995	42.7	42.4	88.5	11.5	5.7
1997	51.2	57.3	88.9	11.1	10.7
1999	27.2	48.8	88.3	11.7	7.2
2001	59.1	42.8	89.2	10.8	6.2
2002	59.5	40.9	89.6	10.4	5.9
2003	53.2	40.5	89.9	10.1	6.1
2004	53.6	46.8	89.9	10.1	7.8
2005	54.1	47.2	90.5	9.5	8.4
2006	54.8	47.6	90.7	9.3	8.5
2007	55.0	47.9	91.0	9.0	8.7

资料来源：根据有关年度《农村经济绿皮书》、《中国金融年鉴》整理。

　　需要注意的是，从 1999—2007 年，各年扭曲度都低于均值，并呈下降趋势，当然，2003 年以后扭曲度下降趋势有所反弹，但是幅度较小，这表明近年来，城乡之间获取信贷服务的公平程度有所改善。

　　信贷服务在不同所有制企业之间也存在明显差异。由于统计口径的变化和统计数据的缺乏，不易计算企业信贷服务扭曲度，在此，选取一些代表性数据的年度对比进行说明。第一组：国有及国有控股企业的资金利润率从 1978 年的 24.2% 下降到 2001 年的 8.17%，在工业总产值中的比重也从 1978 年的 77.63% 降至 2002 年的 40.78%。可是它们获得的信贷资金比重最低的 1999 年也有 89.62%，其余年份都在 90% 以上，近几年甚至有进一步上升的趋势。第二组：非国有企业的工业总产值比重逐年上升，而获得信贷资金的比重却始终处于低水平。以私营企业为例，2005—2007 年，规模以上私营企业工业总产值占全部工业总产值的比重分别是 6.09%、9.18%、11.69%；而同期，私营和个体企业获得的短期贷款之和占金融机构短期贷款的比重分别是 1.00%、1.36%、1.43%。通过两组数据的对比，可以看出，非国有企业获得信贷服务的机会远低于国有企业。企业的所有制性质而不是企业经营状况对企业信贷服务状况有更大影响。Boyreau – Debray 和 Wei（2002）的研究表明：如果假定中国各省的投资水平不变，可以发现通过银行中介机构的资金量与各省的经济增长率负相关，与各省国有企业的整体规模正相关。

　　以上情况说明，从信贷服务机会公平的角度看，中国消费者利益的保护状况不太理想，农村金融服务不充分，"三农"贷款难的问题依然严重，中小企业融资难的问题还未根本解决，农村地区和非国有企业得到的信贷服务与它们对经济增长或工业产值的贡献度相比明显不对称，对于不同消费者，银行提供信贷服务没有遵循统一的商业标准，造成不同区域和不同企业的消费者服务存在不公平现象。

5.5　发展性目标指标状况

从1984—2010年的国内生产总值与存款货币银行投入实体经济的资产总额比值变化情况（见表5-11）来看，在中国，每一单位投入实体经济的资产对经济增长的推动效果呈明显下降趋势。具体来讲，由于统计数据来源的不同，在此，把该指标分为经济增长贡献率Ⅰ和经济增长贡献率Ⅱ：经济增长贡献率Ⅰ从1985年的1.37（最高值）下降到2003年的0.60（最低值），2004年后略有改善；经济增长贡献率Ⅱ从1993年的1.68（最高值）下降到2003年的0.69（最低值），2004—2010年略有改善。从总体来看，这说明中国银行业的发展性目标指标的实现程度呈现下降趋势。

表5-11　　　　　　1984—2010年银行经济贡献率变化情况

单位：亿元

年份	GDP（a）	修订的GDP（b）①	投入实体经济的资产（c）	经济增长贡献率Ⅰ（a/c）	经济增长贡献率Ⅱ（b/c）
1984	7 171.0	—	5 381.4	1.33	—
1985	8 964.4	—	6 547.0	1.37	—
1986	10 202.2	—	8 506.1	1.20	—
1987	11 962.5	—	10 344.7	1.16	—
1988	14 928.3	—	12 138.4	1.23	—
1989	16 909.2	—	14 355.8	1.18	—
1990	18 547.9	—	17 600.7	1.05	—
1991	21 617.8	—	21 216.6	1.02	—
1992	26 638.1	—	25 804.6	1.03	—
1993	34 634.4	51 919	30 967.3	1.12	1.68
1994	46 759.4	58 720	39 100.1	1.20	1.50
1995	58 478.1	65 121	49 127.4	1.19	1.33

① 国家统计局根据2004年中国经济普查数据对2004年度GDP数进行了调整，并对1993—2003年度GDP历史数据进行了修订，此列数据为修订以后的GDP数。

续表

年份	GDP（a）	修订的 GDP（b）	投入实体 经济的资产（c）	经济增长 贡献率 I（a/c）	经济增长 贡献率 II（b/c）
1996	67 884.6	71 633	60 035.9	1.13	1.19
1997	74 462.6	78 295	72 186.7	1.03	1.08
1998	78 345.2	84 402	86 463.1	0.91	0.98
1999	82 067.5	89 677	97 221.9	0.84	0.92
2000	89 468.1	99 215	109 195.7	0.82	0.91
2001	97 314.8	109 655	114 964.1	0.85	0.95
2002	105 172.3	120 333	167 480.6	0.63	0.72
2003	117 390.2	135 823	195 524.4	0.60	0.69
2004	136 875.9	159 878	221 088.0	0.62	0.72
2005	—	182 321	253 350.2	—	0.72
2006	—	210 871	284 404.3	—	0.74
2007	—	249 530	312 405.6	—	0.80
2008	—	314 045	320 100	—	0.98
2009	—	340 903	426 000	—	0.80
2010	—	397 983	509 000	—	0.78

资料来源：根据《中国统计年鉴》、国家统计局网站整理。

5.6 监管成本指标状况

成本指标在六大类指标中是最为难以准确量化的一类，在此仅对直接成本的部分构成项目做代表性统计；对于间接成本利用经验数据进行估算；对于扭曲成本运用典型案例加以说明。

5.6.1 直接成本状况

本书在研究中由于难以获取立法成本的各种数据，所以，在此仅以统计执法成本和处理问题机构的成本为代表进行分析中国银行业监管的直接成本状况。

1.执法成本。主要是监管当局为了履行监管职责，采取专项调查、深入检查、现场核实等监管手段所付出的成本。2000年，中国人民银行派出检查组2.6万个，累计工作量155.9万人次对金融机构的资产质量和盈亏真实性等情况进行现场检查；2001年，中国人民银行组织了1 176个检查组，派出7 313名检查员对国有银行二级分行和股份制银行分支机构进行现场检查。

2003年，刘明志对我国银行业监管的执法成本做了一定的研究，结果发现：1994—1997 年我国用于银行监管的直接支出大约为 18 亿元、20 亿元、22亿元和 24 亿元。亚洲金融危机发生以后，中国自 1998 年开始加强监管，监管费用在人民银行跨行政区设置分行改革以后明显上升；1999—2001 年，中央银行用于监管的费用每年在 200 亿元左右，这其中大约有 1/3 的数量使用在监管上，也就是说中国每年的银行业监管支出在 70 亿元左右，当然这不包括危机拯救成本。

2003 年银监会成立机构的投入，有些是从央行分出一部分资产，但绝大部分是新增加投入，并向监管对象收费上缴中央财政，财务实行预算管理。从2004 年起银监会对被纳入监管范围的各类银行业金融机构收取银行业机构监管费和业务监管费。机构监管费标准为被监管机构实收资本的 0.08%，业务监管费标准按被监管机构的资产规模不同，在 0.01% 至 0.02% 不等，按照目前的收费水平，中国银行业监管当局每年大约收取 50 亿元的监管费用。

根据以上数据粗略估算，1995—2010 年中国银行业监管的执法成本见表5－12，除了 2003 年数据加入银监会开办费用外，对 2002—2010 年数据我们仍然沿用 1998—2001 年数据，银监会成立以后，出台了一系列规章制度来强化监管，银行监管工作更加专业化。但银行监管和货币政策职能由不同机构执行，两者之间进行协调的成本增加。所以，银监会成立以后，实际执法成本可能会高于 70亿元，但是由于缺乏准确数据，故只能沿用以前年度数据进行估算。

表 5－12　　　　1995—2010 年中国银行业监管的执法成本估计数

单位：亿元

年份	1995	1996	1997	1998	1999	2000	2001	2002	2003	2004	2005	2006	2007	2008	2009	2010	合计
执法成本	20	22	24	70	70	70	70	70	170	70	70	70	70	70	70	70	1 094

2. 处理问题银行所支付的成本。到目前为止，在我国还没有设置存款保险制度，问题银行的处理往往是由财政资金或中央银行的再贷款来买单的。对问题存款类金融机构的处理，中国主要集中在 1998 年以后，在此根据所掌握资料的不完全统计，大体估算财政部和中央银行为处理问题银行机构所支付的成本（从 1997 年至今）主要有以下五种情况：

（1）1997—2001 年，仅为解决被撤销信托公司、城乡信用社等金融机构支付个人合法债务和外债的资金缺口，26 个省（市、自治区）以地方财政作担保，总计向央行申请 1 411 亿元再贷款。

（2）从 2003 年 6 月开始启动农信社改革。央行发行专项票据用于置换农信社 2002 年底实际资不抵债额的一半。截至 2005 年 9 月末，央行共向试点的农信社发行了 1 378 亿元专项票据，用于置换不良贷款。

（3）2004 年地方政府为化解城市商业银行风险投入资金 233 亿元，其中，弥补财务亏损 19.86 亿元，剥离不良资产 50.07 亿元，置换不良资产 163.71 亿元。

（4）截至 2004 年 6 月底，央行对农发行再贷款 6 500 亿元，已形成挂账，贷款本息很难收回。

（5）1998 年财政部发行 2 700 亿元特别国债对工行、农行、中行、建行注资，标志着国家着手化解国有银行风险的开始。其后，成立华融、长城、东方、信达四大资产管理公司剥离 1.4 万亿元不良贷款。工行、农行、中行、建行和国家开发银行先后获得了中央汇金公司共计 800 亿美元的外汇储备注资。如果算上央行和财政部对国有银行股改提供的财务支持，1998 年以来国家为国有银行改革投入累积已达 3 万多亿元人民币。

5.6.2　间接成本状况

刘明志曾通过比较 1994—1998 年和 1988—1993 年中国工商银行和中国银行非利息支出的情况计算了间接成本，发现两行非利息支出与总资产之比平均上升了 0.5% ~ 0.6%，通过进一步设置虚拟变量进行回归分析证明，刘明志得出：这种变化并不是由于经济周期因素引起的，而是人民银行正式执行监管职能所带来的。[1] 据此计算，商业银行负担的监管成本自 1994 年以来大约为其总资产的 0.5% ~ 0.6%。如果存款类银行承担的执行成本按照存款类银行资产总额的 0.5% 比例来计算，大致情况应如表 5 – 13 所示。

表 5 – 13　　　1994—2010 年间接成本（按照总资产 0.5% 标准计算）

单位：亿元

年度	1994	1995	1996	1997	1998	1999	2000	2001	2002
资产总额	47 958.9	59 699.4	74 448.7	91 774.2	106 411.9	119 872.0	135 434.0	147 826.8	215 329.4
间接成本	239.8	298.5	372.2	458.9	532.1	599.4	677.2	739.1	1 076.6
年度	2003	2004	2005	2006	2007	2008	2009	2010	合计
资产总额	254 413.1	300 489.0	355 282.4	439 499.7	480 000.0	520 000.0	788 000	953 000	4 989 439
间接成本	1 272.1	1 502.4	1 776.4	2 197.5	2 500.0	2 700.0	3 940	4 765	25 647

资料来源：《中国金融年鉴》历年各期、《中国人民银行统计季报》2009 年第 1 期。

---

[1]　参见刘明志. 银行管制的收益与成本. 中国金融出版社，2003：79 – 83。

如果按照前述直接成本①与执行成本 1:4 的经验数据进行测算,从理论分析,1994 年以来应该支付的执行成本如表 5 - 14 所示。

表 5 - 14　1995—2010 年银行机构执行成本(按照 1:4 经验数据计算)

单位:亿元

年度	1995	1996	1997	1998	1999	2000	2001	2002	2003	2004	2005	2006	2007	2008	2009	2010	合计
间接成本	80	88	96	280	280	280	280	280	280	280	280	280	280	280	280	280	3 904

资料来源:根据表 3 - 13 计算而得,2003 年数据计算时扣除了监管机构开办费用。

刘明志(2003)方法计算出来的执行成本远远大于经验数据计算出的数额。我认为主要出于以下两种原因,第一,按照“0.5%”计算极有可能高估了实际营运中存款类金融机构所支出的所执行成本占其总资产的比例,当然,这种非利息因素支出的上升还不能排除履行监管义务和宏观经济政策调整、市场波动、经济周期变化等难以准确预见的因素,何况以单体银行业金融机构的非利息支出水平来演绎整个银行业金融机构特别是存款类银行机构的间接成本支出就显得有“以偏赅全”之嫌,没有考虑个体差异的计算至少是不全面不系统的,比如中小银行机构,所以只能说明一个大概。第二,“1:4”充其量只是一个简单的经验数据,依据这个计划经济时期带来的办法来测算更不准确不科学,只能作为一个大概,适当参考而已,真正用这个办法来估算中国银行业金融机构的间接成本可能产生误导,如果要取得比较准确全面的间接成本数据,只能进行次优选择,在适当参照“0.5% 和 1:4”的情况下,按照“照顾单体、兼顾重点、注重层次、系统完整、全面科学”的原则进行统计分析。

5.6.3　扭曲成本状况

在中国银行业监管实践中,生产者福利损失、消费者福利损失、道德风险、监管寻租等各种扭曲成本都不同程度存在着,前面几类指标对这些扭曲成本也有所反映。例如,从消费者利益保护指标可以看出消费者遭受的一些福利损失;从效率指标可以看出生产者所面临的一些福利损失。在此,仅对腐败成本进行举例说明。

2005 年财政部金融司司长徐放鸣因涉嫌重大经济犯罪,被刑事拘留,成为多年来财政部涉及金融腐败案件级别最高的官员。除被指收受高额贿赂外,来

---

① 不包括处理问题金融机构的成本。

自审计署、中纪委及北京市检察院的信息还显示，徐放鸣在农业发展银行挪用8.1亿元炒股案中获取了非法个人利益。在一个权力缺少监督的制度环境中，大权在握的监管者很容易成为被监管者"俘获"的对象，徐放鸣此番失足落马，为"监管者被俘获"理论增添了一个生动的注脚。①

徐放鸣事件从一个侧面反映出中国对监管者权力的约束和监督都存在一些漏洞，在法律不完善、信息不透明的情况下进行银行监管，更容易产生设租、寻租行为，造成监管腐败，使监管官员利用政府监管满足自身的私利或者被监管金融机构的私利成为可能。

把以上可以量化的三项监管成本，即执法成本、处理问题金融机构成本和间接成本汇总计算，可以得出1994—2006年中国银行业监管的成本至少在46 910.5亿元以上，年度均值为3 608.5亿元，如果把可以预见的处理问题金融机构的成本也计入，那么，中国银行业监管的成本将达到55 410.5亿元。在这些可计算的显性成本中处理问题金融机构的成本又占到90%以上。然而，可量化成本只是监管总成本的一部分。

按照国际货币基金组织的统计，世界范围内的银行危机或严重的银行业问题的发生频率大约为2.6年1次，为挽救银行的财政支出或金融危机造成的GDP损失，按照黄海洲（2003）的估计大约是8%，并且新兴市场国家的比例应该更高。按上述数据简单计算，中国银行业的危机成本每年为GDP的3%左右。因此，中国每年银行业的危机成本的理论值在3 000亿元左右。以此推算，现实中，高额监管成本的支付已超过了银行危机的成本，仅从这一角度来看，过高的监管成本表明中国银行业有效监管确实存在"头比身材大"的问题。

综上所述，中国银行业监管的各项目标的实现状况如下：

1. 存款人利益保护目标实现状况。中国对居民存款给予了高度的保护，当金融机构破产或倒闭时，保证100%返还本金和正当利息，政府对居民存款提供了一个隐性的存款保险制度，其实质是国家的信用担保。但是，在及时发现、有效处理问题金融机构方面存在低效和不足的缺陷，对存款人利益保护方面还存在潜在的隐患，一旦问题金融机构引发大规模银行危机甚至系统性银行危机，仅靠国家信用来支撑的隐性存款保险制度难以保障存款人本金和利息的安全。

---

① 资料来源：《徐放鸣案警示"中间过程利益集团"的巨大危害》（2005年7月8日北京青年报）。

2. 银行业稳定目标实现状况。比较理想的是危机指标和流动性指标，危机指标为 0，流动性指标 A 和 B 逐年改善；但是与国际先进水平相比，无论是资本充足率指标还是资产质量指标都存在较大差距，流动性指标 C 的时间序列也很不稳定，流动性在不同银行之间可能存在结构性差异。以上情况说明中国银行业总体是稳定的，较好的流动性是支持银行业稳定的重要原因；但是过去和现在银行业稳定的实际基础比较脆弱，资本充足率低、不良资产拨备覆盖率和不良贷款率指标还不甚理想，使未来银行业保持稳定存在潜在隐患。值得注意的是，从 2001 年开始，尤其是 2003 年以后，中国银行业稳定的实际基础出现快速改善的趋势，"两低一高"的状况逐年好转。

3. 银行业效率目标实现状况。市场占有率指标逐年下降，但是尚无大规模脱媒现象，存款类银行在国内仍保持较强竞争能力；成本指标在 2000 年以后得到显著改善；但是核心指标——资产收益率的国际横向比较和历史纵向比较结果都不太理想，中国银行业的盈利水平有待稳步提高。较强的盈利能力是支撑一国银行业保持持续稳定、在国际和国内竞争中取胜的基础条件，低水平的盈利能力直接反映出中国银行业效率较低。

4. 消费者利益保护目标实现状况。从信贷服务机会公平的角度来看，中国消费者利益的保护状况不太理想，农村地区和非国有企业得到的信贷服务与它们对经济增长或工业产值的贡献度相比明显不对称，对不同消费者，银行提供信贷服务没有遵循统一的商业标准，造成不同区域和不同企业的消费者服务存在不公平现象。

5. 发展性目标实现状况。整体上，每单位投入实体经济的银行资产对经济增长的推动效果呈明显下降趋势，在 1997 年以前投入实体经济的银行资产推动经济增长效果较好，1997 年以后，投入实体经济的银行资产对经济增长的推动作用下降到 1 以下。

由此可见，以上目标中，存款人利益保护和银行业稳定目标的核心指标表现较好，但是，其附加指标的表现反映出存款人利益保护和银行业稳定都存在较大隐患；效率、消费者利益保护、推动经济增长目标的实现状况都不理想，其中效率指标、消费者利益保护指标有改善趋势，推动经济增长目标有弱化趋势。同时，为了实现存款人利益保护和银行业稳定，保守估计，付出可量化的监管成本高达 5.5 万亿元，甚至超过了银行危机的成本。中国银行业整体上良好的流动性为避免银行危机提供了强有力的支持。在支付了高额的处理问题机构成本以后，从 2001 年开始，中国银行业资本充足率和不良贷款指标逐步改善，但是，一旦流动性指标发生逆转，较为脆弱的银行体系在保持稳定性、保护存款人利益方面仍存在较多困难。总之，综合考察，中国银行业监管在支付高额监管成本情况下，只是达到了中等水平监管目标，特别在世界金融危机不断蔓延和深化的形势下，中国银行业有效监管有待进一步提高。

第六章　银行有效监管的政策法规

银行从公众那里吸收大量存款，而这些存款的使用不需要公众授权和委托，银行可自行将其转化为贷款或投资，对其有效监管的前提就是相关政策法规建设及实施的完善。次贷危机爆发的原因很多，其中以最自由的经济体为目标而放松对银行业经营活动予以法律规范和约束，是重要的原因之一。

中国从改革开放以来，就注意到了金融立法和银行监管法治建设。但与加快金融市场化和银行国际化进程、银行业加速对社会经济科教文化等全方位的渗透相比，依然显得滞后。总结各国金融事件教训特别是这次次贷危机的教训，在中国建立良好的银行监管政策法规体系是一项既迫在眉睫又任重道远的任务。

6.1　银行监管法律的历史变迁

政府对银行的监管最早可以追溯到 1720 年英国颁布旨在防止过度证券投机的《泡沫法》，它标志着世界金融史上政府实施金融监管的正式开始，其主要原则一直影响到今天。但是这种监管还不是现代意义上的监管，政府对银行监管的广泛开展是与中央银行制度的建立紧密相连的，中央银行制度建立的最初目的在于管理货币，而不是整个银行体系，特别不是银行机构的微观行为。中央银行作为货币管理者，后来开始逐渐承担信用保险责任，作为最后贷款人为金融机构提供资金支持和信用保证，并为现代意义上的银行监管奠定了基础。这与当时自由资本主义处于鼎盛时期有关，主流的新古典经济学顽固地坚持"看不见的手"的信条。

美国有代表性的银行监管法律制度安排包括：1771 年，美国国会批准设立了美国银行，标志着联邦政府开始受理银行的注册申请，更重要的是，美国银行不仅遵循商业银行经营原则，而且承担了某些中央银行职能。由于它的双重功能，美国银行的银行券在全美流通，它还可赎回其他州银行的银行券并限制它的流通。但正由于触及州银行的利益及其他因素，国会和州银行反对给美国银行重新颁发许可证，第一家美国银行因此关闭。1816 年又设立了第二家美国银行，同前者相似，该银行也因许可证没有得到换发而关闭。这以后 30 年间，联邦银行所有功能均由财政部承担。随着 1836 年以后州银行的迅速扩张和银行券问题的增多以及银行的纷纷倒闭，州政府逐步开始承担一些监管职能。最初的监管在很大程度上通过特别立法来限制银行开业、经营等行为，但这一做法也导致了一些负面效应，公众的意见最终导致了自由银行政策的出现。于是 1838 年的《纽约自由银行法》规定一家银行的组建可以由任何组织来完成，而不需要特别的立法机关的命令，类似于现在的一般商业公司的法律。该法案的特点是民主精神和自由资本主义制度已经结合在一起并渗透到银行监管制度中，形成自由、松散的监管思路。19 世纪 60 年代初，为了融资支持南北战争，联邦政府提出了建立国民银行的方案。该方案称任何人向联邦政府提出注册申请都可以成立国民银行，但国民银行发行纸币必须以国债作保证，即多购买国债可以多发行货币。该方案成为 1865 年国民银行通货法案的一部分，并于次年初修改为《国民银行法》，从此以后，联邦政府开始依法对商业银行实施监管。《国民银行法》颁布之后，成立专门的货币监理署实施对联邦银行的特许、检查和监督。然而当时创建国民银行体系的初衷并非是联邦政府要加强对银行业的监督管理，而是考虑需要建立一种灵活调节货币供应的制度，也就是建立中央银行制度以有弹性地调节货币供应。于是 1907 年美国国会通过了《联邦储备条例》，正式设立了联邦储备体系——美国的中央银行，其主观上旨在建立适度的调节货币供应机制，客观上加强了对银行业的全面监管。随后 1913 年的《联邦储蓄法》更加增强了联邦储备体系的作用，创建 12 家联邦储备银行，监管属于联邦储备委员会成员的国家特许银行，为实施货币政策、控制通货膨胀和利率水平而做准备。1927 年的《麦克法登法》授权国民银行承销和自营"投资性证券"，禁止州际银行扩张建立分行，除非受影响的州允许本州以外的银行进入，如果允许州银行这样做，那就要允许国民银行跨州设立分支机构。

20 世纪 30 年代至 70 年代美国金融制度的特点：限制存贷款利率，限制银行经营业务范围，实行银证分业制度，限制银行的经营地域。20 世纪 20 年代至 30 年代，美国经济繁荣，工业生产规模急速扩张，极大地刺激了信用膨胀和过度的银行信用，刺激了证券商的股票投机活动，造成资本虚拟和股市泡沫，终于以 1929 年 11 月 21 日纽约股市大暴跌为导火线，引发了 1929—1933

年全面而深刻的大危机。这次大危机带来了美国历史上最为重要的一次金融改革。政府通过颁布实施一系列金融法令，对金融制度进行了深刻的变革，逐步从不干预转向对金融业的严格管制。金融改革的主要目标是加强对金融业的监管，以规范银行业和证券业的经营行为，采取金融业务专业分工制和建立存款保险制度等，以达到稳定金融业和经济、防范危机的目的。

美国有代表性的法律制度安排包括：在 20 世纪 30 年代的经济大萧条、银行大量破产以及公众对美国的经济、金融和政治体制极度失望的背景下，美国国会通过了《1933 年银行法》，又称《格拉斯—斯蒂格尔法》，主要内容是：恢复公众对银行业的信心，避免一家银行破产影响到其他银行的连锁反应，创立存款保险制度和联邦存款保险公司（FDIC）；最小化银行资金成本，避免银行为了获利而采取过于冒险的行为，禁止银行向活期账户支付利息；防止资金从法定商业用途流向投机用途，将吸收存款和贷款从承担交易人和市场设计人的业务中分离开，将商业银行和投资银行分开设立；建立"Q 条例"来规定银行支付计息存款利率最高限；提高国民银行的最低资本额，准许国民银行在州允许的范围内开设分行。该法案禁止商业银行从事投资性业务，投资银行也不可以经营商业银行业务，这意味着商业银行业务与投资银行业务的彻底分离，美国银行业自由混合经营的时代结束，从此进入分业经营时代。当时美国银行界著名的摩根集团在此法案之后就被一分为二：J. P. 摩根作为商业银行运营，而摩根士丹利则专门经营投资银行业务。《1933 年联邦存款保险法》确立了美国联邦存款保险制度的基本特征，该法主要内容包括：（1）联储体系的所有会员银行必须参加联邦存款保险公司，州立银行参加保险后，必须在两年内成为联邦储备体系的会员。（2）参加保险的银行两年要缴纳存款保险费，并接受联邦存款保险公司的检查和监督。（3）参加保险的银行一旦破产倒闭，存户可以得到联邦存款保险公司规定的存款保险额。1980 年后，存款保险的最高限额提高到 10 万美元。1956 年《银行控股公司法》旨在保护银行和公众不受欺诈性交易的损害；保存州分支机构立法的完整性和双轨银行体制；禁止银行从事工业和其他金融活动；控制银行控股公司未来的扩张，禁止银行通过控股公司在另一个州收购银行。1960 年《银行合并法》规定了银行收购和合并的审批条件与标准，合并和收购须以不妨碍社会利益和竞争为标准。1966 年《利率限制法》第一次对储蓄机构可支付的存款利率设定了上限，扩大了"Q 条例"的适用范围，被称为"储蓄机构的 Q 条例"（联储在 1933 年实行的"Q 条例"只适用于商业银行）。这个补充的"Q 条例"帮助储蓄机构走出了盈利困境。1960 年《银行合并法》和 1966 年《利息限制法》主要是针对当时银行业务内的局部性问题而制定。20 世纪 70 年代以来美国颁布了大量保护金融业消费者的法律，如：1969 年的《诚实贷款法》要求银行对消费者公布年利率和部分贷款本息；1974 年通过、1976 年修订的《信贷机会均等法》规定银行不得因种族、性别、年龄、国别对借款人有所歧视；1974 年的《公平贷款法》要求银行对借款人提供详细信息，当金融费用因自动化出现贷款差错时，银行应负责处理，依法给予特殊保护。

20 世纪 80 年代，自由主义的理论和思想在凯恩斯主义经济政策破产的情况下开始复兴。西方国家的经济金融界出现了"法律限制理论"，认为传统银行危机论对于特定危机的解释过于简单，政府对于银行和货币体系的不恰当的干预是引发银行危机的重要原因。政府法律限制的危害主要表现为监管的负面效应巨大、官方安全网的法规存在滋生道德风险的趋向、中央银行对货币发行权的垄断和集中对银行体系的脆弱性发生直接影响。在银行监管理论方面，金融自由化理论也随之逐渐发展起来并在理论界和实际金融部门不断扩大影响。如果说 20 世纪 30 年代到 70 年代银行监管理论的核心是金融体系的安全优先的话，金融自由化理论则尊崇效率优先的原则。20 世纪 30 年代以前基本不受管制的银行体系在 20 世纪 30 年代的大危机中崩溃，导致银行体系的安全成为人们优先考虑的目标，20 世纪 30 年代到 70 年代日益广泛、深入的银行监管，特别是那些直接的价格性限制和对具体经营行为的行政性管制，束缚了银行机构经营和发展的手脚，而在存款保险制度充分发挥稳定作用、银行挤提现象已经大为减少的情况下，银行机构的效率、效益要求就凸显出来，并似乎超越了安全性目标而成为最显性的目标。20 世纪 90 年代以来，随着经济金融全球化的步伐加快，银行危机不断发生，对现有的银行监管法律规定提出了严峻的挑战。长期以来的银行监管法规和政策，一直脱胎于政府对经济干预的经济学原理，只注意到银行体系对整个经济的特殊影响，而忽视了对金融活动本质属性和银行体系运作特殊性的研究，这不仅容易使银行监管理论停留在较为肤浅的层次上，也难以从金融活动和银行体系的深层机理中发掘出有效的银行监管政策和方式，并导致银行监管法规与政策总是在发展与稳定的两难中选择。因此，进入 21 世纪后，银行监管法律更加注重金融的本质属性和银行体系运行的特殊性，不但从外部力量介入的角度来考虑有效的监管方式，而且更注意从银行机构、银行体系内部的激励相容方面，进一步探索银行机构和银行体系自觉主动防范风险的监管制度。

美国有代表性的法律制度安排包括：第二次世界大战以来经济环境的巨变，特别是 20 世纪 70 年代末期的经济和金融环境及潜在的金融危机，导致了战后最为深刻的金融变革。长期的理论准备和政策探讨使 20 世纪 80 年代的改革不可逆转，它标志着以放松管制和以提倡金融业务自由化为特征的新金融体制的初步形成。20 世纪 80 年代的金融改革主要表现在三项法令上：1980 年《吸收存款机构放松管制和货币控制法》、1982 年《加恩·圣杰曼存款机构法》和《金融机构改革、复兴与促进法》。1980 年《吸收存款机构放松管制和货币控制法》是自《1933 年银行法》以来最主要的金融法案之一，旨在帮助储蓄机构（增加它们的资金来源，扩大储蓄和贷款协会资金的使用）、放松对金融机构的管制、加强对货币的控制。该法案通过取消对居民抵押及超过 2.5 万美元的三年期商业和农业贷款的州利率上限，从而放松限制；还在 1986 年废除了"Q 条例"（除活期存款不支付利息之外），同时还减少了对储蓄机构提供产品的限制；对所有吸收存款机构制定了统一的储备金要求，不管其是否是联储的成员；给予吸收存款机构新的贷款优惠政策，明确联储提供服务的价格，允许所有存款机构开放交易账户，提高存款机构之间以及其与非存款机构之间的竞争，提高对存款机构整体的信心。1982 年出台的《加恩·圣杰曼存款机构法》是 1980 年金融改革的继续，在取消金融管制和促进不同类型金融机构的竞争方面前进了一大步，主要表现在：（1）扩大了存款机构特别是储蓄机构的资金来源和业务范围，如授权其可开设货币市场存款账户和超级 NOW 账户。（2）授权"取消管制存款机构委员会"，从 1984 年 1 月 1 日起取消"Q 条例"，分阶段取消利率限制过程中对于银行和非银行存款机构间的利率限制差距。（3）扩大存款机构的资金运用业务范围及其他权力。进一步扩大了储蓄机构的资产业务，增加了它的证券投资权，允许其对州政府和地方政府发行的债券投资，此外还扩大了银行的一些权力，如授权储蓄机构更自由地更换营业许可证；准许银行成立与银行业务相似的财务公司，提供各种金融服务，如贴现经纪服务等；授权银行控股公司的子公司之间可在很大范围内进行借贷业务。（4）增强了联邦管理机构应付紧急情况的权力和货币管理权力。1989 年《金融机构改革、复兴与促进法》的主要内容有：（1）创立联邦储蓄与贷款公司清理基金，由联邦存款保险公司经营，以解决储蓄业的危机；（2）允许商业银行持股公司立即收购储蓄与贷款协会，收购后既可作为储蓄机构，也可变为其银行分支机构；（3）提高资本比率，储蓄机构的最低资本比率至少为 3%，其中核心资本比率至少为 1.5%。1994 年美国参众两院通过了《1994 年里格—尼尔银行跨州经营与跨州设立分行效率法》，其主要内容有：（1）一家银行控股公司可以收购任何一个州的银行，只要该银行持股公司满足联邦规定的资本充足条款和社区再投资法，具备良好的管理水平；（2）从 1997 年 6 月 1 日起，银行控股公司可巩固其在各地的跨州银行，并各自转变成在一个银行属下的多重分行网络体系；（3）从 1997 年 6 月 1 日起，任何一家独立的银行都可以与其他州的另一家银行合并；（4）银行可以在其注册地之外的州直接开设一家分行。1999 年 11 月颁布了《金融服务现代化法案》，废除了名存实亡的《格拉斯—斯蒂格尔法》，实行了以商业银行、证券公司、保险公司、信托公司相互持股或同属一家控股公司的混业经营模式。其主要内容一是修改了以往的法律，它修改了 1933 年《格拉斯—斯蒂格尔法》关于禁止同一家金融机构的分支机构同时从事银行业务和证券业务的规定，修改了 1956 年《银行控股公司法》关于禁止同一家金融机构的分支机构同时从事银行业务和保险业务的规定。二是关于新业务的开展与管理。取消了现有银行从事证券业务和保险业务的限制，开创了一种新的组织模式——金融控股公司，其非银行子机构将被允许介入诸如保险和证券承销等金融业务，允许联邦银行通过新的"金融子机构"间接介入新的金融业务。这一法案实施的直接结果是花旗集团和旅行者集团的合并，合并后的花旗集团成为全球最大的金融霸主之一，拥有 7 000 亿美元的资产，有分散在 100 多个国家的 1 亿多个客户，从事包括商业银行、消费银行、保险承销、证券买卖和承销以及投资服务和消费融资等全方位的金融服务。

由于美国银行业监管实行的是联邦政府与州政府联合的双线管理模式，因此美国银行监管法律颁布的数量、法律规定的明晰程度、各法律间的复杂程度都是其他国家无法相比的。但美国的银行业仍然是世界最成熟、最具活力和竞争力的，这与其虽然复杂但却有效的银行监管制度是密切相关的。从美国复杂的监管制度中仍可以发现银行监管法律的立法之本，具体有四个目标：维持公众对一个安全、完善和稳定的银行系统的信心；为建立一个有效和有竞争的银行系统服务；保护消费者；允许银行体系适应经济的变化而变化。其中"允许银行体系适应经济的变化而变化"这一监管目标，是美国监管目标的特色，为美国银行业的持续发展提供了强大的适应能力和自我调整、自我创新能力。美国整个银行监管体系就是围绕这四个基本目标建立的，所有监管行为也都是为达到这些监管目标，监管目标的科学性、合理性成为监管行为是否有效的先决条件。因此，设定科学、合理的监管目标，并根据不同时期、不同环境细分监管目标、分解监管目标便成为实施有效持续银行监管的首要因素。

纵观美国 20 世纪以来银行监管法律的变迁，可以清晰地发现银行监管的重心由合规性监管—资本为本监管—风险为本监管的演进过程实际上是监管核心定位不断明晰和深入的过程。1988 年之前的银行监管法律主要是以合规性监管为主，主要是对市场准入等事项的直接控制，重视事后查处，监管方法市场敏感度较低，不能及时全面反映银行风险，相应的监管措施也滞后于市场发展。从 1838 年的《纽约自由银行法》、1865 年《国民银行法》到著名的 1933年《格拉斯—斯蒂格尔法》、1980 年《吸收存款机构放松管制和货币控制法》都体现着合规性监管的思路。资本为本监管出现在 20 世纪 80 年代末期至 90 年代初期，标志是 1988 年《巴塞尔资本协议》，开始强调银行须持有足够的资本抵御风险，监管的方式开始向精细化、核心化发展。在颁布了《巴塞尔资本协议》之后，美国的《金融机构改革、复兴与促进法》开始提高资本比率，储蓄机构的最低资本比率至少为 3%，其中核心资本比率至少为 1.5%。进入 20 世纪 90 年代中期，在复杂的经营环境下，仅有简单的对资本定量比率要求是不够的。风险为本监管是通过对银行经营的大量数据指标全面深入分析以确定和衡量银行营运时所面对的各种风险，进而督促银行采取有效的管理措施防范和化解风险，这种监管模式抓住银行业经营的实质问题，也体现了外部监管的本质要求，标志着银行监管迈上了更高层次。

银行监管当局作为存款人和银行之间、银行投资者和经营者之间的中介机构，从一开始就担负着解决由于委托—代理关系而产生的信息不对称问题。因此，银行监管当局通过不断制定、修改金融法律、法规以解决信息不对称问题，不断调整消费者、投资者与银行的关系以保护存款人和投资者的利益，维护公众对银行业的信心。如 1969 年的《诚实贷款法》，1974 年通过、1976 年修订的《信贷机会均等法》，1974 年的《公平贷款法》等都明显体现着监管的约束纠偏目标。

此外，西方主要发达国家也有着同美国类似的过程。例如，日本 1947 年 3月的《金融紧急措施令》对银行业实行严格的管制，要求商业银行贷出设备资金和流动资金要根据不同的产业排出优先顺序，对重点产业优先提供贷款，还专门成立了复兴金融金库以保证重点产业部门的资金需求。

在这种严格的金融管制和产业部门对资金的巨大需求背景下，日本逐渐建立了以银行间接金融为核心的金融制度，银行业也在这一时期得到了超常规发展。在经历了 20 年的高速发展之后，日本从 20 世纪 70 年代中后期开始经济增速放缓，企业对资金的需求减少，银行开始思考通过拓展业务范围，继续推进银行的发展。20 世纪 80 年代金融管制逐步放松，1982 年 4 月实行的《新银行法》规定银行可以经营有价证券的买卖、有价证券的贷出，并且规定银行在不妨碍存贷业务的限度内可以办理有关国债等的认购、募集或销售、买卖及其他业务。1992 年 6 月公布了《金融制度改革法》，允许银行和证券公司以互设子公司的形式进行业务交叉，标志着日本也走上了金融业混业经营之路。

6.2　银行监管法律、组织、方法体系

从银行监管角度讲，建立现代银行监管体系、现代银行制度和良好的银行秩序，很重要的一点就是要有一个既符合国情又同国际惯例接轨的银行监管法律体系。完整的银行监管法律体系应包含五个方面的内容：促成一种从消极管理走向积极管理、富有效率的金融运作环境；监督金融宏观调控的有效实施，以良好的货币金融环境促进国民经济的健康发展；规范金融市场主体行为，维护金融市场竞争秩序，以平等、自愿、公开、公正、诚实信用原则，保护市场主客体的合法权益，促进金融业的稳健发展；具备完整配套、协调系统、严肃权威、灵活适应、操作性强的法律监管体系；为依法治理金融提供规范性依据，为加强金融监管、消除金融隐患、防范化解金融风险提供有效的制度保证。

建立健全完善的银行监管组织体系是有效银行监管的先决条件和重要组成部分。按照市场经济的要求，以明确分工、加强协作、减少重复、提高效率为指导原则，逐步完善银行监管的组织体系。一般来说，理想的银行监管组织体系应符合以下要求：（1）监管主体明确，权力相对集中，监管标准与措施一致；（2）监管主体有较高的权威性，与被监管者联系通畅，信息传递准确；（3）监管主体具有与各相关部门的协调能力，实现信息共享，便于货币政策和宏观调控的全面实施；（4）有利于降低监管成本与社会代价，提高监管效率；（5）能够符合金融国际化及国际监管惯例的要求；（6）不同国家的国情不同，银行监管的组织框架并不统一。为适应经济、银行环境的变化，各国都在对银行监管组织体系加以调整，使之更具有效性。从 1980 年起，简化或集中监管机构的呼声一直很高，在各界提出的改革建议中，大都倾向于把各监管机构统一起来，监管权力趋于集中统一。

有效的银行监管方法体系体现在以下三个方面。（1）建立金融风险预警系统。该系统通过设置一系列监测比率和比率"通常界限"，对银行经营机构的状况进行监测。早期预警系统可通过对银行机构的主要业务经营比率和比率"通常界限"加以仔细分析，对接近比率"通常界限"的银行机构及时预警并进行必要的干预。（2）建立银行市场准入退出和救助方法系统。明确各类银行业机构的设立标准和审批程序。加强对机构法定代表人或主要负责人的学历、

业务经历和经营业绩的审查考核，看其是否符合任职资格条件。认真审核机构的资本金数量及其来源。严格界定各类机构的业务范围。依法实施对机构的市场退出管理。（3）建立对监管者再监督系统。对监管者的再监督是防止滥用权力、防范金融风险、提高银行有效监管的关键所在，必须采取有效方法对银行监管部门及监管人员进行严格考核和再监督。

6.3　中国银行业监管政策法规的发展现状及挑战

6.3.1　中国银行业监管政策法规建设现状分析

银监会自成立以来，就把建立功能齐备的银行业有效监管法律体系作为一项重要目标，从立法理念及实施措施方面都加大了力度。

一是树立了银行监管政策法规建设的新理念。

银监会成立后，明确提出"管法人、管风险、管内控，提高透明度"的监管理念，旨在通过政策法规建设推进实施银行业有效监管的新规范。

几年来，中国正是根据"三管一提高"的监管理念来构建监管法规框架，进而为银行业稳健运行和依法监管提供支持。先后制定出台了230多件监管规章和规范性文件，已经形成了以《银行业监督管理法》和《商业银行法》为核心，以《外资金融机构管理条例》、《金融违法处罚办法》等行政法规和大量的金融规章为主体，金融司法解释和各类监管指引、制度、办法以及中外资银行业金融机构行政许可有关规定为补充的银行业法规体系，银行业监管法规制度体系全面体现了新的银行监管理念并不断完善。银行业监管执法的标准和依据更加明确。

过去在银行监管政策法规建设中的一个突出问题就是只有一个简单的法律框架和轮廓，存在着实施细则跟不上、执法依据不明确、可操作性不强等情况，这就造成了依法监管过程中的一些具体困难。针对这些问题，银行监管当局一直强调，执法必须要有明确的依据，必须要有具体的实施细则，在实施细则中要充分体现法规精神、价值取向和监管理念。比如《商业银行资本充足率管理办法》的颁布，就弥补了过去法规中没有具体计算办法和管理细则的不足，是一项内容翔实、标准严格、操作性很强的资本审慎监管制度。这个办法的出台，使得中国银行业通过资本约束，能够建立一个清偿性的理念和战略，让银行机构知道什么是自己的底线，什么时候会出现流动性风险、清偿性风险等。

银行业有效监管与改革

改革开放 30 多年来，中国逐步建立起了有中国特色的银行法律框架，为银行监管提供了充分的法律依据。按照法律效力等级划分，银行监管法律体系有银行法律、监管行政法规和规章制度三个层次的法律规范构成。一是银行法律，即全国人民代表大会及其常务委员会根据宪法，并依据法定程序制定的有关银行活动的法律规范，法律效力等级最高。如《中华人民共和国中国人民银行法》《中华人民共和国银行业监督管理法》《中华人民共和国商业银行法》等。二是行政法规，即由国务院依法制定、以国务院令的形式发布的各种有关银行经营活动的法律规范。如《中华人民共和国外资金融机构管理条例》《金融机构撤销条例》《金融违法行为处罚办法》等。三是监管规章，即由银行监管当局根据金融法律、行政法规，在本部门、本系统权限范围内制定，以部门首长签署令的形式正式发布的规范性文件。如《金融许可证管理办法》《中国银监会行政处罚办法（修正）》《中国银监会行政复议办法》《中国银监会行政许可实施程序规定》《境外金融机构投资入股中资金融机构管理办法》《商业银行内部控制指引》《金融机构衍生产品交易业务管理暂行办法（修订）》等，监管规章的效力等级低于法律法规。

二是创造了维护银行债权的法律环境。

修订了《刑法》相关条款。根据原来缺少司法解释和立法解释，《刑法》中通常只列罪名，没有规定犯罪的适用范围，没有界定犯罪的认定标准，执法过程中往往无所适从等问题，在修订后的《刑法》中扩大了挪用资金罪、违法拆借罪、非法发放贷款罪等犯罪的适用范围，进一步明确了有关违法向关系人发放贷款罪、违法发放贷款罪、违法票据承兑等犯罪的认定标准，解决了司法实践当中的认识分歧。

加强了国际司法合作。近年来，有针对性地和有关国家，包括加拿大、美国和欧洲国家建立起更加有效的国际司法沟通机制，签订有关条约，加大引渡犯罪分子和追缴国有资产的力度，防止犯罪分子一跑了之，防止某些发达国家成为犯罪分子的庇护天堂。通过上述措施，更为有效地遏制了银行业犯罪的发生。

赋予了银行监管适当延伸检查权。为提高对银行业案件的核查力度，修订后的《银行业监督管理法》赋予了银行监管一定的延伸检查权，可以向银行业金融机构的客户进行直接调查银行贷款的有关情况，以确认银行交易对手的真实性，以反证银行业金融机构违法或涉嫌违法情况。

《企业破产法》的修改正在进行之中。修改后的《企业破产法》将针对一些企业借破产之机，逃废银行债务的情况，明确有关银行的债权保护条款，使银行的合法权益能够得到充分保障，逃废银行债务将会受到严厉处罚并追究刑事责任。犯罪者逍遥法外、公司一破产了之的现象将得以遏制。

6.3.2　中国银行业监管政策法规面临的挑战

当前，中国银行业监管政策法规建设仍面临着来自于国内外的诸多挑战。

从国际背景看，国际金融领域面临着巴塞尔新资本协议、国际会计准则和萨班斯法案全面实施所带来的系列挑战，这也是中国银行业监管政策法规建设中面临的最大挑战。

1. 巴塞尔新资本协议。

2004 年 6 月，经过长达 6 年时间的讨论，巴塞尔委员会发布了《统一资本计量和资本标准的国际协议修订框架》，简称巴塞尔新资本协议（俗称《巴塞尔协议 II》）。组成该协议的三大支柱是：最低资本要求、监管当局对资本充足率的监督检查和信息披露，该协议是一个更全面、更具风险敏感性的资本监管框架。《巴塞尔新资本协议》吸收和反映了银行业风险管理中近年来的最新进展，代表了当今资本监管和风险监管的先进理念。在要求最低资本金方面，新资本协议适应银行业风险管理技术的新进展，提出了标准法和内部评级法两种资本金计算方法。这两种方法用哪一种都可以，但任何一种方法对有效银行监管来讲都是一个很大的挑战。

要在中国实行标准法，首先需要解决的问题就是中国目前严重地缺乏合格的评级机构。尽管目前中国国内有二三十家的评级机构，但他们评出来了太多的 AAA 级公司，今天被评为 AAA 级的公司明天就倒闭，因此中国还不宜采用标准法。对于内部评级法来讲，该方法要求按照主权国家、国别风险、交易对手、金融机构、客户，分三大类逐项进行五个方面的概率分析。要执行内部评级法，就意味着要测算这五个概率，要有健全的数据和完全可靠的 IT 系统。内部评级法需要的数据，至少为两个经济周期，这样才能得出一个比较可靠的结论。在中国，两个周期就是 10 年，一个五年计划为一个周期。所以，这项工作对银行监管者来说，时间上是挑战，内容准备上也是挑战。我们知道，中国银行业金融机构在对外开放背景下走向世界是大势所趋，要开放就得遵循国际准则。中国银行在海外有分支机构，中国银行、建设银行、工商银行在许多发达经济体里都设有分支机构，在这种情况下便出现一家银行两种制度，也就是说：东道国监管当局大都采用了《巴塞尔新资本协议》，实行并表监管，要求中国银行的这些分支机构提供监管报表。对此情况，我们要通过认真研究来适应这些国际游戏规则，加强与东道国监管当局的监管沟通与协作，适应中国银行业开放的要求。

2. 《巴塞尔协议Ⅲ》。

2010年9月12日，巴塞尔银行监管委员会管理层会议在瑞士举行，27个成员国的中央银行代表就加强银行业监管的《巴塞尔协议Ⅲ》（以下简称"协议"）达成一致。该协议主要变化涉及：更严格的资本定义、一级资本金比率、资本留存缓冲、逆周期资本缓冲、杠杆率要求、关于系统重要性银行的监管标准、流动性监管指标和过渡期安排等内容。

该改革方案主要涉及最低资本要求水平，包括将普通股比例最低要求从2%提升至4.5%，建立2.5%的资本留存缓冲和0~2.5%的逆周期资本缓冲。

协议规定，全球各商业银行5年内必须将一级资本充足率的下限从现行要求的4%上调至6%，过渡期限为2013年升至4.5%，2014年为5.5%，2015年达6%。同时，协议将普通股最低要求从2%提升至4.5%，过渡期限为2013年升至3.5%，2014年升至4%，2015年升至4.5%。截至2019年1月1日，全球各商业银行必须将资本留存缓冲提高到2.5%。

另外，协议维持目前资本充足率8%不变；但是对资本充足率加资本缓冲要求在2019年以前从现在的8%逐步升至10.5%。最低普通股比例加资本留存缓冲比例在2019年以前由目前的3.5%逐步升至7%。

此次协议对一级资本提出了新的限制性定义，只包括普通股和永久优先股。各家银行最迟在2017年底完全接受最新的针对一级资本的定义。

《巴塞尔协议Ⅲ》引入了流动性覆盖比率（LCR）和净稳定融资比率（NSPR）作为银行流动性监管的强制标准。

短期来看，《巴塞尔协议Ⅲ》对中国银行业的影响并不明显，目前中国银监会对国内大型银行的资本充足率设定底线为11.5%，核心资本充足率底线则为7%。但从长期来看，《巴塞尔协议Ⅲ》的实施意味着中国商业银行将面对更为严格的监管规则，这将对中国银行业未来的业务发展模式造成重大影响。比如：面对该协议实施带来的更高资本要求，商业银行应建立有效的资本金补充机制；而随着经营成本增加，银行业今后盈利的难度将越来越大。

对中国银行业监管来说，《巴塞尔协议Ⅲ》的实施至少要求银监会：（1）采取预防性监管和动态预防措施；（2）确定监管边界，树立"全面监管"原则；（3）加强系统性流动管理，确立"宏观审慎"监管框架；（4）加强信息披露，不断进行经验总结和改进机制设计。

3. 国际会计准则39号。

IASC（国际会计准则理事会）公布了《国际会计准则39号》，简称IAS39

的修订稿和实施指导原则。IAS39 中涉及的关于资产和负债的确认、资产和负债分类方法和计价原则、公允价值的确定、资产减值的概念和计算方法、套期会计有关规定等内容，在当前国际会计准则方面都是比较前沿的东西，直接影响着商业银行资本充足率的计算、贷款损失准备金计提和资产证券化的发展等，对所有银行经营和监管来说，它的发布是一个巨大的挑战，需要认真去学习和掌握。根据新的国际会计准则规定，商业银行按照贷款五级分类计提的损失准备金将不足以弥补可能出现的风险，同时，不可回避的问题还有如：公允价值的难以运用、金融衍生产品的计价和披露要求不同以及专业人才、信息系统和数据缺乏等。对中国来说，国内会计制度与国际会计准则之间的差异等问题都需要去认真思考和学习，充分借鉴其精华并加以推进。

4.《萨班斯法案》。

2002 年 7 月通过的《萨班斯法案》对中国银行业监管来讲是又一个巨大挑战。安然事件和美国世界通信倒闭事件之后，为了迅速遏制丑闻的扩散，规范美国企业的行为，恢复美国在资本市场上的公信力，作为回应，便有了该法案。该法案中最重要的是 404 款，404 款的积极作用体现在两个方面：（1）加强所有上市公司独立董事的地位。404 条款规定，审计委员会规定负责人一定不能由执行董事和非执行董事来担任，而应由独立董事来担任，这是因为独立董事都是审计委员会的领导者，上市公司规定审计委员会是董事会下面最强的一个委员会。另外，该法案要求上市公司每年必须出具一份报送证券主管单位的由独立董事签署的代表董事会的报告，该报告主要用来说明上市公司在财务管理和其他重要管理方面存在的问题和弊端，该法案要求报告要无一遗漏地予以充分报告。（2）加强外部审计师的独立性和有效性。该法案规定，上市公司每年必须发布一份自我披露的弱点报告，然后由外部审计师再独立地提交一份报告来确认。这样一来，投资者和市场参与者便更对每一家上市公司管理中的重要弱点了解更加准确，也能及时了解和跟踪其整改情况。

《萨班斯法案》的影响很大，许多人认为，该法案有两个致命缺点：（1）成本太高。美国公司为了提交法案所规定的报告，在 2004 年付出了 1.4 万亿美元，平均每家公司 240 万美元，上市公司平均要花 3 000 万美元来完成该报告。（2）大量在美国上市的公司可能会离开美国市场。不过，许多人在激烈批评《萨班斯法案》的同时，大部分国家的证券监管部门却异口同声地支持该法案。在中国银行业实施"走出去"战略之际，制定银行改革法案、完善银行公司治理迫在眉睫。境内一些银行到香港、纽约等境外上市，所以，加强独立董事地位、提高审计质量等《萨班斯法案》中的精神，值得我们认真地研究和借鉴，并且在监管工作当中逐步加以运用。另外，特别在当前国际金融危机的影响下，中国银行业如何加强对中外资银行的监管，制定既适合中国国情又符合国际标准的监管规则，是我们面对的又一现实问题。

从国内来看，主要的挑战在于：一是中国现有的金融监管法律法规大多是从规范金融机构运作行为出发制定的，设计防范和控制金融风险、风险为本监管的法律法规比较匮乏，即使有，在覆盖面和操作性上也很有限；二是与现代企业制度要求相比，中国银行业的公司治理尚不完善，内部控制较为薄弱，缺乏足够的自我约束与自我管理的能力；三是金融业的财务会计制度发展滞后，难以形成对风险为本监管的有效支撑；四是缺乏规范化的监管程序及合理的职责定位，分业监管及监管的资源调整以后，监管的专业性明显增强，而内部机构的设置仍是沿用"归口管理"的传统模式，尚未建立一套规范化的专业分工、协调运作的监管程序，导致监管行动相互脱节，无法形成一个有效链接、依法持续的监管过程；五是市场体系不健全，政府干预时有发生，限制了银行通过金融交易控制和降低风险的能力，"赢了官司输了钱"，银行的信用环境存在一定威胁；另外还存在有法不依、执法不严的现象。所有这些，使中国银行业监管政策法规建设面临较大压力。

6.4　中国银行业监管政策法规建设的原则和目标

6.4.1　中国银行业监管政策法规建设的原则

黄毅（2007）提出，中国银行业监管立法要遵循法理上的谦抑性原则。我认为要从银行业监管规则和规制调整的广度、强度等方面缩减或压缩其立法的谦抑性，具体到银行业监管政策法规建设来说，将体现在如下几个方面。

1. 银行业监管的政策法规建设将更符合比例原则。比例原则的实质在于要求监管方法与目标之间协调一致、统一联动、保持均衡。归纳起来，具有三个特点：即适当性、必要性、衡量性。比例原则的适当性，即要求监管权力的行使应当适合监管目标的实现，体现适度、恰当；比例原则的必要性，即要求监管权力的行使不得超越实现监管目标所必需的程度，体现匹配、容忍；比例原则的衡量性，即要求监管当局行使监管权力时要充分考虑监管的手段与目标之间的利害关系，体现权衡、协调。

2. 银行监管政策法规建设需讲究成本。监管部门应该明确一个观点，就是监管时不要违反市场经济的基本规律，不要跟市场对着干，而应该引导市场的力量来参与监管（成思危，2006）。从世界范围来看，在政府监管发展过程中，政府实施专门监管的主要目的是通过在非市场经济条件下或在特定的经济发展阶段，为确保国家宏观经济控制目标的实现，对某些重要的银行活动、信贷业务或金融调控工具实行的强制性干预措施，以增强银行体系的安全稳健运行，来促使社会资源的最有效利用，及时解决有关市场失灵问题，只有通过监管或管制纠正了市场失灵的情况后公共资源和私人企业才能有效运营。但在实践中，政府的管制往往也会出现失灵，不当的规制和过度的行政干预时常导致金融资源的配置浪费，往往这种短期行为会对经济金融产生负面影响，甚至要付出沉痛的代价。所以，政府是否需要监管和干预，一要看是否出现市场过度或失灵，二要看是否通过监管能遏制失灵或减少不合理的资源牺牲，三要看是否运用的监管政策潜在有效并足够为可能无效的市场干预行为开脱责任。

3. 银行监管政策法规建设会改变治理手段。力求在现代银行监管政策法规建设上把加强银行业金融机构的内控机制和公司治理放在突出位置。从目前情况来看，监管当局特别是基层监管机构一直没有走出计划经济时期的影子，主要靠行政手段即市场准入（对机构、业务、高管审批及资格的审查）的力量对银行等金融机构采取直接监管的办法，出现了市场原则和内部自律很难在银行业监管中充分体现的现象。回顾中国银行业改革发展的历程，每走出一步都异常艰难，也付出了相当大的改革成本。故此，今后银行监管政策法规需要引导解决的关键问题是：遵循依法、公开、公正和效率的原则，体现比较先进的监管思想，鼓励金融创新、提高银行竞争力、合理使用监管资源相统一，强调与时俱进和审慎规则。比如：可以贯彻在如何保障有效的银行改革、如何有效解决公司治理和业务创新问题、如何改进有效监管方式和措施等方面。

6.4.2 中国银行业监管政策法规建设的目标

建立现代银行监管体系、现代银行制度和良好的银行秩序，很重要的一点就是要有一个既符合国情又同国际惯例接轨的银行监管法律体系。使中国银行业监管规则更加具有前瞻性、有效性和科学性，最终有利于银行业可持续健康发展。完整的银行监管法律体系应包含五个方面的内容：促成一种从消极管理走向积极管理、富有效率的银行业运作环境；监督金融宏观调控的有效实施，以良好的货币金融环境促进国民经济的健康发展；规范市场主体行为，维护银行业竞争秩序，以平等、自愿、公开、公正、诚实信用原则，保护存款人合法权益，促进银行业的稳健发展；具备完整配套、协调系统、严肃权威、灵活适应、操作性强的监管组织、方法体系；为依法治理银行提供规范性依据，为加强银行监管、消除银行隐患、防范化解金融风险提供有效的制度保证。

在此基础上，结合国情，制定出中国银行业监管政策法规建设总体目标。坚持立足当前，着眼未来，注重立法的系统性、科学性、公平性、渐进性，规划一个短期目标、中期目标和长期目标相结合的科学发展目标。具体来讲：

近期目标主要是到 2010 年前后完成现有法规的建立健全和完善工作，重点应放在对一些"空白点"的填补上，比如政策性银行、资产管理公司、银行控股股东、金融控股集团、新型银行机构、准金融机构的监管法规到现在还没有或不健全，银行业监督管理法到现在还没有实施细则和具体办法；另外，还要健全中国承诺加入世贸组织过渡期结束后的有关法律规章，使中国银行业的立法工作更好地适应世界贸易组织对成员国的基本法律要求。

中期目标主要是到 2011—2015 年五年期间，对照《巴塞尔新资本协议》《有效银行监管核心原则》要求，在中国建立一个安全多样、内容完整、稳健统一、有效监督的银行业监管法规，为创造和维护银行业体系的正常运作、公平竞争、效率稳定提供保证。

远期目标主要是到 2016 年以后，在近期目标和中期目标已经健全的银行业监管法律法规和规制的基础上，着力构建一个由国家法律、行政法规（条例、条令）、规章（办法、制度、指引、意见）、规范性文件多个层次构成的，包括银行业金融机构设立和运行规则以及监管行为规范在内的，由监管者具体实施传导的，层次清晰、体系完善、统一开放的，既能体现银行体系宏观稳定，又能与银行机构微观效率相结合的，符合国际惯例监管程序和做法的，一体化银行业监管法律框架。只有建立并切实推行银行业监管的立法远景规划，才能解决好银行业有效监管的根本前提问题，"法规制度先行"要比"摸着石头过河"成本小得多。

6.5　构建中国银行业有效监管的政策法规体系

6.5.1　建立银行有效监管体系

张宏（2003）、白世春等（2000）、张安顺（2001）、曾宏志（2001）等研究指出，建立银行有效监管体系需从以下几个方面入手：

1. 完善银行监管控制体系。

目前，中国的银行监管主体是中国银监会，负责监管全国近 90% 的金融资产，银行的监管资源基本与其监管对象的发展水平相适应。银监会在各省设立局，各市（地、州）都设立分局，县上设了办事处，与证监机构、保监机构相比，目前证监机构只设在省一级，其监管资源状况只能满足于对证券机构的市场准入监管和营业机构的非现场监测，还无力顾及对其监管对象合规性、风险性的全面检查与评估；保监机构在全国各地的派出机构更少，虽然各类保险分支机构众多，而保险监管机构只设在省一级，人员又少，根本无力关注量大面宽的保险业务，在一些地方已形成监管"真空"，其规模占绝对化优势。对此，现阶段完善监管系统的重点，如继续分部监管，一是增设证监会、保监会的机构和人员，特别是保险监管机构要延伸，使其能单独完成或通过聘请中介机构共同完成对其监管对象的监管任务。二是建立中央银行、银监会、证监会、保监会的分级联系制度，加强信息交流与技术合作，实现对金融机构的联动并表监管。三是各监管机构的总、分支机构之间要明确监管职权，各分支机构要在授权范围内，按统一标准行使监管职能。四是完善监管责任制，明确规定监管机构及其人员对监管对象存在的问题应查未查、应查出未查出、查出不报、不依法处罚、执法过错等行为所负的责任，促使监管机构及人员规范行为。五是进一步完善并实施本外币业务、内外资机构、境内外机构、表内外业务的统一监管，扩大金融监管覆盖面。六是面对混业经营趋势，需进一步改善中国的金融监管体制，逐步实现统一、集中监管是根本方向。中国的金融监管体制改革应从中国国情出发，借鉴国际先进经验及教训，按照独立、协调、效率、前瞻的原则，以银监会、证监会、保监会为主体，中央银行为依托，积极稳妥，体现特色，注重结合，循序渐进，分阶段分步骤进行。因为监管的体制受一个国家的政治体制、历史背景、GDP 水平、文化传统、金融规模等多种因素的影响，到底分业好还是统一好，都是随着社会经济及金融的发展水平而不断适时调整的。从中国当前的实际看，现阶段亦应继续实施"分业经营、分业监管"的监管体制，这种体制基本符合中国特色，比如中国的金融机构在这次应对全球金融危机中"虽不能独善其身，但能独树一帜"。但这种体制存在一个画地为牢、标准不一、力量分散、各自为政、盲点过多及信息不能共享、整体功能较差、全局观念缺失、监管成本过高、宏观监管薄弱等问题，需要一个金融监管协作联系机制来解决，因此，建议成立一个金融监管协调委员会，由主管金融的副总理任委员会主任，领导金融监管部门之间的协调和合作，以避免监管真空和重复监管，发挥整协功能，逐步实现综合监管。

2. 建立银行监管组织体系。

完善的银行监管组织体系是有效银行监管的先决条件和重要组成部分。按照市场化的要求，以明确分工、加强协作、减少重复、提高效率为原则，进一步建立银行监管的组织体系。为适应经济、银行环境的变化，各国都在对银行监管组织体系加以完善，使之更具有效性。

3. 完善监管操作流程体系。

此体系主要指实施银行监管过程的每一个行动、每一个环节、每一个步骤、每一个阶段、每一个项目都必须按程序办事，按流程去操作，这就要求制定健全完善的监管工作规程，明确监管措施怎么去执行，监管哪些内容，采取什么手段和方式，先做什么后做什么，怎样才能有利于实现监管目标，进而提高监管效率等，力求使监管当局对银行业金融机构的监管做到公开、公平、公正、效率，并形成一个科学严谨的操作流程体系。从中国国情及银行业监管实际来看，特别要把好市场准入关，具体要注重以下方面：一是行政许可事项要清楚（指机构设立变更和终止、董事和高管任职资格、调整业务范围和增加业务品种）；二是行政许可手续要完备（指申请与受理、审查、决定与送达）；三是行政许可操作要严格（指监管当局受理审查并决定、监管当局受理初步审查并逐级报最高监管当局审查并决定、监管当局分部受理并初步审查报监管当局审查并决定）；四是行政许可程序要合法（指申请人提交申请材料、发出受理通知书或补正通知书或不予受理通知书，按级次上报审查意见及申请材料、征求有关意见形成书面意见、许可委员会议决定后发文批复或发出否决通知书，送达书面决定、向申请人发照，被否决的应说明情况并告知依法享有申请行政复议或提起行政诉讼，对有关行政许可依据、条件、期限、材料目录和格式要求进行公示、对有关决定以公告形式公布）。当然，还要建立规范的监管文书。

4. 完善重点风险分类处置体系。

要及时制定和完善风险处置预案，对一定范围、一个区域的银行业机构的风险点和风险源要心中有数，对不同的监管机构应制定不同的风险防范措施。一是要特别注重加强信贷资产质量监管。重点是督促建立和完善贷款和不良贷款考核机制，对好的银行机构重点是注意防止"有毒"资产反弹，通过经常分析贷款分类偏离度和不良贷款迁徙率，准确判断资产质量变化趋势，注意控制和防范产能过剩压缩中的潜在信贷风险，形成风险自我控制和消化的良性循环机制，使防范信用风险的各项措施得到有效落实，巩固好成果；对中等的银行机构重点是进一步加强贷后管理，建立授信尽职制度，提高新增信贷质量；对差的银行机构重点应放在重组改造，千方百计采取多种措施处置不良资产，同时要建立并严格落实损失拨备核销制度，已经核销的贷款要做到账销、案存、权在和继续追讨，不断提高银行自身控制风险的能力。二是要特别注意高风险机构的风险处置。对资不抵债，出现存款挤提、兑付风险，或由于实施改制改造、资产重组、停业整顿、破产重整等引发突发事件的，要事先建立并完善应急处置预案，落实重大事项报告制度，按照有关规定，在当地政府的领导下控制和化解风险。在具体处置工作中，首先要吃透情况，如果是银行机构出现流动性困难，采取的救助措施主要有"自救、互救、他救"三种办法，自救就是机构本身要稳住阵脚，要做的是统一团队思想，重整员工信心，动员一切可以动员的力量，通过采取动用存款准备金，吸收各种存款等办法填补流动性陷阱，同时要巩固局面，防止不良信息传播引起信用恐慌；互救就是要在同业之间进行资金拆借，争得支持，进行救助；他救就是通过人民银行紧急再贷款、监管当局接管、政府出资重组等形式进行救助。以上三种办法要尽可能同时启用，只有"三箭齐发"才有可能有效处置。其次，要对风险有一个整体研判和"把脉"，如果通过三种"药方"还"一效难求"，不能搭救，可权衡轻重，采取兼并或收购、停业整顿、行政关闭（撤销）的办法进行；如果严重资不抵债，最好还是走破产重整，果断实施市场退出。另外，对一般风险问题，应通过非现场监管和现场检查来处置，更应关注该机构的资产负债结构、资产分类、资本充足水平、大额集中度风险、流动性比率、拨备情况等指标，可以采取巩固性或改善性措施，如约见谈话、实地调查、风险提示、信函质询等方式，对有关银行业金融机构提出引领措施和监管要求。如上述监管行动无效，就可动用进一步监管措施，直至建议调整高管，限制业务，停止营业，吊销牌照。同时要配合有关部门做好非法集资认定、查处、取缔，及时稳妥应对银行业突发事件。三是要特别关注信贷资产集中度、关联交易和交叉违约风险。主要是建立对大客户、大企业的风险联合监测制度、重点行业的定期分析通报制度和大户贷款的跟踪调查和实地延伸检查制度，着力解决银行与客户信息不对称问题，还要根据大客户公司治理结构、关联企业多寡、现金流量变化、核心主业偏离及财务杠杆高低等情况，分析和识别集中度和关联度；对当前政府融资平台贷款风险问题要给予高度重视，对非银行金融机构创新业务及平台建设中潜伏的风险也要加强监测和提示，这两个类型的风险可能是今后银行业的主要隐患。四是要特别重视金融创新产品和混合理财产品中的风险。因为，随着金融市场的快速调整和发展，市场的波动拓宽了银行开展各种产品（包括汇率、利率等避险增值产品）创新的空间，促进了居民理财意识和财富收入结构的变化，但同时面临着投资者"买者自负"的考验，所以，要按照"风险可控，成本可算，信息透明"的原则，督促银行机构适应资产证券化和银行业机构设立基金公司的新趋势，全面树立以客户为中心的理念，既要大力发展中间业务，又要加大投资者风险教育，做好风险提示。五是要特别防范操作风险。

主要看银行业金融机构现有的规章制度是否能覆盖到所有部门、业务领域、各个岗位和每个操作环节，各项规章制度是否在基层得到有效贯彻，差错和事故是否能够及时发现和纠正，各岗位责任制是否明确有效并认真执行，案件风险是否得到有效控制，这是防范操作风险的标志性内容。因此，还要督促银行业金融机构完善"管理制度、执行能力、内部监督、科技信息、整体联动"五位一体的操作流程，建立案件防控第一责任人制度和真实性责任追究制度、案件定期通报制度、案件跟踪监测制度，通过组织开展包括对案件易发重点区域、重点机构、重点岗位、重点部位在内的内控制度、合规管理、业务操作和从业人员职业操守等方面的风险排查，构建起防范操作风险和案件治理的长效机制。

5. 建立银行监管方法体系。

有效的银行监管方法体系体现在以下方面。（1）金融风险监测系统。该系统通过设置一系列监测比率和比率"通常界限"，对银行经营机构的状况进行监测。早期监测系统可通过对银行机构的主要业务经营比率和比率"通常界限"加以仔细分析，对接近比率"通常界限"的银行机构及时监测并进行必要的提示。（2）银行市场准入退出和救助方法系统。明确各类银行业机构的设立标准和审批程序；审核考察机构董事及高级管理人员的任职资格、业务经历及经营业绩；审核机构的资本金数量及其来源；界定各类机构的业务范围；实施对机构的市场退出管理。（3）监管者再监督系统。对监管者的再监督是防止滥用权力、防范金融风险、提高银行有效监管的重要一环，必须采取有效方法对银行监管部门及监管人员进行严格考核和再监督。（4）非现场监管和现场检查相结合的功能监管系统。重点是要处理好非现场监管与现场检查的关系，发挥好非现场监管在发现、识别、衡量风险方面的预警作用和对现场检查的指导作用。根据非现场监管发出的风险信号，现场检查部门视其风险严重程度，可运用现场检查 EAST 系统，对银行业金融机构或实施全面检查，或开展专项检查，或进行延伸检查，或实行快速调查，但不论采取哪种方式，都要把握好现场检查的力度、深度、节奏、频率，做到查必处、处必罚，并将检查信息适时传递到非现场监管部门，共同分析，提高监管执行力，实现现场检查由任务性、动议性、常规性向专业性、针对性、有效性的转变。促使银行业监管由侧重按机构监管向功能监管的渐进转变。

6. 完善银行监管信息支持体系。

齐全、准确、完整且差异化的数据总成和基础资料是银行业有效监管的基础，也是实施有效监管的重要手段。鉴于此，建立健全功能强大的银行业有效监管统一资料数据库和运用方便的银行监管信息系统框架和流程显得特别重要。可以运用组合分析方法，如通过历史分析法、对比分析法、规范分析法、模型分析法、水平分析法、同业分析法，来开发和建设生成科学的银行监管信息库。监管资料数据和信息系统的主要内容应当包括：（1）行政许可受理（不予受理、补正、否决）通知书，行政处罚立案审批表、询问记录、处罚意见告知书、听证通知书，行政处罚决定书，行政处罚案件法律审核意见表，移送案件通知书、当场处罚决定书、送达回证、强制执行申请书、结案报告，行政处罚档案材料清单（含有关部门的处罚记录）。（2）高级管理人员任职资格核准（备案）登记表、谈话通知书、谈话（任前谈话、约见谈话、特别谈话）记录、考核评价表和任职资格批复，还有履职考核情况。（3）现场检查立项申请表、建议书、通知书、查前问卷表，现场检查方案、会谈记录、资料调阅清单、现场检查底稿、事实确认书、事实与评价、总结会谈纪要，现场检查报告，现场检查意见书，现场检查档案。（4）银行和非银行机构监管报告、监管意见书，审慎监管会议纪要，与董事会（机构高管层）会谈纪要，各监管机构会谈纪要，非现场监管分析监测报告，重大问题质询书，风险提示（通报）书。（5）银行业金融机构的审查准入包括机构设立、开业、变更申请表和业务范围及限制情况。（6）银行业金融机构的表内、表外业务和资产负债的所有情况，存贷款细分情况，有关新业务和创新产品（含银证、银保、银信合作）、平台业务情况、IT系统流程等报备资料。按照商业化原则，对银行业金融机构和监管部门的核心信息及要情宜实行集中、统一管理，使用时实行级次授权。同时要不断完善各类监管统计报表和分析指标体系，健全各类机构监管信息档案，准确分析、测量各项指标在不同区间变化所预示的风险情况和经营状况，不断提高系统的集成性和数据的共享性，规范对各类机构的考核评价和风险评级，最后全面、客观地对银行业金融机构的风险作出评价，并及时通报评级结果，发布监管信息。另外，还要落实强制性信息披露制度，改进信息披露的程序、要素和方法（目前银行业信息披露的全面性还远远不够，形式重于内容），规范信息披露的内容（经营状况和财务成果）和渠道，不断推进银行业金融机构透明度建设，强化社会公众对银行业金融机构经营行为的市场约束，提高银行监管信息化水平。

6.5.2　夯实银行业有效监管的制度基础

银行业金融机构内部控制制度不健全、自我约束能力差严重影响了银行有效监管基础。因此，从基础制度入手，以监管指标体系的建立与完善为重点，对有效监管来讲显得尤为重要。只有银行业金融机构做到内控严密、理念审慎、风险为本，银行业监管才能省心、省事。银行监管机构应发挥好引领服务、督促提示、窗口指导的作用。要指导监管好银行业金融机构，必须夯实基础，完善制度，改进办法，切实提高银行业监管规则的专业性、有效性和可执行力。

要更加重视内控机制建设。内控先行是银行机构得以健康发展的宝贵经验，是其自我完善得以壮大的法宝，也是防范、控制自身风险的有力保证。监管部门的监管不能替代银行业金融机构的内部控制，只能是指导和监督银行机构完善治理水平和内部管理，起"外因"的作用，真正发挥决定作用的还是要培养银行业金融机构自我管理和控制风险的能力，调动银行业金融机构防范风险的内在积极性，靠"内因"起作用。不论是被监管者还是监管者，都要把管内控作为头等大事抓好。任何无视内控的思想和行为迟早要出问题，甚至要出大事，"问题往往出在内部"就是这个道理。制定内控监测和备案制度。新的内控制度必须事先报银行监管机构同意。要更加重视内控制度的建立与完善。所以，完善内控制度，作为银行业金融机构责无旁贷，重在不断修正、补充，贵在落实。作为银行监管机构怎么强调也不过分，重在督促、检查，贵在预警。

要更加重视建立并落实责任追究制度。特别对现场检查发现的内控薄弱、管理松弛、制度形同虚设的银行业金融机构要落实"一把手"责任制，通过监管谈话、座谈走访、单独约见等形式，及时实行问责，提出要求，限期进行整改；对前台、中台、后台流程混乱、授权授信不规范、经常越权办理有关业务的银行业金融机构要落实岗位责任制，根据严重程度，通过限制扩张、暂停业务、建议调整高管等形式，全面整治；对无章可循、制度过时、存在"一手清"现象的银行业金融机构要落实全员责任制，通过整章建制、"亡羊补牢"、强化对账等形式，修正错误；对操作风险频出、没有执行力、案件频发的银行业金融机构要实行"一票否决"制，通过上追两级、行政处罚、取消高管任职资格等形式，实行严格的责任追究。特别对案发机构进行处罚的同时，要对其上级行进行处罚，追究其监督不力的责任。还要对案发机构实行跟踪督导，督促制定与机构规模、业务复杂程度和管理特点相适应的整改方案，打造银行业的"铁规章、铁流程、铁数字"。

要更加重视建立并完善考核通报制度。主要通过每年对银行业金融机构高管人员履职行为的全面考察，了解决策层和经营班子及成员落实工作职责的情况，包括参与本机构重大事项决策的情况、依法审慎经营的情况、分管工作业绩情况、遵纪守法的情况，看是否在业务经营方面有违反政策规定造成重大损失的情况，是否存在指使他人搞违规经营，是否有过监管部门和其他监督管理部门的处罚。对这些方面的考核结果将在一定范围内进行通报，主要是该机构的上级主管部门、更高一级监管机构、银行股东及相关部门，以进一步完善该机构的内部治理结构，强化投资者（银行股东）对经营行为的市场约束。

要更加重视建立并实施处分建议制度。主要是对履职行为考核和日常监管、现场检查、非现场监管中发现的违规违纪行为，除监管部门对被查机构进行处罚外，还要建议对其责任人由被查机构按程序和行业规定给予行政的、经济的处分或处罚，如果是责任领导（高管），除按有关规定给予处分（罚）外，还要记入任职资格档案。情节严重的，由监管机构按有关程序直接取消高管任职资格，触犯刑律的，建议通过司法程序处理。

要更加重视建立并实行监管指标制度。对银行业金融机构监管指标的科学系统设计是监管当局的重要任务，也是有效监管制度基础的主要内容，监管指标是否恰当、适合，直接影响到银行业金融机构的经营管理水平和监管机构的监管科学性和有效性。如果监管指标符合银行业的实际，监管就能促进银行业的可持续发展，反之亦然。一般说来银行业监管指标体系建立，考虑的因素有以下几方面：（1）宏观经济状况和预期；（2）金融业发展的总体规模和水平；（3）外部金融状况和信用环境；（4）银行系统的稳定性、安全性、流动性和效益性；（5）参照《巴塞尔新资本协议》《有效银行监管核心原则》等国际监管统一准则；（6）结合银行业金融机构差别化实际，分类型、分行别、分系统、分机构制定，既与国际惯例接轨，又与国情、行情相适应的统一完整、系统权威、操作性强的内外资银行机构监管标准。比如在对上述要素分析研究的基础上，有效的银行业监管指标就会不断生成。中国银行业监管已经建立起了比较健全的银行监管指标体系，特别是中国银监会成立以来，一直致力于银行业监管标准化建设，非常注重银行监管政策与宏观经济调整的结合，始终把宏微观审慎监管作为重点，运用传统有效的和最基本的监管指标，不断构建银行业健康运行的制度基础。一是在审慎性监管方面，确定了总量类底线，包括存贷指标（本外币合并比例75%、外汇比例85%、分行别分情况在80%左右适时调整）、拆借资金比例（拆入4%、拆出8%），还制定了安全性指标（资本充足率比例8%、贷款质量比例10%、股东贷款比例100%、最大单户贷款比例10%、最大十户贷款比例50%），流动性指标（资产流动性比例25%、准备金比例6%、中长期贷款比例12%），效益性指标（资产利润率、资本利润率、利息回收率），以及管风险（信用风险、市场风险、操作风险、IT风险、衍生产品交易风险、中间业务风险、假票据假按揭假融资风险等）、管法人（机构

注册资本、业务范围、高管资格、名称及所在地、市场退出方式等），管内控
（包括重要空白凭证印鉴保管、重要岗位人员强制轮休、结算现金利率合规管
理、授权授信和贷款审批程序、会计财务系统管理、案防率及案件防控措施、
内部审计稽核、网络系统等）。二是根据新时期银行业经营发展实际，及时制
定了银行业金融机构资本金补充制度和与其资产分类相对应的损失准备金和拨
备覆盖制度。根据国际标准，贷款呆坏账准备金一般分别按正常、关注、次
级、可疑、损失"五级分类"1%、2%、15%、50%、100%的比例计提，拨
备覆盖率应至少达到100%的水平（中国目前主要银行已达到150%）；三是根
据经济金融内外部环境的变化，适时完善银行业监管的政策指标，把握好银行
业自身发展的规律和创新特点，或调整银行业监管的容忍度和监管底线，或制
定新的银行监管标准，以适应变化了的情况。

表6-1　　　　　　　　　中国银行业非现场监管基础指标一览

	指标名称	指标定义	标准值
资本充足	资本充足率	资本净额/（表内外风险加权资产 + 12.5 倍市场风险资本）×100%	≥8%
	核心资本充足率	核心资本净额/（表内外风险加权资产 + 12.5 倍市场风险资本）×100%	≥4%
信用风险	不良资产率	不良信用风险资产/信用风险资产×100%	≤4%
	不良贷款率	（次级类 + 可疑类 + 损失类）/各项贷款 ×100%	≤5%
	逾期 90 天以上贷款与不良贷款比例	逾期 90 天以上贷款/（次级类 + 可疑类 + 损失类）×100%	
	资产损失准备充足率	信用风险资产实际计提准备/信用风险资产应计提准备×100%	>100%
	贷款损失准备充足率	贷款实际计提准备/贷款应计提准备×100%	>100%
	拨备覆盖率	贷款损失（专项准备金 + 特种准备金 + 一般准备金）/五级分类不良贷款余额 ×100%	
	单一集团客户授信集中度	最大一家集团客户表内外授信余额/资本净额×100%	≤15%
	单一客户贷款集中度	最大一家客户贷款总额/资本净额×100%	≤10%
	全部关联度	全部关联方授信余额/资本净额×100%	≤50%
盈利性	资产利润率	税后利润/资产平均余额×100% ×折年系数	≥0.6%
	资本利润率	税后利润/所有者权益平均余额×100% ×折年系数	≥11%
	成本收入比率	营业费用/营业净收入×100%	≤35%

续表

	指标名称	指标定义	标准值
流动性风险	流动性比例	流动性资产/流动性负债×100%	≥25%
	流动性缺口率	90天内表内外流动性缺口/90天内到期的表内外资产×100%	≤-10%
	核心负债依存度	核心负债/总负债×100%	≥60%
	存贷款比例	各项贷款余额（不含贴现）/各项存款余额×100%	
市场风险	累计外汇敞口头寸比例	累计外汇敞口头寸/资本净额×100%	≤20%
	美元敞口头寸比例	美元敞口头寸/资本净额×100%	
	利率风险敏感度	利率上升200个基点对银行净值影响/资本净额×100%	
	投资潜在损失率	（各项投资市场价值－各项投资账面余额）/资本净额×100%	

6.5.3 培育有效银行监管的条件

银行业有效的监管除了监管当局履行好职责，在监管过程中实施正确的理念和思路、原则和标准、手段和办法、体制和机制外，还与很多客观条件有特别联系。

宏观经济环境。看宏观经济政策走向是否保持一定的连续性和稳定性，包括财政政策、货币政策、产业政策、环保政策的松紧程度，还有经济增长目标等，如果宏观经济政策使用正确，就会避免经济大起大落，银行业的可持续发展能力就强，银行监管的成本就低；如果使用过度或不恰当，银行业经营发展就会受到影响，银行监管成本就会较高。银行最怕的是宏观经济政策出现"一放就乱，一控就死"的问题（这也是中国常常遇到而难以解决的问题）。而事实上，在当前应对金融危机保增长中已经出现了产能过剩、短期行为的问题，银行一定要在信贷扩张与资产质量之间求得平衡，否则，会形成大量的不良资产，监管面临的挑战就多。还要看政府对银行的支持是否及时有力，对银行监管地位、权威的认可程度和接受能力是否增强，如果政府认为监管可有可无，发挥作用不大，甚至感觉还碍事的话，每次大的监管行动政府不会欢迎，久而久之，监管就会很被动。当然，监管是一门艺术，只要加强协调沟通，还是能够争得支持的。近年来，中国政府非常重视银行业改革和发展，积极采纳银行监管部门提出的意见和建议，包括银行业机构改革方案的及时推出、剥离不良资产、股份制改造、注入资本、公开上市、引进战略投资者等，都进行了大量投入。总体看，目前，中国银行业能够按照市场化、商业化原则发展，各级政府对银行贷款的行政干预在不断减少，但在政府投融资平台贷款方面政府的积极性较高，政府干预行为特别浓厚。

法律准则环境。要达到银行业有效监管，健全的法律法规和依法行政、依法监管、依法办事的环境十分重要，主要条件为：（1）各类银行业金融机构的法律要健全，包括政策性银行、商业性银行、非银行金融机构包括资产管理公司、信托公司、金融租赁公司、财务公司和外资银行。这是有效监管的依据。（2）各类机构的法律实施细则要制定。否则，会出现"抓大放小"的问题，具体涉及一项业务的违规问题就会无所适从。如果银行业运行没有具体的法规约束，各行其是，难免会造成无序经营。如果监管者坐视不管，要追究监管者的责任；如果要管，有可能"执法犯法"，导致监管人员行为违法，这样会出现"两难境地"的局面。（3）要及时修订完善不适时宜的各类条例法规。全球金融危机给银行业监管带来的很大启示是，要及时修正不符合不适应现代银行业发展和银行监管的惯用准则，包括《巴塞尔新资本协议》，因为它的理念将由单一的严厉政府管制走向与监管对象协调配合的协同监管，注重市场约束，让市场的力量来促使银行稳健，高效经营。其中资本充足率、监管约束、市场约束"三大支柱"的核心意义在于利用市场机制压缩成本，提高监管效率。但这种理念及意义被还在持续的国际金融危机所带来的问题和后果所淡化，因为导致这次金融危机爆发的主要原因之一是过分估计了市场的力量，放松了金融监管，所以给出台《巴塞尔新资本协议》不久的巴塞尔委员会带来了很大压力。只有与时俱进，方能引领银行监管新的发展方向。（4）符合国际惯例的会计准则要尽快制定。这是自然人、投资人、监管者、中介人全面、系统、深入了解银行业金融机构及信贷主体经营能力、财务水平和风险状况的重要依据。（5）要有一支知法懂法、政策水平高、专业技术过硬、查账能力强、职业道德好的银行业监管队伍，这是银行业有效监管的基础保证。

系统性保护环境。主要内容有：（1）最后贷款人制度。实施最后贷款人制度（中国已建立中央银行再贷款管理办法，但没有系统的最后贷款人制度），是中央银行对发生或将要发生清偿性风险的银行业金融机构采取的保护性措施，主要解决银行机构的流动性，平息公众挤兑风波，这是处置金融风险的有效途径，也是银行业有效监管的重要手段。（2）存款保险制度。建立存款人保险制度非常必要，近几年，中国正在研究出台这个办法，可能出于权力博弈和体制机制的问题，目前还没有推出。存款保险制度的建立对增强银行机构的公众信心，防止高风险机构支付风险向其他银行传染或扩散，将市场信号和约束的扭曲降到最低限度，保护银行体系的安全运行具有重要作用。但实施存款保险制度可能使健康金融机构增加付出。

问题机构处置环境。主要内容有：（1）坚持在地方政府领导下处置金融风险，并形成一个专门小组，明确分工与职责，减少决策环节，提高处置效率。（2）制定风险处置方案，提出风险处置的指导原则、具体措施、方法步骤等，并对救助主体风险情况进行界定，明确采取的处置形式。（3）实施分类救助，如果问题机构处置的形式是停业整顿，应指定一家托管机构清理债权债务，然后根据清产核资和审计评估结果（资能抵债或资不抵债情况），决定选择哪条路——或恢复营业或资产重组或破产重整；如果是实施撤销关闭，就要成立清算组，全权负责问题机构的债权清收及有关业务经营的决策，其中关闭前的工作非常重要，主要是兑付自然人存款，这就需要动用存款准备金，申请人民银行紧急（支付）再贷款或存款保险资金，在同业之间进行融资等；如果撤销期间清收无效，资不抵债仍很严重，就要实行破产重整，按程序移交法院进行。

社会信用环境。信用环境是否良好，诚实守信和"有借有还，再借不难"的意识是否根植于民于企，逃废银行债务的行为是否得到有效遏制，是银行业有效监管良好外部环境的基本要素。重点是要发挥银行业协会的作用，定期通报企业逃废各银行业金融机构债权和恶意欠贷欠息的情况，按季公布逃废债企业名单，使失信者寡助。要进一步完善银行信贷登记咨询系统，真正把不良信用记录在案，而不是不分青红皂白的自动生成。探索建立社会个人信用评估体系，强化社会信用意识，逐步改善社会信用环境。进一步完善银行客户诉讼机制，对投诉的银行机构违规行为和服务质量问题，要积极对待，认真调查解决，充分体现公众的根本利益。

第七章　银行有效监管中外比较

7.1　美国银行监管演化状况及发展趋势

7.1.1　金融创新导致了脱媒现象

20世纪70年代以后，石油危机、布雷顿森林体系崩溃等一系列事件使美国经济进入高通货膨胀时期，利率、汇率陷入大幅度波动之中，无论是投资者还是借款者都变得对利率更为敏感了。为了逃避"Q条例"的利率限制和经营范围限制，在通信和数据处理技术进步的支持下，金融创新活动层出不穷。金融创新活动，特别是货币市场共同基金的发展减少了商业银行和储蓄机构的资金来源，同时，由于大量优质客户通过商业票据市场或欧洲美元市场来借入更为廉价的资金，又减少了它们的贷款客户，形成严重的脱媒现象，银行的金融中介作用被削弱了。1992年商业银行在金融机构总资产中只占24%的比重，而在1960年这一比重则为34%。

7.1.2　放松管制、监管宽容增加了银行系统性风险

20世纪80年代以后，美国政府进行了一系列逐步放松管制的改革，给予存款机构特别是储贷协会更多的发展空间，以解决它们的困境。这包括《吸引存款机构放松管制及1980年货币控制法》《1982年加恩·圣杰曼吸收存款机构法》《1987年公平竞争银行法》的通过和实施。根据这些法律，扩大了储贷协会的业务范围，取消了存款利率限制，允许使用变动利率抵押贷款以稳定利差；政府向融资困难的储贷协会提供贷款；储贷协会资本充足率的要求由5%降为3%，采用较为宽松的监管会计准则代替通用会计准则。

这些宽松监管措施的目标是为储贷协会带来更多的获利机会，帮助它们改

善经营状况。但是，由于道德风险的存在，清偿能力严重不足的储贷协会却滥用放松监管带来的经营自由，它们的贷款大量投向了商业不动产、土地贷款、垃圾债券等高风险的领域，银行经理人员贷款欺诈活动也十分严重，把存款保险和高利率相结合，储贷协会可以轻易获得存款。

放松监管不仅没有挽救那些技术上已破产的储贷协会，反而由于对监管宽容的滥用增加了银行业的系统风险，20 世纪 80 年代以来储贷协会破产的数额逐年增加，20 世纪 80 年代末期数以百计的储贷协会破产，并耗尽了联邦储蓄与贷款保险公司的资金。

7.1.3　放松管制与审慎监管并重

发端于华尔街的金融风暴就是又一有力例证。1989 年美国政府实施了《1989 年金融机构改革、复兴和实施方案》，该法的实施是美国银行监管制度安排的一个转折点，它扭转了因放松管制导致的监管宽容的困局，此后的银行监管改革既有放松管制的一面，又有加强审慎监管的一面。具体表现如下：

根据《1989 年金融机构改革、复兴和实施方案》，提供充足的资金，关闭资不抵债的银行；加强资本监督的标准；取消储贷协会的首要管理者——联邦住宅贷款委员会，成立储蓄机构管理局，并置于美国财政部直接控制之下，以隔绝来自行业的压力和利益集团的影响。原因在于联邦住宅贷款委员会作为储贷协会和存款保险基金监督者的二重职能产生了利益冲突，被指责为在进行"监管者的赌博"（Kane，1989）。它运用宽容的监管安排使破产的储贷协会能够继续营业，并据此掩盖联邦储蓄和贷款保险公司的资金困境，寄希望于非常有利的宏观经济冲击能使储贷协会调整资本，或至少能把责任推卸给将来的当权者，但是监管宽容却造成储贷协会危机的恶化，浪费了纳税人数以亿计的资金，联邦住宅贷款委员会作为监管者受到了惩罚。

在解决储贷协会危机的过程中，为解决美国存款保险制度的缺陷，根据1991 年《联邦存款保险公司改善法》，实行全面的存款保险改革，建立基于风险的存款保险制度，缩小存款保险的范围，以减少因存款保险带来的道德风险问题；按资本充足率不同进行奖优限劣的分类监管，通过纠正行动条款以快速关闭那些资本不足的存款机构。

上述两项法案的实施改变了放松管制与监管宽容相伴的局面，美国银行业逐步摆脱了危机困境，到 20 世纪 90 年代中期储贷协会和商业银行每年倒闭数目已经降到 10 家以下；从 1988 年巴塞尔资本协议的实施到 1992 年中期，美国银行业资本监管得到强化，开始进入放松管制与强化审慎监管阶段。

《金融服务现代化法》（又称为《1999 年 Gramm – Leach – Bliley 法》）允许银行业、证券业和保险业在金融控股公司的框架下混业经营，强调对消费者的保护，强化监管部门的职权，加强监管部门之间的协调。该法案的实施标志着大危机以后所确立的各项严格控制性的监管安排包括利率限制、行业限制和经营范围限制已经全部取消，保留下来的存款保险制度也转向了以风险为基础的改革方向。另外，《1994 年 Riqle – Neal 州际银行和分支机构效率法案》解除对地区扩张的限制，允许银行持股公司在全国范围内设置分支机构；《1996 年经济增长和减少管制文本法案》放松或取消了一系列有关申请、批准和报告要求的管制条款。

几经轮回，美国银行监管制度经历了严格控制性监管从无到有，从有到无的过程，监管理念从只注重安全转变为安全与效率并举，审慎监管制度得到了逐步建立和强化。突出表现在基于风险的资本监管制度和存款保险制度的实施和逐步完善、实施预先承诺法、完善银行业的会计标准以提高信息披露的准确性。而《萨班斯法案》则要求上市公司的管理层和外部审计师都必须定期确认财务报告的真实性、一旦出现违规，将马上面临刑事处罚，体现出政府监管部门运用银行内控和市场约束的协同力量来确保信息披露真实性、实现监管目标的思想。总之，注重监管的激励相容性，注重监管实现过程中市场力量的作用、注重提高监管的技术水平成为美国审慎监管的发展方向。

总体来看，在过去的七十多年里，美国银行业没有再现大危机中的信任危机，美国银行监管在保护存款人利益、维护银行体系稳定方面是成功的，但是，1980—1995 年超过 5 000 家储贷协会和商业银行的破产也耗费了大约 2 000 亿美元资金，这表明美国银行监管并不是没有成本和风险的。20 世纪 90 年代后，放松管制过程中监管宽容的摆脱和审慎监管的强化，既为美国银行业在金融自由化和全球化进程中提高效率和竞争力创造了较为宽松的环境，又有利于发挥政府、银行和市场参与者等多方面的力量，提高银行监管的有效性。当然，随着银行业不断开发出新的产品和服务，以及银行业与证券业、保险业的进一步融合，现行的监管安排不断受到检验和冲击。

7.2 日本银行监管的演化状况与发展趋势

根据亚历山大·格申克龙的经济落后理论，一个国家的工业化开始得越晚，这个国家就越依赖于银行，银行业在赶超型国家经济发展的作用尤为突出。明治维新以后的日本有强烈的赶超发展意识，政府采取了优先发展银行业以推动经济快速增长的发展战略,积极支持银行业发展。由于银行业发展是在政府推动下进行的,对银行业的监管也就带有浓厚的政府行政干预色彩,这也是包括中国、韩国在内的许多东亚赶超型国家的银行监管所普遍具有的一个特征,所以,考察此类国家银行监管的实践,赶超型经济发展道路和政府推动银行发展的背景尤为值得关注。

7.2.1　控制严格型监管的形成与发展

从 19 世纪末到第一次世界大战前,为促进银行业的迅速建立和扩张,日本政府对银行业基本上放任自流。缺乏限制的银行扩张和关东大地震导致 1927 年金融危机的爆发,以 1927 年《银行法》为标志开始对银行业进行规范性监管。经历了第二次世界大战和第二次世界大战后的经济恢复期,到 20 世纪 50 年代中期严格控制性银行监管基本确立,在日本被称为金融行政。金融行政的主要内容包括在市场准入、利率、业务领域、分支机构设置、资金分配等方面实施严格的管制,它的主要目的在于限制银行间的竞争,保证现有银行获得超额利润,在充分保证银行业稳定的同时,满足产业发展的资金需求,以实现经济高速增长的赶超目标。

以严格控制为特征的金融行政有效地保证银行业获得稳定收入,促进了投资、实现了资金分配,推动了经济起飞,1955—1973 年日本经济经历了近 20 年的高速经济增长。但是,在政府严格的限制和保护下,银行业缺乏竞争的必要性及可能性,逐渐丧失了竞争意识和竞争能力,这为放松管制时期银行业的发展埋下了巨大的隐患,也对审慎监管的建立和强化产生了巨大的阻碍作用。

1973 年日本经济进入低速增长阶段,日本银行业的经营环境发生了较大变化,在居民投资和企业融资行为利率敏感度提高、国债市场迅速发展等因素影响下,银行业的资金大量流失,利率限制和业务范围限制等稳定银行业收入的监管措施反而成为银行业发展的障碍,而国内金融创新活动则降低了限制性监管的效果,国际上欧美各国金融自由化的浪潮也对日本严格控制性的银行监管形成了外部冲击,20 世纪 70 年代中期以后,日本开始逐步放松严格控制性的银行监管,1981 年日本颁布了新的《银行法》以放松利率和业务范围限制,奠定了放松管制和加强竞争的基调,此后,日本银行监管进入加快放松管制时期。

7.2.2　加速放松管制与银行危机

20 世纪 80 年代中期到 90 年代初期,国内经济发展的内在要求和欧美各国要求日本改善外国银行经营环境的外在压力，使日本严格控制性的银行监管安排走上了全面放松之路，这包括利率自由化、放宽业务范围限制、放松分支机构设置的限制、资本流动自由化等。

限制性监管措施的基本取消清除了银行业发展的制度障碍，顺应了金融自由化的国际趋势，但是，相应的审慎监管措施却没有及时建立和严格实施，主要原因在于：一是维护大银行的利益仍然是大藏省实施银行监管的立足点，以前是服务于经济增长的大目标，而现阶段是保证大银行的实力和在国际金融市场上的地位，所以，监管当局在推行审慎监管措施时也立足于银行利益，例如，没有督促银行通过增加利润留成充实核心资本以提高资本充足率，而是协助银行依靠增股筹资、发行公司债充实附属资本来增加资本；为鼓励大银行增强实力、占领世界市场，对它们的违章经营行为也采取了姑息态度；二是由于大银行的反对和抵制，一些审慎监管措施，例如，信息披露制度等难以推行。

限制性监管措施的全面放松和审慎监管的缺乏等同于将银行业恢复到没有管制的原始状态，由于缺乏审慎监管的约束，银行利用长期的超低利率鼓动土地、股票投机，掀起了泡沫经济的狂潮。20世纪90年代初期泡沫破灭以后，日本银行业出现了巨额的不良债权，经营出现危机。第二次世界大战后日本一直以合并或融资方式对濒临破产的金融机构进行挽救，故没有一家银行倒闭，1995年，"银行不倒"的神话破灭，从中小银行开始的破产倒闭之风使日本银行体系受到严重冲击，无论在国内还是在国际上日本银行业的信誉快速下降。

7.2.3 构建与强化审慎监管制度

20世纪90年代中期开始的银行危机使日本政府认识到，只有对银行体制进行彻底改革，建立和完善审慎的监管制度才能最终摆脱危机，日益融入国际化的日本银行业才有出路。

1996年大藏省颁布了《健全性确保法》《重建特例法》和《存款保险修订法》，着手建立系统的审慎监管制度和完善的破产处理机制，希望在完善监管制度的过程中消化不良债权的压力。但是，受国内经济萧条和东南亚经济危机的影响，银行不良债权的处理又陷入僵局，且有恶化之势，1997年年底日本银行业的不良债权高达76.7万亿日元，巨额不良资产成为规范银行监管体制的障碍，为了尽快摆脱银行危机，推进金融体制改革，日本政府不得不注入大量公共资金解决不良债权问题。

亚洲金融危机以后，日本对金融体制进行彻底变革，修订了《日本银行法》《银行法》等20多个金融法律法规，相应地银行监管体制也发生了巨大变革：全面放松了业务领域等方面的限制性措施，快速推进金融自由化；同时建立和强化一系列审慎监管措施，包括引进早期修正措施、充实和完善信息披露制度、实行会计制度的国际标准化、确立全球性的监管合作体系等。在监管机构方面，改革大藏省，更名为财务省，把金融监管职权移交给新成立的金融厅，金融厅下设于总理府，但它在人事和预算上都保持极大的独立性，这次机构改革较大程度地分离了大藏省的财政和金融职权，提高银行监管者的独立性。

在上述改革的推动下，日本银行监管实现了由严格控制性监管向审慎监管的转变，日本银行业基本上避免了系统性银行危机的发生，七大金融集团渡过了解决不良债权问题的最困难阶段。今后，进一步解决不良债权问题、改革和完善审慎监管措施，提高监管者独立性仍然是日本银行监管需要努力的方向。

7.3　韩国银行监管的演化状况与发展趋势

7.3.1　严格控制性监管时期

韩国在 1953 年后的 10 年中完全依托美国的援助，经济极其脆弱。20 世纪六七十年代韩国工业化赶超时期，面临着资金短缺的困难，为了解决资金短缺问题以实现工业化，韩国实行了政府干预为主要特征的金融体制，被称为"官治金融"。在官治金融体制下，政府一直操纵着银行系统向企业提供资金支持。与之相应，这一时期韩国实行了严格控制性银行监管制度，它不仅包括利率、业务范围、市场准入等限制性措施，还包括对银行信贷的严格控制。

严格控制性银行监管的出发点是力图通过限制性措施和政府提供的无限担保对国内银行业实行过度保护，使银行能够按照政府指示为工业化和战略性产业发展提供低成本的资金。在低成本资金的支持下，韩国经济迅速发展，1962—1972 年，年均经济增长率高达 8.6%，1971—1980 年，年均经济增长率高达 9%。但是，这种严格控制性监管所具有的负面影响也是显而易见的，表现在：银行业自主经营能力和竞争能力低下、银行和企业都存在预算软约束问题，资金配置效率低下等。

7.3.2　放松管制时期

20 世纪 80 年代以后，韩国经济进入自由化、开放化的阶段，大力推行金融自由化。政府逐渐减少了对银行业的介入和干预，1981—1982 年，韩国将国有商业银行通过股票出售实行私有化，在监管方面逐步放松限制性监管措施，包括取消利率限制、放宽市场准入限制、放松业务管制、对外国银行实行国民待遇等。限制性监管措施的放松和开放政策，促成了国内银行业的迅速扩张和竞争格局的形成，银行业的定位从经济政策工具向注重效率的方向转变。

但是，由于误以为减少干预即是放松监管，韩国在取消或放宽限制性监管措施的同时审慎监管措施不到位，造成监管力度不够，同时银行仍然享受隐含的政府担保，这种监管制度安排容易扭曲银行的经营行为，引发道德风险。

在这种背景下，银行业盲目追求规模扩张，1994—1997 年，韩国银行业的机构网点数从 3 682 个增加到 5 987 个，职工人数从 87 224 人增加到 113 994 人，规模在整个 20 世纪 90 年代都是最高的。银行之间以争夺存款、扩大国内外营业点为主的外向型恶性竞争，不仅导致市场竞争激烈，还造成了规模不经济和管理成本上升，利润率下降。在贷款业务方面，20 世纪 80 年代以前由于政府对银行信贷的严格控制和干预，银行业已经积累了大量的不良资产。20 世纪 80 年代以后，虽然对国有银行进行了私有化改革，政府对银行的行政干预相对减少，但是改革并不很彻底，行长和高级职员仍由政府任命，而且许多大企业由此获得了银行的股权，使其更容易获得银行贷款。所以，韩国银行无法摆脱过去在贷款业务上只注重企业规模和短期效益的做法，管理机制也不健全，贷款业务中行长说了算和根据人际关系发放贷款的情况比较普遍；导致大量银行资金流向有问题的大企业，而大企业经营状况的恶化引起银行不良资产迅速增加，巨额不良资产的积累成为银行危机爆发的基本原因。

1997 年韩国爆发金融危机，危机开始于年初的大企业破产风潮，11 月初在东南亚金融危机冲击下达到高潮，此时国内陷入金融恐慌，而银行业几乎无法从国际上获得融资。危机的爆发使韩国以银行业为主的金融体系受到重创，一些经营不善的金融机构被迫倒闭或被收购，金融机构数量由 1997 年年底的 185 家变为 1998 年年底的 108 家。

7.3.3 构建与强化审慎监管时期

金融危机爆发后，韩国政府无奈之下与国际货币基金组织签订了接受紧急资金援助的协议，韩国经济由此进入了"国际货币基金组织管理体制"。在国际货币基金组织的干预和监督下，韩国根据国际惯例并结合国情进行了一系列金融改革。政府实行了复兴银行计划，拨出相当于该国 GDP 15% 的巨额资金，用于清理并重建银行系统，并从监管组织、监管制度等方面对银行监管进行了全面改革。

1998 年韩国成立了直属国务院的金融监督委员会，将原来分属于韩国银行、财政部、银行监督院、保险监督院、证券监督院的各类监管职责统统转移到金融监督委员会，提高了监管当局的独立性。1998 年又成立了金融监督院，它是由各金融机构共同出资兴办的民间公益机构，其主要职能是依照金融监督委员会的指令，负责实施具体的金融监管和检查活动。1998 年成立存款保险公司，对所有金融机构实行强制存款保险制度，存款保险公司有权力对投保机构进行检查监督。

进一步放松业务经营范围限制，同时，金融监管开始向国际规则靠拢，以"有效银行监管的核心原则"为基础制定了新的银行监管规则，强化审慎监管，具体表现在：建立了资本监管预警系统，监管当局根据银行资本充足率水平不同采取不同的监管措施；执行审慎的会计政策；强化信息披露，金融监督委员会制定关于最低审计要求的一系列严格标准，并参与监督整个审计过程的执行，以确保信息披露的质量；强制银行获取外部信用评级；强化商业银行的内部治理结构，取消政府的行政干预等。

1997 年以来，以强化审慎监管为核心的监管改革取得了明显成效，有效遏制了金融市场风险，稳定了存款基础，未发生大规模资本外逃，使韩国银行业成功地摆脱了亚洲金融危机的困扰。同时，增强了对银行业的市场约束力，对韩国银行业今后加强自律、提高经营管理水平起到促进作用，韩国银行业走上了稳健经营的轨道，国际竞争力得到了增强。

7.4　美国、日本、韩国银行监管实践的规律性特征

从美国、日本、韩国银行监管实践的历史变迁，可以归纳出以下几点规律：

三国银行监管实践都经历了从实行严格控制性监管到逐步取消严格控制性监管，再到强化审慎监管的三阶段演化过程，审慎监管的确立和强化是目前三国银行监管保持有效性的一个关键，也是一个发展趋势。银行危机、国内和国际竞争、金融创新等因素是银行监管实践演化的主要驱动力。

美国与日本、韩国实施严格控制性监管的原因并不相同，但都在较长时期内起到了限制市场竞争、保护或扶植银行业、维持银行业利润稳定的效果。日本和韩国所实行的严格控制性监管还包括对信贷资金投向的直接指导和干预，政府借助于严格控制性监管为经济增长提供了低成本的资金支持，实现了经济赶超的发展目标。然而，随着金融开放的扩大、金融创新活动的迅速发展，严

格控制性监管的保护作用降低、束缚和阻碍作用增强，逐步趋于无效，以限制市场竞争为特征的各种严格控制性监管措施逐步退出历史舞台。

由于金融市场竞争加剧和金融创新不断发展，各国相继废除了过时和无效的严格控制性的监管措施，以降低银行监管导致的效率损失，使银行监管适应形势的发展。放松管制是对受压制的市场竞争力量的一种释放，会增加银行之间的竞争程度，有利于提高银行业的效率、促进其发展。各国在放松管制方面都采取了渐进的方式，但是，放松管制的阶段仍然容易产生银行危机。原因在于：一是经历过严格控制性监管的银行业往往较为脆弱，不仅表现为银行业缺乏竞争力，还表现在银行体系隐藏了较大的风险，累积了巨额的不良资产，但是，放松管制不能够解决银行业已经产生的损失和困境，竞争的加剧会使隐藏的损失充分暴露。二是放松管制所营造的竞争性环境，本身会产生优胜劣汰的效果，使竞争能力弱的银行面临倒闭风险。为了避免系统性银行危机，政府通常会采取支持和救助问题银行的措施，例如，存款保险、放宽审慎监管标准、政府注资等，但是这些宽容的监管和救助措施往往会带来问题银行的道德风险，进一步增加银行业的系统风险，而银行倒闭和危机仍然不可避免。

在放松管制的阶段，为了避免道德风险，对银行业的支持和救助都需要审慎监管相伴而行，但是，受解决问题资金有限、监管当局的道德风险、监管独立性缺乏等因素制约，在放松管制的过程中，审慎监管措施往往不到位，出现监管宽容或缺失的问题。银行危机过后，各国纷纷把建立或强化审慎监管作为提高监管有效性的重要砥径，包括提高监管者独立性、改革存款保险制度、实施和完善基于风险的资本监管制度等，并通过改善信息披露状况、实施预先承诺法、推进银行业改革等措施发挥监管实现过程中市场力量的作用。审慎监管的确立与强化是促进银行有效监管的一个关键，也是一个方向。

存款保险制度在各国银行有效监管中扮演重要角色，是监管体系中政府力量和市场力量天平上的重要砥码。无论是显性的存款保险制度，还是隐性的存款保险制度，对稳定银行业、保护存款者利益都曾经在较长时期内发挥积极作用，然而，它们都不能阻止银行危机的发生。存款保险制度、政府救助等政府监管措施虽然能够限制市场竞争、减轻市场约束，延缓危机爆发，但是市场总是胜者，最终会以危机这种极端形式发挥优胜劣汰的作用，所以，尊重市场力量、运用市场机制来构建政府监管成为必然选择。

清理脆弱的银行体系，推行审慎监管制度需要支付巨额资金。解决问题银行的资金不足往往是推迟关闭银行，使众多技术上已破产的银行实际继续营业的重要原因，所以，审慎监管的确立和强化要受制于本国银行业在金融体系中的地位及其发展状况的制约。在以银行业为主而且银行业不良资产规模巨大的国家，审慎监管的真正建立和实施将是一个长期的过程。

　　总体来看，为了实现银行监管的有效性，三国政府监管都经历了从替代市场力量向培育和强化市场力量的转化过程：20 世纪 80 年代以前市场机制和政府监管被理解成替代的关系，政府监管的强化也就意味着市场机制的弱化，但是 20 世纪 80 年代以后以市场机制为导向的政府监管机制开始构建。在市场导向的思路下，银行监管不是替代市场，而是强化市场机制微观基础的手段，即银行监管要从特有的角度切入银行业的运行中，为银行业的市场机制高效运行提供保障，同时充分运用市场约束加强监管，让投资者、存款人、经营者及监管者等各方参与者各自承担必要的风险。在这个转化过程中，政府监管制度安排经历了从实行严格控制性监管到逐步取消严格控制性监管，再到强化审慎监管的三阶段发展变化。

　　银行监管作为一项实践活动，在时空概念上充满了差异性和多样性，一国银行监管的演化轨迹一定不是他国历史的简单复制，但是，三个国家银行监管演化所呈现出的规律性特征，对于有着相似经历的中国银行业监管发展变化无疑是具有启示意义的。中国银行业监管存在由控制性监管逐步向放松管制的转变（见表 7 - 1），犹如船只航行在未曾经过的深水区域，对于放松管制过程中的危机隐患和强化审慎监管的难度要予以充分认识，他国银行监管在此阶段所遇到的共性问题和其后的发展演化，为研究中国银行业监管的有效性问题提供了视角和线索。

表 7 - 1　　　　　　　　1996—2005 年中国放开利率管制的进程

编号	时间	具体措施
1	1996 年 6 月	放开银行间同业拆借市场利率。
2	1997 年 6 月	放开了债券市场债券回购和现券交易利率。
3	1998 年 3 月	放开了贴现和转贴现利率。
4	1998 年 9 月	放开了政策性银行金融债券市场化发行利率。
5	1998 年	将金融机构对小企业的贷款利率浮动幅度由 10% 扩大到 20%，农村信用社的贷款利率最高上浮幅度由 40% 扩大到 50%。
6	1999 年	允许县以下金融机构贷款利率最高可上浮 30%，将对小企业贷款利率的最高可上浮 30% 的规定扩大到所有中型企业。
7	1999 年 9 月	实现国债在银行间债券市场利率招标发行。
8	1999 年 10 月	对保险公司大额定期存款实行协议利率。
9	2000 年 9 月	放开了外币贷款利率；300 万美元以上的大额外币存款利率由金融机构与客户协商确定。

编号	时间	具体措施
10	2002 年	扩大农村信用社利率改革试点范围，进一步扩大农信社利率浮动幅度；统一中外资银行外币利率管理政策。同时，简化贷款利率种类，取消了大部分优惠贷款利率。
11	2003 年	放开了人民币各项贷款的计、结息方式，由借贷双方协商确定。
12	2003 年	放开了境内英镑、瑞士法郎、加拿大元的小额存款利率管理，由各商业银行自行确定并公布，同时对美元、日元、港元、欧元小额存款利率实行上限管理。
13	2003 年 8 月	改革邮政储蓄新增转存款利率计息办法，同时允许其在规定范围内自主运用新增存款。
14	2004 年 1 月	将商业银行、城市信用社贷款利率的浮动区间上限扩大到贷款基准利率的1.7 倍，农村信用社贷款利率的浮动区间上限扩大到贷款基准利率的 2 倍，并放开贷款利率确定方式的结息方式。
15	2004 年 3 月	实行再贷款浮息制度。
16	2004 年 10 月	放开商业银行贷款利率上限，城乡信用社贷款利率浮动上限扩大到贷款基准利率的2.3 倍，实行人民币存款利率下浮制度。
17	2005 年 3 月	调整商业银行自营性个人住房贷款政策，对贷款利率实行下限管理。
18	2006 年 8 月	商业性个人住房贷款的利率浮动范围扩大至基准利率的 0.85 倍。
19	2007 年 1 月	上海银行间同业拆借利率（SHIBOR）正式上线。

第八章　次贷危机及欧债
危机对中国有效银行监管启示

次级贷款的房贷—评级—卖出机制在经济向好、房地产价格蓬勃向上的时期，由于违约较少从而运行较为平稳。然而美国房地产经过数年的发展，开发商大量兴建新型住房，从而使得住房的供给量从 2004 年开始逐渐大于需求量，房地产价格开始下降。这样，基于地产市场一直增长的假设失效了，大量的次级贷借款人因为其房屋的增值开始出现下滑而无法按期偿还贷款，即代表了该年次级房贷出现违约越早，违约概率也越大。美国市场次级住房贷款的违约率在 2006 年和 2007 年出现了明显的上升，在第 16 个月的违约概率已经超过了 20%。

作为最终投资者的投资银行、保险公司、养老基金和共同基金等，由于其持有的房屋贷款相关证券的信用等级从 2007 年开始出现巨幅下滑，其价值也大幅缩水。

美国房贷相关债券价格尤其是评级较低的 BBB 债券，其价格从 2007 年初的 100 美元跌至了 2008 年 5 月的不足 10 美元，其他级别的债券也有不同程度的贬值。根据盯市原则，金融机构不得不对自身持有的此类证券资产价值大幅减计。同时，投资银行作为次贷的创造者，其账面存有大量的次贷资产，当该笔资产出现大幅降级时，投资银行不得不承受巨额损失。

8.1　美国次贷危机

8.1.1　美国次贷危机形成的原因

向曾经有违约记录的人士提供的房屋贷款称为次级房屋贷款，这些借款人通常都是"三无"人士，即无工作、无固定收入和无资产。这类人群通常都没有很好的还款能力，但是仍然能够轻而易举地获得贷款，甚至有部分银行主动向这部分人士发放贷款，其中原因有很多。

第一，在安然事件之后，为了恢复公众对市场的信心，美国实行了长期宽松的货币政策。从 2001 年起美元利率从超过 6% 开始下降，直至 2004 年中的接近 1%。

资本市场较高的流动性和货币市场较低的借贷成本，为金融机构开始利用短期资金为长期资产融资这一非常危险的模型提供了合适的市场环境。金融机构通常没有任何公司和零售存款，依然大量发放 30 年甚至更长的房屋贷款，而依靠的资金来源是货币市场上隔夜或者一周左右期限的资金，造成了银行资产与负债期限严重不匹配。

第二，政府对次贷的发行起到了有力的政策导向作用。美国克林顿政府为了消除种族歧视，缩小贫富差距，推出了"居者有其屋"的政策，力争大幅提高低收入者尤其是黑人和拉丁美洲移民的住房拥有率。为了贯彻执行这一政策，克林顿政府出台了一系列政策，对拒绝向低收入人群提供住房贷款的金融机构冠以歧视的罪名进行罚款，数额通常高达数百万美元，这给贷款机构造成了很大的压力。

第三，贷款机构对次级贷款借款人资格审核的流程与传统流程相比有所变化。在传统模型中（见图 8 - 1），贷款机构负责对标的房屋估值，并对借款人的贷款资格进行严格的审核。通常情况下，对借款人收入和信用历史的调查最为重要。在传统模型中，贷款机构绝不会将贷款发放给无实际还款能力的借款人。因此，贷款违约率相对较低。

但是在次级贷款模型中，贷款机构与借款人之间的直接联系被贷款经纪商所取代。贷款经纪商为增加业务量，获取更大的利润，开始有意或无意地放松对借款人的调查，并且降低贷款的标准。而贷款机构由于证券化的工具能够将风险市场化，因此对借款人的收入调查也不再像以往那么重视。

第四，美国房地产市场的泡沫破灭也是次贷危机产生的重要原因。从美国房地产市场 100 多年来的发展看，其真实房价指数从 1890 年开始围绕在 100 左右波动，直到 1921 年开始的经济大萧条。经济大萧条使房价指数持续在 70 左右水平长达 24 年。随后，美国房价指数稳定在 110 左右。但是，令人瞠目的是该房价指数从 1997 年开始出现了前所未有的飞快增长，短短 10 年时间，已经飞涨到 200 以上。

人们对于美国房地产的前景充满了美好的幻想，以至于在贷款机构发放住房贷款时，都是以房价的持续增长作为借款人能否还款的假设条件。贷款机构单纯地认为只要房价持续增长，那么借款人即使没有足够的月收入，也仍然能

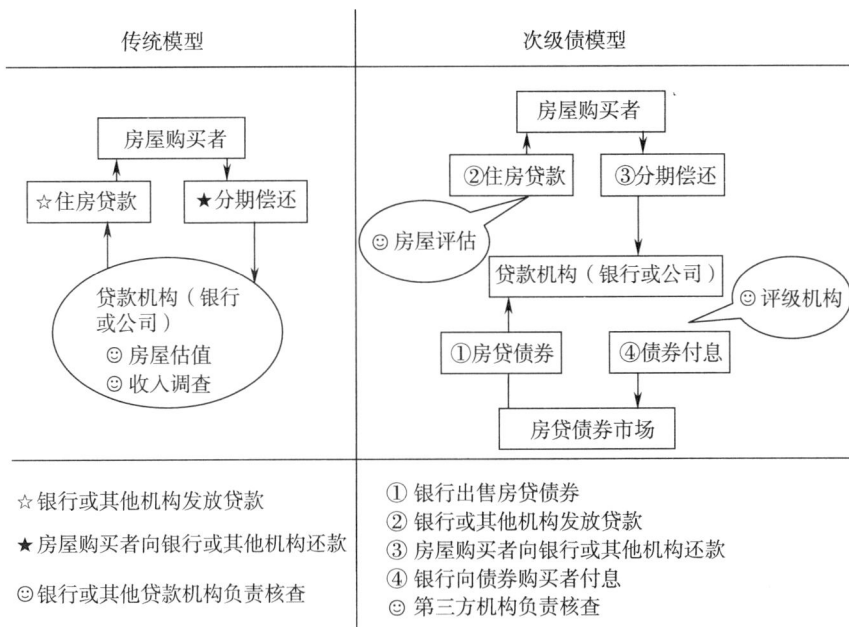

传统模型	次级债模型

☆银行或其他机构发放贷款

★房屋购买者向银行或其他机构还款

☺银行或其他贷款机构负责核查

① 银行出售房贷债券
② 银行或其他机构发放贷款
③ 房屋购买者向银行或其他机构还款
④ 银行向债券购买者付息
☺ 第三方机构负责核查

图 8 - 1　房屋贷款审核模型比较

够按期偿还贷款，原因是借款人所购买的房屋会一直增值，其增值部分足够弥补每月的贷款还款额，但是这种理想假设无疑会随着美国房地产泡沫的破灭而失效。而 2007 年至 2008 年所实际发生的房地产价格的回落也证实了这个泡沫的逐步破灭。

第五，权威评级机构对次贷证券的评级并未体现其真正的内在风险。房贷衍生证券在经过贷款分解和重新打包后，复杂程度大大提高，评级机构对其正确评级的难度较大。而评级机构的客户希望交由评级机构评级的资产获得尽量高的评级，作为商业机构的评级机构，为追求利润最大化，在保险公司进行担保的环境下，通常愿意给予此类证券较高的评级。举例来讲，有些较高层的ALT - A 贷款可能获得 AAA 的评级，与美国国债的评级一样，其收益却高出美国国债 2~3 个百分点。投资者由于对此类衍生证券的本来面目无从知晓，并且充分信赖评级机构的评级结果，从而使得次贷证券受到众多投资者的青睐，这也注定了市场环境变化情况下的损失是不可避免的。

上述五大原因从各个方面促使了次贷危机的发生。

次贷市场在短短的几年时间内，经历了迅猛的发展。但是种种隐藏的危险因素随着美国房地产泡沫的破灭产生了一系列连锁反应，从而引发了次贷危机。

8.1.2 美国次贷危机对全球金融的影响

此次次贷危机已对全球金融系统造成了巨大冲击和影响，美国次贷危机已升级为全球金融危机。由于美国住房贷款被投资银行打包、衍生为其他金融产品，转卖给全球投资者，这个金融创新将美国房地产市场和全球金融市场紧密联系起来。这也是该轮美国次贷危机升级为全球金融危机的重要原因之一。美国的银行减计额最大，约占到全球银行减计总额的60%，欧洲地区的银行占比超过30%，亚洲银行相对损失较小，不到10%（见图8-2）。

此次危机不仅影响的范围广，严重程度也大大超过过去几十年的历次金融危机（见图8-3），此次危机的损失总计超过1.4万亿美元，几乎是前三次重要金融危机即20世纪80年代末的美国储蓄和贷款危机、20世纪90年代的日本金融萧条以及1997年的亚洲金融风暴损失的总和。

其主要成因在于过去历次金融危机受到较大影响的只有银行业，而此次危机却波及包括银行、对冲基金、保险公司、养老基金、政府信用支持的金融企业等几乎所有的金融机构。由图8-3可见此次金融危机银行部门的损失超过50%，其他金融机构的比重也与银行相当，从而大大加剧了危机的影响。

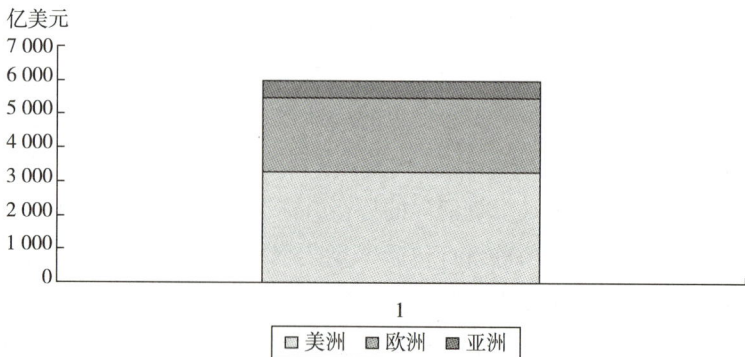

图8-2 按地区分银行减计情况

金融危机所带来的直接损失仅仅是其影响的一小部分，更重要的是危机对市场信心的打击，市场恐慌的损失根本无法用数字来衡量。面对危机，大众首先关心的是危机何时才能结束。如果让大众及时获得准确的市场信息，那么恐慌将慢慢见底，信心会渐渐重建；反之亦然。在危机初期各大金融机构纷纷采用各种方式隐瞒自身在次贷方面的问题。雷曼总裁在雷曼破产前几天还信誓旦旦地宣称雷曼没有问题。即便是到了2008年4月，次贷问题已经浮出水面，一些机构仍然不

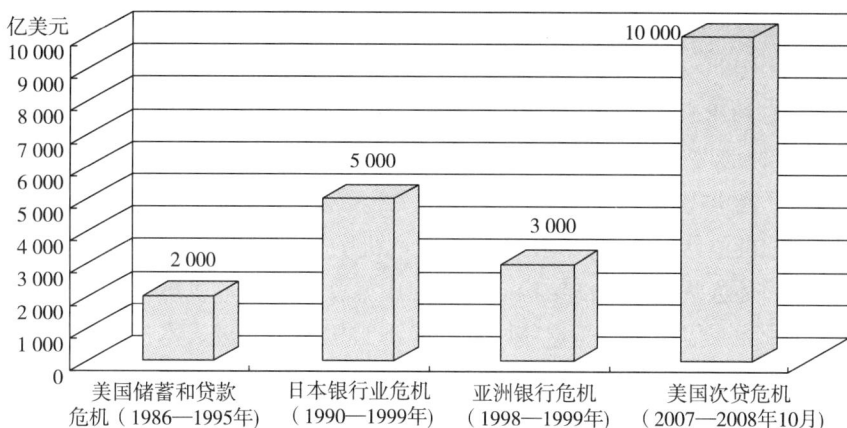

图 8-3 历次金融危机损失比较

向公众披露其真实的次贷潜在损失。4 月估计的总共损失为 9 450 亿美元，而到了 10 月这一数字上升到了 1.4 万亿美元，短短 6 个月增幅达到 5 596 亿美元，出入 如此之大，公众自然会对信息的真实性和准确性产生怀疑，直接导致了公众的信 心遭受到更大的打击，市场恐慌进一步蔓延，应验了"玩火者自焚"。

8.2 欧债危机

8.2.1 欧债危机的形成和演化

欧洲债务危机即欧洲国家主权的债务危机。是指在 2008 年金融危机发生 后，希腊等欧盟国家所发生的债务危机。2009 年 12 月全球三大评级公司下调 希腊主权评级，希腊的债务危机随即愈演愈烈。2009 年 12 月 8 日，惠誉将希 腊信贷评级由 A - 下调至 BBB +，前景展望为负面，欧洲其他国家也开始陷入 危机，包括比利时这些外界认为较稳健的国家，及欧元区内经济实力较强的西 班牙，都预报未来三年预算赤字居高不下。希腊已非危机主角，整个欧盟都受 到债务危机困扰。德国、法国等欧元区的龙头国家都开始感受到危机的影响， 因为欧元大幅下跌，加上欧洲股市暴挫，整个欧元区正面临成立十一年以来最 严峻的考验，有评论家更推测欧元区最终会解体收场。巴克莱资本表示，美国 银行业在希腊、爱尔兰、葡萄牙及西班牙的风险敞口达 1 760 亿美元。欧债危 机的直观表现，是部分欧洲国家遇到了主权债务可能违约的困境，已经显现出 问题的是希腊、葡萄牙，但西班牙、意大利等国也面临债务违约的风险。目前欧债问题还存在继续恶化的趋势。迄今，希腊、爱尔兰及葡萄牙迫于压力已先后申请国际援助贷款来渡过难关。但市场认为更大的问题在于意大利与西班牙。希腊的 GDP 仅是欧元区 GDP 总量的 2%，而意大利和西班牙分别为欧元区第三和第四大经济体，一旦西班牙和意大利出现债务违约风险，问题远比希腊、葡萄牙严重得多。

欧债危机仍然是 2008 年爆发的金融危机的一部分，是美国次贷危机的蔓延和发展，是这些国家经济结构问题的集中暴露。欧债危机虽然表现为欧洲国家财政的风险，但根源则是这些国家的经济结构出了问题。本质上，这些国家是以负债的方式提前享受了经济成果，但经济增长却不能支撑这样的消费水平。说白了，就是有些国家不好好干活，却只顾享乐，还享受着很高的福利水平。欧债危机则告诉他们：这种寅吃卯粮的游戏不可持续。实际上，也正因为这种原因，勤奋工作的德国对于伸手搭救懒惰的欧元区兄弟存在很大的争议。

欧债危机的复杂性与欧元体制有关。欧元区实行的是统一的货币政策——统一以欧元为货币、实行统一的利率政策等，但财政政策却分散在欧盟各国政府手中，这被认为是目前欧洲债务危机的原因所在。在这种机制下，欧盟各国为推动本国经济而大量发行以欧元为记币单位的债券，但各国央行却根本没有发行欧元货币的能力。一旦有些国家在财政上不能自我约束，其债务规模就会失控，超出该国经济所能承受的程度。在全球经济金融体系正常运转、流动性充裕的时候，借债消费的游戏还能玩下去，当金融危机出现之后，游戏立刻遇到危机。

目前，欧债危机已对欧洲的金融机构造成了不小的损失。国际会计准则理事会（IASB）表示，在近期的业绩公告中，对于所持希腊政府债券，部分欧洲金融机构应该进行更大规模的损失减计。部分银行与保险商的减计比例达到50%，部分却只有20%。按照市场价格来进行减计的银行与保险商遭受的损失更大。如苏格兰皇家银行对其 14.5 亿欧元的希腊政府债务资产，进行了 7.33亿欧元的减计，其减计比例高达 51%。

法国经济学家克里斯蒂安·圣艾蒂安曾在《欧元的终结》一书中提出了五个主要观点：第一，欧元区并非最优货币区。第二，欧元区因此需要具备一个统一国家的三个特点：经济政府、联邦预算以及竞争政策框架。第三，以德国为代表的、占欧元区人口三分之一的盈余集团，与包括葡萄牙和希腊等外围国家在内的赤字集团之间，差距会越来越大。第四，可能出现惩罚性措施；使赤字国家陷入长期低速增长。第五，欧元区有瓦解的可能，"要么是灾难式的瓦解，要么是受控的瓦解"。这种预警并非不会变成现实。

目前，如何拯救欧债危机，在欧盟和欧元区都存在巨大争议。欧元区经济的核心国家是德国与法国，但德法两国对于出手相救存在分歧。法国政治意愿有余而经济能力匮乏，德国则经济能力尚好但政治意愿淡薄，这是德法两国在未来三五年很难对欧洲经济政府和欧洲债券有实质性推动的最大制约。这种局面也是德国对出手拯救欧债危机存在疑虑的重要原因。

不过，如果欧债危机继续恶化，欧元区甚至欧盟都可能集体下沉，欧元体制将会崩溃。在这种现实的威胁之下，德国国内也正在达成一致。有媒体呼吁，即使将为本国利益带来一些损失，也应该不惜代价拯救欧元。不过，这种政策主张同政府有所不同。德国政府虽然联合法国力挺欧元，但出于对本国利益考虑，在决定拯救措施上有所保留，德国财长朔伊布勒声称德国"不会不惜任何代价"为债务国提供支援。

8.2.2 欧债危机对中国经济的影响

现在看来，欧债危机的影响将会在如下几个领域发生：欧洲经济、欧债、欧元以及其他欧洲资产（欧元及非欧元资产）。

欧债危机如果进一步恶化，欧洲经济必然会大受影响，欧洲国家的消费信心和实际的消费都会大为减少，这将对欧洲的需求造成直接冲击，并通过贸易渠道影响中国。欧洲的消费市场对中国经济极为重要，如果中国的第一大贸易伙伴丧失了消费胃口，无疑会使得中国的对外经济丧失一大动力。

欧美经济的减速或衰退对中国的影响主要通过贸易、大宗商品价格和投资信心三个渠道。根据德意志银行亚洲区首席经济学家马骏的研究，欧美经济增长每下跌1%，中国出口增长就要下跌6%；而大宗商品价格的下跌会直接冲击中国能源和原材料企业的利润、生产和投资，而全球股市和大宗商品价格下跌，又将会增加经济下行的预期，打击国内投资者信心。这虽然对缓解中国的通胀有短期好处，但如果欧美经济陷入衰退，本来已经在宏观调控之下减速的中国经济，也将会面临更大的风险。欧盟是中国最大的出口市场，2010年中欧双边贸易达到4 800亿美元，欧债危机的进一步恶化必将影响中国的出口，对中欧双边贸易造成沉重打击。

欧债危机如果进一步恶化，在汇率方面也会对中国出口企业形成较大的冲击。这里分两种情况：一种是欧元持续疲弱，人民币汇率相对升值，这将对中国的对欧出口造成压力，汇率升值会吃掉本来就不多的出口利润。如果今后中国继续调减出口退税政策，估计相当一部分出口企业可能做不下去了。对于中国目前在产业结构调整压力之下的众多出口加工业来说，这无异于雪上加霜。另一种情况比较极端：欧元崩溃，这将使得欧元成为一张废纸。当然，出现这种情况的概率比较小，但对这种可能性不能不防。

此外，欧债危机的进一步恶化还会导致欧债以及欧元资产的大幅度贬值。到目前为止，中国持有的欧洲资产在持续增加。据市场估算，中国的国家外汇储备余额已接近3.2万亿美元，其中的60%～70%为美元资产，日元和欧元资产在30%左右，而在这之中，欧元资产占比可能在10%～20%。假如按照15%估算，则欧元资产规模在4 800亿美元左右。如果欧元资产大幅贬值，中国对欧增加投资将会迎头遇到欧债危机的冷水。

整体来看，欧债危机是中国外部经济面临的一场重要危机，它是比美债危机更严重的危机，它意味着，欧洲国家（包括欧盟、欧元区）将会面临长期的经济调整，既包括各国财政制度的调整，也包括欧洲资产价值的调整。在金融危机后的全球经济复苏中，欧洲是一块比美国问题要严重得多的经济洼地。未来的欧洲，将会更多关注解决区内问题，变成一个"内视的欧洲"。这种基本格局，是中国政府必须高度关注的。

8.2.3　欧债危机对中国金融的影响

欧洲主权债务危机跌宕起伏，全球经济和金融市场也随之波动。对中国银行业受到的影响同样不容忽视。

1. 欧洲债务危机影响中国货币政策"安排"。

2010年以来，中国金融政策根据中国经济本身的发展轨迹，从第一季度开始就显示其自身的特点。第一季度，在中国经济出现加速增长（11.9%）时，中国社会的经济结构性的矛盾也开始明显上升。为此，中国的货币政策正在"安排"逐步退出。

最为典型的是上调了存款准备金率。经历了2008年末开始的连续降低存款准备金率，2010年初，中国人民银行在不到4个月的时间，分别三次（2010年1月18日、2月25日和5月1日）上调存款准备金率，存款准备金率的水平已经接近2008年中期的历史最高位，以对冲银行体系部分过剩流动性，控制货币信贷总量适度增长。

同时，2009年第四季度开始，中国货币总量在较高水平运行基础上开始增速逐步放缓。2010年第一季度，M_2增速已连续几个月保持回落。对此，市场资金流动性趋紧的迹象也开始显现：金融机构贷款利率小幅回升。第一季度，非金融性企业及其他部门贷款利率逐月小幅回升。3月份贷款加权平均利率为5.51%，比年初上升0.26个百分点。实行上浮利率的贷款占比为41.04%，比年初上升4.49个百分点。

从上面的安排看，如果没有欧洲债务危机的加剧，中国的货币政策可以说，正在有条不紊地"退出"。

但进入 5 月后，随着欧洲债务危机愈演愈烈，中国货币政策的"安排"明显受到了影响。中国领导人在多种公开场合明确表态，要保持政策的连续性。很显然，货币政策的退出"安排"受到了明显的制约。

2. 欧洲债务危机影响中国金融市场运行。

欧洲债务危机与次贷危机有很多不同，但对全球金融和资金供求产生的趋紧影响是一致的。虽然中国的金融市场仍然存在着明显的对外分割特点，但是在经济和金融越来越全球化的今天，中国金融市场的资金供求平衡受到外部金融的冲击已经难以避免。2008 年中国金融市场受到的冲击就是证明。

随着欧洲债务危机愈演愈烈，全球金融市场的资金供求压力开始"传染"到中国金融市场。数据显示，今年以来中国外贸顺差的外汇盈余的"溢出"明显，与 2008 年次贷危机严重时十分相似。是否是国际游资的外流？不言自明。加上年初开始的货币政策的调控安排后市场资金收紧的压力，中国金融市场的资金供求平衡受到明显影响。

欧洲债务危机对中国金融市场的影响首先在资金面上。在市场资金越来越趋紧的时候，央行开始放缓对市场资金的压力，比如控制货币供应量增速下降的力度。广义货币 M_2 增速放缓明显小于市场预期，反映央行收紧力度减小。同时，为了缓解市场资金压力，央行对市场资金供应逐步上升。央行已经连续实施资金净投放，央行调整公开市场操作结构的意图，即加大 1 年期以内的央票、正回购操作，降低 3 年期央票的发行。通过提升短期品种的地位，减少长期资金冻结量，并增加下半年到期资金的数量。央行向市场投放资金的意图已经十分明显。相信央行会针对欧洲主权债务危机形势的变化，未来继续在公开市场灵活操作，缓解市场资金紧张的状况。

其次，欧洲债务危机一定程度上加剧了中国金融市场的震荡。欧洲债务危机对中国金融市场的影响首先是对大宗商品市场的影响。由于中国大宗商品期货市场基本与国际同步，因此在欧洲债务危机愈演愈烈、全球大宗商品市场剧烈波动的情况下，中国的大宗商品市场剧烈震荡，风险集聚。特别值得注意的是，全球大宗商品市场走势仍然存在极大的不确定性和风险性，对中国大宗商品市场的影响仍然不可低估。因为，欧洲债务危机愈演愈烈后，全球经济复苏的不确定性又增加了，各种矛盾又会上升。包括西方国家新的巨额赤字、贸易壁垒与贸易逆差、失衡的经济结构等，决定了世界经济的复苏充满了不确定性。同样，全球大宗商品消费需求也十分不确定。另一方面，在大宗商品消费需求不确定的情况下，大宗商品"投资需求"仍然不可低估。在全球经济不确定的情况下，国际资本的流向可能更倾向于流动性比较好，又是相对稀缺的大宗商品市场。当然这种流向也存在很大的不确定性。2007年以来的短短几年，全球和中国的大宗商品市场是已经"天翻地覆"，风险巨大。显然，我们很难简单估计未来全球大宗商品市场对中国的影响。此外，欧洲债务危机导致的全球股市动荡对中国金融市场的推波助澜也不可低估。

3. 欧洲债务危机对中国汇率政策产生长远影响。

继次贷危机之后，欧洲债务危机对全球货币体系带来的冲击是长远的。因为人们还没有从2008年次贷危机爆发后美元大幅度贬值的"痛苦"和"预期"中缓过来，欧元这个世界第二大国际储备货币竟然在半年不到出现高达20%巨大贬值。甚至有人预言欧元要消亡。虽然这些人曾几何时可能也预言美元的消亡，但毕竟真正受到伤害的是整个国际储备体系及人们的信心。

欧洲债务危机对全球货币体系的长远冲击对中国同样也是影响长远。首先，中国是全球数一数二的国际储备大国。任何国际储备货币的价值变动——尤其是巨幅贬值或升值都会直接损害中国的储备价值。这次欧元兑美元汇率大幅贬值同样也直接对中国外汇储备产生损失和负面影响。我们从央行和外管局公布的数据就基本可以了解。由于目前中国约2.5万亿美元的外汇储备总值在相当长时间内将继续存在，国际储备体系的相对稳定、包括结构稳定，应该是应有之义。尽管这次欧元区发生债务危机、尽管我们不断强调要外汇储备多元化，但是，欧洲经济实力和欧元的历史地位仍然不容低估，其对中国的影响仍然是不容小视。其次，欧洲债务危机对人民币汇率形成机制改革的影响也是长期的。根据国内外经济金融形势和中国国际收支状况，中国人民银行将进一步推进人民币汇率形成机制改革，增强人民币汇率弹性。从短期看，欧元危机在一定程度上缩小了人民币汇率与均衡汇率的差距，为人民币汇改提供了一个机遇。但是，从长远考虑，人民币汇率的一篮子货币结构选择绝不可以忽视包括欧元、日元等非美元世界货币。而欧洲债务危机对欧元的长期价值的不确定性上升，对其国际储备地位的不确定性也上升。而人民币汇率形成机制改革必须考虑这些长期不确定因素。

8.3 次贷危机及欧债危机后的欧美金融监管调整

全球金融危机爆发之后，各国在反思发达经济体金融机构经营管理模式的同时，相继加快了金融监管改革的进程，一轮大规模的国际金融监管改革在全球范围内逐次展开。例如,美国于2010年7月通过20世纪30年代大萧条以来最严格的《多德—弗兰克法案》,世界另一大经济体的欧盟也于2010年9月通过《泛欧金融监管改革法案》。欧美金融监管改革的思想和理念在全球金融市场产生了深远影响,此后国际金融监管改革也出现了许多新的变化和发展。

8.3.1 欧美金融监管改革法案的理念和脉络

从某种程度上说,欧美金融监管改革是国际金融监管改革的先锋,理清两国改革的主要理念和脉络,有助于掌握国际金融监管改革的内核。美国《多德—弗兰克法案》以监管系统性风险和消费者金融保护为核心,《泛欧金融监管改革法案》也强调对系统性风险的控制。综合来看,这两个法案采取了以下监管思路:

1. 设立系统性风险监管机构,实施宏观审慎监管,全面加强金融风险监控。

全球金融危机彰显了系统性风险在金融稳定中的重要性,危机后欧美金融监管改革法案均将金融系统性风险的监管放在了主要的位置。如根据《多德—弗兰克法案》,美国将设立金融稳定监督委员会(Financial Stability Oversight Council)。金融稳定监督委员会由政府内阁主要成员组成,同时补充并加强了美联储的作用,对金融机构的监管相比以前更多更严。如赋予该机构的权限包括:防范和识别系统性金融风险,认定可能对金融系统构成威胁的大型综合性金融机构,以及向美联储建议对该类金融机构实施更严格的资本、杠杆及其他规定。在新的监管框架中,明确了金融稳定监督委员会和美联储在获得三分之二投票后,有权分拆大银行和金融机构。与此同时,在《泛欧金融监管改革法案》中,欧盟也将设立一个主要由成员国央行行长组成的欧洲系统性风险委员会(ESRB),负责监测欧盟金融市场上可能出现的宏观风险,及时发出预警,并在必要情况下建议采取措施。实际上泛欧金融监管新政的核心,在于负责宏观审慎性监督的欧洲系统风险管理委员会的设立。该委员会重要职责包括控制欧盟信贷的总体水平,抑制泡沫出现,确保欧盟作为一个整体更好地应对未来的金融危机。

2. 重组金融监管机构,强化其监管职能,继续实施严格的微观审慎监管。

金融危机前美国采取的是"双重多头"的金融监管框架,这一监管架构下联邦和各州两级均拥有金融监管权力。其中联邦政府层面的货币监理署(OCC)、储蓄管理局(OTS)、联邦存款保险公司(FDIC)、证券交易委员会(SEC)、美联储等均承担监管职责。这一架构容易造成政出多门,出现"监管重叠"和"监管空白",而《多德—弗兰克法案》对美国现有的监管框架和一些职能进行了调整。如在监管机构的职能定位上,美联储负责监管金融控股公司和一些地方银行,联邦存款保险公司继续保持现有监管职能,同时明确给予其解体濒临倒闭的大银行和金融机构的权限,并负责操作清盘程序。一些新的变化是:撤销储蓄管理局,并将其与货币监理署合并,负责监管全国性的银行机构;针对联邦层面没有保险监管机构的情况,在财政部内部设立一个新的联邦保险办公室(Federal Insurance Office),与各州监管部门联合负责保险监管保险公司;在SEC内部设立一个新的监管办公室履行有关职责。总体上看,美国金融监管改革对以往的监管机构进行了大刀阔斧的重组,进一步明确了监管职能,目的是为了增加监管覆盖面和监管的有效性。

作为近十年影响最为深远的金融改革之一,泛欧金融监管改革的重大突破在于率先在全球建立了覆盖欧盟银行业、保险业和金融市场的泛欧超级监管机构。根据改革法案,欧盟将新成立欧洲银行管理局(EBA)、欧洲证券和市场管理局(ESMA)以及欧洲保险和职业年金管理局(EIOPA),分别负责对欧盟的银行业、证券市场和保险业实施监管。新设立的这些机构将超脱于单个国家,拥有比各国监管机构更权威的最终决定权,有权驳回或否决各国监管机构的决定。如欧洲银行管理局位于伦敦,若英国金融服务局(FSA)或任何国家的监管机构未能落实其建议,欧洲银行管理局有权直接对金融机构作出决定。诸如英国金融服务监管局(FSA)和欧洲央行(ECB)内部新建立的风险监控机构,都要服从这家新机构;欧洲证券与市场局位于巴黎,有权调查信用违约掉期(CDS)等特定金融产品并发布临时禁令等。泛欧金融监督架构解决了欧盟金融市场已经高度一体化,却没有一个跨国性的实体来统筹各金融机构监管的问题,将有助于欧盟各国对金融机构实施更为严格、审慎、有效的微观监管。

3. 实行对高风险交易行为和业务活动的限制,全方位监督金融机构的业务运营。

美国金融监管改革中一个重要的内容,即引入了所谓沃尔克规则(Volcker Rule),限制大型金融机构的自营交易业务。该法则把投资银行业务与商业银行业务分离,从根本上限制金融机构的规模和风险敞口。根据这一法则,银行仅可将规模不超过3%的一级资本投资于对冲基金或私募基金,有关投资占对冲基金或私募基金资本的比例低于3%,并禁止银行对所投资的基金进行救助。除了限制金融机构的自营业务之外,《多德—弗兰克法案》还特别加强了对于金融衍生品交易的监管。规定银行可以保留利率掉期、外汇掉期、黄金和白银等掉期交易业务,用于对冲自身业务风险,但要求把涉及农产品、未明确大宗商品、能源及多数金属的、股票相关的掉期和非标准化衍生合约掉期交易业务剥离至关联公司,并相应增加资本,要求银行进行非统投资等级证券信用违约掉期(CDS)等掉期产品的剥离等。此外,在美国金融监管改革中,对于资产证券化业务,要求对贷款进行打包的银行必须把其中5%的信贷风险保留在银行的资产负债表中。而对于抵押贷款业务,法案要求设立新的住房抵押贷款国家最低承销标准,要求银行在放贷时对借款人收入、信用记录及工作状况进行查证,确保借款人具备偿还房贷的能力,并禁止银行向引导借款人借入高息贷款的经纪人支付佣金。

按照金融监管改革部署,美国政府将对场外衍生品交易市场实施全面监管,其中包括针对衍生品交易和出售衍生品的公司的监管。要求日常衍生品交易在交易所或类似电子交易系统中进行,并通过中央清算所进行清算。而对于定制的掉期产品交易仍可以在场外市场进行,但相关交易必须上报至中央储存库,以便使监管机构能够对整体市场形势有更加全面的掌握。而泛欧金融监管改革也对金融机构的一些高风险业务进行了规范和约束,如全面禁止CDS类型产品的裸卖空;将所有标准化场外衍生品纳入交易所或者电子交易平台,通过中央清算所清算;规范对冲基金经理、私募基金以及其他替代投资行为,以降低风险等。

总之,欧美金融监管改革中,一个突出的特点是在一些技术环节采取措施,对从事衍生品交易的公司在资本金比例、保证金、报告、记录保存、职业操守以及业务活动方面实施新的监管规定,增加了衍生品交易的透明度和可掌控性,有助于风险得到有效管控。

4. 设立保护金融服务消费者权益的机构,加强对有关市场中介机构的监管。

根据美国金融监管改革法案,将在联邦层面和各州层面设计保护消费者权益的机制。如在美联储内部新设一个消费者金融保护署(CFPA),对提供信用卡、抵押贷款和其他贷款等消费者金融产品及服务的金融机构实施监管,对金融产品的风险进行测试和防范,保证消费者在使用住房按揭、信用卡和其他金融产品时,得到清晰、准确和完整的信息,免受金融欺诈。该机构具有独立的监管权,可以独立制定监管条例并监督实施,署长由总统直接任命。可以监管美国各类银行和非银行金融机构,以及所有资产规模在100亿美元以上的信贷机构、支票兑换机构以及其他某些非银行金融机构。

对于金融中介机构被认为是全球金融危机重要罪魁祸首的事实,欧美金融监管改革中也采取了一些措施来约束这些机构的商业行为。如在加强金融市场中介机构监管，保护投资者利益方面，《多德—弗兰克法案》强调通过制定严格的规定，保证投资顾问、金融经纪人和评级公司的透明度和可靠性，使华尔街经纪人切实承担起受托职责。如法案要求对冲基金和私募股权基金以投资顾问名义在美国证监会（SEC）登记注册，要求其提供交易信息以帮助监管机构管控系统性风险。SEC 有权对发布投资建议的经纪交易商实施更高要求，要求经纪交易商遵循类似于投资顾问秉承的受托责任标准，允许投资者对评级机构提起诉讼等。

而在欧洲，在多年受制于美国评级机构后，欧洲计划建立自己的评级公司，并从 2011 年起，将穆迪和惠誉等评级机构集中由欧盟进行监管，凸显了欧盟成员国对金融服务中介机构管理的重视。

总之，美欧金融监管改革中设计了金融消费者保护和中介机构管理等机制，有助于保护消费者和投资者，特别是金融知识较少的个人消费者利益，体现了从"买者自负"到"卖者有责"的监管理念改变，这必将成为未来金融服务中一个重要的准则。

8.3.2　国际金融监管改革的最新进展和发展趋势

全球金融危机暴露了主要发达市场经济国家金融机构业务模式和发展战略的缺陷，以及金融监管方面存在的问题。危机之后，国际金融界通过 G20 和巴塞尔委员会等平台开始了重构金融监管框架的进程，试图通过实施严格而审慎的监管约束，避免金融危机的重演。迄今为止，国际金融监管在治理结构和政策层面都发生了重大的变化，并已经取得了重要的阶段性成果。

1. 国际金融监管治理结构发生重大变革，金融监管改革重点领域基本明确。

全球金融危机后，西方国家主导的国际金融监管规则和实践受到一定的质疑，而新兴经济体由于遭受到金融危机的冲击，要求在国际金融治理中获得与其地位相适应的权利。正是在这种背景下，国际金融监管的治理架构发生了重大的变化。这主要表现为几个方面：一是 G20 已经成为国际经济金融治理最重要的平台。例如国际金融监管改革的目标和时间表，改革的进展和最终方案的敲定等事宜，均通过 G20 领导人系列峰会加以明确。二是在金融稳定论坛（FSF）的基础上成立了金融稳定理事会（FSB），FSB 根据 G20 领导人峰会的授权，负责制定国际金融监管改革规则，监督国际金融体系发展，评估各成员国实施国际金融监管标准的有效性等。三是巴塞尔委员会经过两次扩员，主导了银行资本和流动性方面的国际监管改革进程。从以上几个方面看出，国际金融监管治理架构已经发生了很大的变化，并逐渐形成一个以 G20 为中心的多维金融监管组织体系。

另外，国际金融监管改革还基本明确了今后改革的重点领域。一是强调微观机构层面对于金融体系稳定的重要性，通过改革银行金融机构的资本管理制度和金融机构公司治理监管规则，保证单体金融机构的稳健性。二是在金融市场层面强化市场基础设施建设，如将"影子银行"机构纳入监管范围，改革国际会计准则，加强对于金融衍生交易的透明度与合规性监管等，促进对信用评价机构的监管安排等，防范金融市场失灵。三是在宏观层面强调进行宏观审慎监管，通过强化系统性重要金融机构的监管，建立国际间的金融监管协调机制建设等，将系统性风险纳入金融监管范畴。

2. 巴塞尔协议为代表的监管标准进一步升级，资本和流动性监管改革成为重点内容。

金融危机之前，全球资本监管制度正处于从 1988 年资本协议向新资本协议过渡期间。欧盟、日本、加拿大、澳大利亚、新加坡等经济体已经开始实施新资本协议，而包括美国和中国在内的一些国家仍采取基于 1988 年资本协议的资本监管制度，并拟开始实施新资本协议，但全球金融危机暴露出现行资本监管制度存在明显缺陷。基于金融危机的教训，巴塞尔委员会对现行银行监管国际规则进行了重大改革，并发布了一系列国际银行业监管新标准，最终版本即巴塞尔（Basel）Ⅲ。巴塞尔Ⅲ相比以前的两个版本，监管要求和监管标准进一步提高，按照资本监管和流动性监管并重、资本数量和质量同步提高、资本充足率与杠杆率并行的总体要求，体现了微观审慎监管与宏观审慎监管有机结合的监管新思维，确立了国际银行业监管的新标杆。

巴塞尔Ⅲ的核心是资本监管和流动性监管。一是提高资本监管标准。资本监管在巴塞尔委员会监管框架中长期占据主导地位，也是国际金融监管改革的核心。巴塞尔Ⅲ修改了资本的定义，强调在重视资本数量的同时提高资本质量，扩大资本监管的风险覆盖面，提高监管资本的损失吸收能力。此外，巴塞尔Ⅲ还建立了超额资本和动态拨备制度，以及系统性重要机构的风险补充制度，借以缓解商业银行的顺周期效应，保证金融体系的稳定。二是引入杠杆率监管标准作为风险资本比例的补充，为银行体系杠杆率确定底线，缓解银行去杠杆化过程给经济金融体系稳定带来的风险。三是建立流动性风险量化监管标准，增强单家银行以及银行体系维护流动性的能力。巴塞尔Ⅲ引入了两个流动性风险监管的量化指标，即流动性覆盖率和净稳定融资比率。目的是降低商业银行对短期流动性的依赖，提高中长期内银行解决资产负债期限错配的能力。

3. 宏观审慎监管政策框架和工具初步建立，确定了系统重要性金融机构的监管思路。

全球金融危机后，全球主要经济体和国际组织都深刻认识到，汲取国际金融危机教训和维护金融体系稳定，迫切需要在加强和完善微观审慎监管的同时，构建以宏观审慎监管为重点的金融监管。而面对微观审慎监管的不足，凸显了开发和执行宏观审慎监管政策框架和工具，评估、监控和缓解系统性风险的重要性。正是基于这一背景，国际金融监管改革将针对系统性风险的宏观审慎监管作为主要的工作目标。危机之后，金融稳定理事会、国际货币基金组织以及国际清算银行牵头推动了宏观审慎政策框架和工具的开发，目前取得了一定程度的进展。例如在设计收集宏观审慎监督与政策相关信息数据，开发识别和计量系统性风险的方法技术，开发有效宏观审慎监管工具，以及宏观审慎的治理架构等方面，均获得积极成果。

在宏观审慎监管中，对于系统重要性金融机构的监管一直是国际金融监管改革的重点。随着巴塞尔Ⅲ关于银行资本和流动性监管改革的推进，完善和细化系统重要性金融机构的监管政策，已经成为国际金融监管改革的重中之重。目前，根据金融稳定理事会的安排，系统重要性金融机构的监管重点将体现在提高损失吸收能力、提升监管强度和有效性、完善危机处置制度安排，以及强化核心金融市场基础设施建设等方面。

8.4 次贷危机及欧债危机对中国有效银行监管的启示

根据上文的分析，无论是美国还是欧洲的金融监管当局都赞成甚至鼓励投资银行的这一做法，原因在于证券化实现了从银行融资向市场融资的转变，融资市场化更均衡地分散了银行的风险，避免风险过于集中于具有系统特性的大型银行，大大减少了金融业系统风险发生的概率，提高了金融系统的稳定性。这一支持和鼓励还以巴塞尔协议Ⅲ的形式固定下来，巴塞尔协议Ⅲ要求银行提高风险敏感度，同时以资产市场价格作为风险计量的依据，并与监管资本相联系。目前，欧洲大部分国家已开始实施巴塞尔协议Ⅲ，在未来几年内将有超过100个国家实施这一新的资本协议。

然而事与愿违，美国次级贷款总额不过3 000亿美元，次贷危机却造成了市值上千万亿美元的金融市场系统性风险的发生。既然风险已经通过市场化得到了充分的分散，那么到底是什么原因导致了如此大规模的金融危机？问题还是在于市场本身。前述所有的风险分散措施都基于一个假设——市场有效。一旦流动性尽失，则将导致市场定价系统失灵，融资市场化过程就会戛然而止。因此市场流动性是最为关键的问题，造成流动性出现问题的主要原因来自于市场行为趋同，而恰恰是金融监管机构通过鼓励金融机构运用类似的风险管理工具和理念使得市场行为愈来愈趋同。此外，从此次危机还可以看到，由于巴塞尔协议Ⅲ对于上升经济周期时的资本要求较低，下行经济周期的资本要求更高，导致了亲周期的问题，也就是说扮演了吹大经济泡沫而加剧经济危机的角色。故此，次贷危机及欧债危机给中国银行业监管提出新的要求，需要解决好以下几个问题。

1. 行为趋同导致的市场流动性枯竭与监管的关系的问题。

市场流动性并不等同于市场规模，而是与市场的多样性相一致的。举例来讲，若市场上仅有两个机构存在，保持多样性也就是说一家机构想买的时候，另一家机构一定想卖，则可以说该市场具有良好的流动性。反之，即使市场上成千上万的机构和个人投资者，若大家使用相同的最优估值、风险管理和会计方法，以及参考同样的外部评级，如若有一家机构根据上述这些分析工具得出卖出的结论，则其他任何机构也都将采取相同的做法。这样的市场是不具有流动性的。在任何时候，只有能够同时找到买家和卖家的市场才是具有流动性的市场，才是有效的市场。大规模的市场拥有众多的参与者，增加了同时找到买家和卖家的可能性，但是这种可能性由于行为趋同而烟消云散。不仅仅是金融市场，任何市场的参与者如果有相同的偏好，共享相同的信息，这一市场将不复存在。

其实，一个包罗万象的金融系统具有天生的多样性。比如退休人士、年轻人、保险公司等不同的市场参与者有着不同的投资目的和不同的风险偏差，市场上要有不同的产品满足他们不同的需求。一笔3年期的债券资产对于依靠隔夜资金来源的银行来讲具有较大的风险，而对于一个在未来5年内没有付款压力的养老基金来讲风险却并不大，但是在监管机构现行的风险管理机制以及巴塞尔协议Ⅲ的框架下，同样一笔资产对于不同的金融机构和投资者来说是完全相同的，由此造成了市场行为趋同的后果。因此，造成原本多样化的市场行为趋同，而失灵的真正原因来自监管的滞后和失效。

长期以来，金融监管机构一直在努力制定最佳的操作准则，包括盯市计价的会计准则、资产估值方法和风险控制规则等，并将这些准则、方法、规则作为标准要求各个金融机构都参照执行。巴塞尔协议Ⅲ也是一个很好的例子，以市场价格和评级为依据，增强金融机构对风险的敏感度作为资本充足方面的最佳银行的做法，所有其他机构都必须遵守。

从银行信贷市场角度看，通常来讲一家优秀的银行凭借其成熟和完善的尽职调查、丰富的市场经验和专业的知识，向某家企业提供信贷，而其他银行由于不具备上述各方面的能力而不敢向该企业贷款；同样理由，优秀银行拒绝对其他银行争相给予贷款的企业提供信贷。这就是优秀银行的竞争优势所在。然而，在巴塞尔协议Ⅲ框架下，银行完全丧失了获得这方面竞争优势的积极性，取而代之的是购置IT系统，通过对评级等外部信息进行分析，从而做出信贷决策，这也是市场行为趋同的例子之一。若信贷市场上，所有的银行为降低资本要求，都具有相同的房贷偏好，使用同样的外部信息和IT系统，则所有的银行都将只对某些企业授信，从而造成市场瘫痪。

从金融市场角度看，仍以前述3年期债券为例，若养老基金持有这一3年期债券。在目前市场情况下，养老基金并无资金压力，但是由于养老金的会计准则、风险管理和审慎规则与银行基本一样所以仍然必须出售手中的该债券。作为长期投资者拥有长期资金的养老基金只能做出与银行这样依靠短期资金运转的机构相同的决策，这就是市场行为趋同的集中体现。这也解释了次贷的房贷—评级—卖出机制虽然将风险分散给了全球的各类投资者，但是由于作为金融市场参与者，大家都使用相同的风险模型、会计准则甚至止损机制，市场规模越大只会导致更大的行为趋同，酿成更严重的问题。好比同一条双向的道路，如果车都往一个方向行驶，车越多只能导致拥堵越严重。

2. 由巴塞尔协议Ⅲ引起的监管亲周期问题[1]。

除了行为趋同问题之外，现行的监管也将引起偏好问题即亲周期问题，巴塞尔协议Ⅲ就是一个典型的例子。巴塞尔协议Ⅲ相比老协议提高了银行机构资本金对于风险的敏感度，这主要是通过资产市场价格和评级的变化。然而，市场价格根本无法预测危机，评级机构也都是事后诸葛亮；换个角度，如若市场价格能够预警危机，那么危机即可避免，但是从历史上看危机是不可避免的。因此，基于市场价格的风险敏感度分析并不能起到改善风险管理的作用。

相反，巴塞尔协议Ⅲ的这一理念还会导致亲周期问题。在经济处于周期的顶端时，在考虑了表外资产和复杂的证券化产品的前提下，巴塞尔协议Ⅲ第一支柱的风险模型，根据资产市场价格或是外部评级得出这样的结论：即相较于

---

[1] 监管造成的亲周期问题。在经济周期上行到顶端时，银行依然继续积极地扩大信贷，相当于对炙热的经济火上浇油；而在下行周期时，由于资产价格下降以及评级下降，银行的资产质量"下降"，资本金要求增加，减少了银行的信贷能力和意愿，对已经冰凉的经济无疑是雪上加霜。

在经济周期下行时期银行目前的风险水平较低，资本金较为充足。根据第三支柱的规定，银行若长期处于资本金过剩的状态则将受到处罚。在经济周期的顶端，通常银行的资产价格和评级均较高，对应监管要求的资本金较少，从而处于资本过剩的状态。由于资本过剩，银行面临巨大的压力需积极寻找资产和收入增长的来源而不是为即将到来的下行周期预留更多的准备金。银行的上述行为就是监管造成的亲周期问题。

3. 银行业审慎经营与监管的问题。

由于高杠杆率、高风险性和高关联性，即使是在有外部严格监管和内部风险管理的情况下，也会出现一定比例的失败率，特别是当经济周期的变化不利于银行管理和控制风险的时候。然而，美国近期出现的这种银行业风险和破产事件，表面上是经济周期波动（利率变动周期）的结果，实则反映了银行违背审慎经营理念，过度放贷给资质不合格的客户所埋下的根本失误。

因此，需坚持"管法人、管内控"的监管理念，切实提高商业银行风险防范和管理能力，这是避免出现银行单个失败事件和系统性问题的根本保证。任何时候，监管者都必须要求银行坚持基本的风险管理不二法则，"存款立行、风控护行和服务兴行"必须始终坚持。

4. 房地产市场和资本市场的风险问题。

美国此番的银行倒闭潮，因房地产市场波动引发的次贷危机而起。中国银行应该汲取美国次贷危机的教训，在房价和其他资产价格快速上涨时充分认识其掩盖的巨大风险，特别是对于银行资产迅速扩张中的风险，要特别重视和关注房地产和其他与资本市场相关的信贷业务的信用风险、政策性风险以及由突发性事件引发的系统性风险。

房地产市场和资本市场，恰恰是一个经济体当中反映经济周期波动最敏感的领域。要在风险的管理和监控过程中，采用动态的反周期措施和反系统性风险的措施。应当看到，在当前中国银行经营和盈利模式极其相似的情况下，防范系统性和周期性风险的难度更大，这在这次美国的银行倒闭过程中暴露无遗：这些倒闭银行的经营模式呈现大多相似的特点，所以才会出现类似的商业模式失败所导致的同类风险的集中爆发。

因此，防范房地产市场和资本市场的风险，也给各国和地区的货币当局和监管当局带来了巨大的挑战：一方面，如何更多地鼓励商业银行形成各自不同的比较竞争优势，以增强单体的反周期抗风险能力；另一方面，如何加强系统性的压力测试和风险预警，构建宏观审慎的框架，提高银行系统稳定性等，都成为首要议题。

5. 金融创新的"双刃剑"问题。

金融创新是金融市场发展的动力之源。而此次引发美国银行倒闭的次贷危机表明,金融创新也是危机发生并在全球蔓延的重要原因之一。作为监管者,必须始终清醒地认识到,出现在一个金融体系里的一些导致商业银行经营模式发生根本变化的金融创新,包括产品创新和制度创新,监管当局都必须高度关注,如果风险管理和监管手段跟不上,它们都可能成为系统性风险之源。

被美国银行业广泛追捧的"发起分销"模式(originate - to - distribute),就是导致美国这次出现银行倒闭潮的始作俑者之一。它不仅改变了商业银行风险管理的需求,也改变了一个银行体系信贷产生,以及系统稳定的基本条件。在中国,带有这种影响商业银行经营和管理模式色彩的金融创新也时有萌芽和冲动,这些领域恰恰是我们必须关注、研究并要认真加以解决的风险点。

中国商业银行金融创新业务在商业银行降低利息收入的大潮驱使下迅猛发展,各种跨市场的理财产品、信用卡和信贷新产品层出不穷,经营日益体现出产品多样性、模式灵活性和风险跨行业等特点。面对这样的变化,商业银行和监管者都应该本着审慎的态度,致力于推动建立有效的风险防范体系和内部控制制度,根据中国金融体系发展水平、规模、人员技术水平和风险控制能力,来确定金融创新适度的广度和深度。

6. 存款保险作用的发挥问题。

金融作为虚拟经济的一部分,其繁荣与危机都与市场信心密切相关,繁荣建立在坚定的信心之上,危机也会因市场信心的丧失而进一步恶化。此番美国银行的倒闭,并没有引发美国储户大面积动荡的一个重要原因是,美国金融监管体系中包括存款保险在内的一系列制度和政策措施,在一定程度上稳定了市场信心。然而,存款保险制度也存在道德风险,有时会弱化商业银行的风险约束机制,诱使其在经营活动中为追求高额利润而过度投机。同时,这次全球许多国家最终只能通过不断提高对存款的保障额度,甚至全额担保存款等措施才能稳定市场的信心的现实,也有必要反思。

在存款保险制度这个问题上,全世界确实没有一个完美的选择,而中国由于国情使然,不可能完全摆脱国家或各级政府对于金融机构或金融体系的隐形存款保险制度在稳定市场信心方面的作用,更是值得认真思考。

此次危机对银行监管的主要警示体现在:金融市场不能完全自由化;金融创新要与金融监管同步;对混业经营下的监管模式要有效建立;围绕资本监管理念,构建宏观审慎的监管框架;推进金融监管的国际合作与协调非常重要;金融市场的开放要更加谨慎,监管制度要同时跟上。

第九章　银行资本监管分析

资本监管是各国监管当局普遍采用的强化银行体系稳定性、促进竞争公平性的重要手段。资本监管制度变迁的历史揭示了资本、风险内在的逻辑关系，也反映了监管理论的进步。随着商业银行风险治理理论和技术的进步，来自于监管当局的外部资本约束必须与商业银行风险治理实践结合才能确保资本监管的有效性。

9.1　国际银行资本监管的发展历程

20 世纪 70 年代以来，银行业最明显的特征就是管制放松，金融混业在银行业出现，形成了大的金融集团和控股公司。资本管制、准入限制、利率等限制都取消或者放松了，市场化程度和国际化趋势越来越高，但是银行危机随之而来。各国的监管者在努力寻求有效的监管工具，控制和防范金融风险。资本也就随之进入监管者的眼中，对于商业银行而言，这里所指的资本是不同于会计资本的经济资本，即商业银行在一定的置信水平下，为了应付未来一定期限内资产的非预期损失而应该持有的资本金。经济资本是一种虚拟的、与银行非预期损失等额的资本。由于商业银行资本金具有高杠杆的特征，其对风险控制有着非常重要的作用。一方面，它可以吸收包括经营亏损在内的风险损失，避免银行破产；另一方面，充足的资本有助于树立公众对银行的信心，促进金融稳定和国家安全。资本监管是银行监管的核心，银行必须持有超过一定比例的资本，以减少单个银行破产的概率，提高银行业整体稳定和金融安全。下面主要介绍巴塞尔委员会提出的国际银行资本充足率统一标准巴塞尔协议的发展过程。

9.1.1 巴塞尔协议 I

1988 年巴塞尔委员会正式公布了资本监管协议，俗称巴塞尔协议 I。协议主要包括四方面的内容：一是确定监管资本的构成，即核心资本、附属资本、次级资本三部分；二是规定了资产的风险权重，即根据不同的资产性质和类别，将资产分类 0、10%、20%、50%、100% 五个权重，用于计算加权资产；三是将表外业务纳入监管范围；四是规定了最低资本充足率要求，即商业银行资本充足率不得低于 8%，核心资本充足率不得低于 4%。在该协议公布之后的几年里，巴塞尔委员会又根据市场发展进行了几个修订，如 1996 年的关于市场风险资本监管的补充规定等。总之，巴塞尔协议 I 的出台使得国际上对银行风险的关注度大大提升，使监管者开始对银行进行动态监管，有利于各国银行的国际比较，有利于商业银行的公平竞争。但是 1988 年巴塞尔协议 I 仅仅考虑了信用风险和市场风险，没有考虑其他风险，如操作风险、流动性风险；其采用的 OECD 俱乐部做法明显不合理，即对经合组织成员国分配 0 的风险权重，对非组织成员国（如中国）给予 100% 的歧视性风险权重。

9.1.2 巴塞尔协议 I 的历史贡献

20 世纪 90 年代以来，全球 100 多个国家参照 1988 年巴塞尔协议 I 建立了本国的资本监管框架。1997 年，1988 年巴塞尔协议 I 被写入《有效银行监管核心原则》，成为"资本监管的国际标准"。

一是提供了衡量银行体系稳健性的统一标杆。1988 年资本协议发布后，"监管资本与风险加权资产的比例"作为资本充足率监管主要指标得到国际银行业的普遍认可，8% 的最低资本要求仍被共同遵守，相当一部分国家在此基础上提出了更高的资本要求。国际组织在评估各国银行体系稳健性时，资本充足率水平也是最重要指标；评级机构以及社会公众对银行体系稳健性的分析也很大程度上基于资本充足率水平的判定。正是在 1988 年巴塞尔资本协议的推动下，资本监管才发展成为审慎银行监管的核心。

二是增强了全球银行体系的安全性。为确保在 1992 年底商业银行资本充足率达到 8%。发达国家银行通过增加资本工具发行、压缩信贷规模和调整信贷结构，扭转了资本充足率长期下降的趋势。到 1992 年底，十国集团国家绝大多数商业银行资本充足率达到了 8%。十国集团国家商业银行资本充足率平均水平由 1988 年底的 9.3% 提高到 1996 年底的 11.2%。20 世纪 90 年代先后爆发了北欧国家、墨西哥以及东南亚金融危机，但并未引发全球范围内的金融危机，与主要经济体银行体系抵御风险能力增强也不无关系。

三是推动了风险监管理念的形成和发展。1988 年巴塞尔协议 I 体现了监管思想的重大转变。监管视角从银行体外转向银行体内。此前的银行监管强调对银行的外部约束，而对银行本身风险关注不够，1988 年巴塞尔协议 I 首次在全球范围内要求银行持有与其资产风险状况相适应的资本，提高了对银行风险的重视程度。突出动态监管的理念，商业银行的风险是不断变化的，要求商业银行持续地达到最低资本充足率要求，可以对商业银行实施动态地约束，防止风险的盲目扩张和累积。推动对表外风险的关注，表外业务是"双刃剑"，能够使银行一定程度上摆脱资产负债表的束缚，短期内实现高速增长，但对银行破坏力也极强。1988 年巴塞尔协议 I 强化了商业银行对表外业务风险的熟悉，改进表外业务风险治理。

9.1.3　巴塞尔协议 I 的缺陷

一是涵盖的风险种类少，未全面反映银行面临的风险。1988 年巴塞尔协议 I 仅考虑信用风险和市场风险，没有考虑商业银行面临的银行账户利率风险、操作风险、流动性风险等其他风险。随着风险计量手段的改进，商业银行治理信用风险和市场风险有效性大为增强，但随着利率管制的放松、银行业务自动化程度的提高以及银行经营范围的扩大，操作风险、银行账户利率风险、业务外包风险以及交叉风险呈不断上升的趋势，直接威胁银行的生存，应在监管制度上予以高度关注。

二是缺乏风险敏感性，不能有效区分资产的风险。1988 年巴塞尔协议 I 简单化的风险权重无法反映一些信用风险的决定因素，如对于所有公司贷款，不考虑公司的行业、市场地位、规模、财务实力统一给予 100% 的风险权重，安排相同数量的监管资本显然不能反映资产的真实风险程度；对各类资产的风险加权资产简单进行相加，未能考虑资产分散化效应；对各类银行施加同样的资本要求，在监管制度上未反映银行风险治理水平差异。缺乏风险敏感性的资本监管制度对商业银行的信贷行为产生反向激励，更多地发放高风险贷款，以提高商业银行的账面资产回报率，导致资产实际风险程度上升，与强化资本监管的初衷背道而驰。

三是导致监管资本套利，弱化了资本监管的有效性。所谓监管资本套利是指商业银行在无须或只需很少地降低整体风险水平的情况下，减少监管资本要求的做法。金融创新使得银行越来越轻易通过"化妆"提高其报告的资本充足率，但风险并未下降。监管资本已不能代表银行吸收风险的实际能力。监管资本套利方法包括：其一是所谓"为我所用"的方法，通过资产证券化的手段将高质量的金融资产从表内剔除。其二是重构金融合同，将资产负债表内信用风险转化为资本要求较低的表外头寸。其三是对一些特定的金融工具（如信用衍生品），将其头寸从银行账户转移到交易账户，通过采用内部模型法降低资本要求。

四是不能充分反映国家转移风险。1988 年巴塞尔协议 I 对国家转移风险采取了极端简单化的处理方法，对经合组织成员国的债权分配 0 的风险权重，而对非 OECD 成员国的债权给予 100% 的歧视性风险权重。这一方面造成国与国之间巨大的风险权重差距（最多为 100%），致使信用分析评判中的信用标准扭曲为国别标准；另一方面则轻易对银行产生误导，使银行放松对 OECD 成员国贷款信用风险的警惕，而将非 OECD 成员国的优质资产拒之门外，从而减少银行的潜在收益，扩大银行的经营风险。

五是仅规定资本充足率的计算标准，而未明确具体的实施措施。Frankel（1998）认为，1988 年巴塞尔协议 I 隐含的前提是成员国已经建立起激励相容的制度安排，而许多不具有实施条件的新兴市场国家也广泛采用该协议，造成了各国资本充足率计算结果的不可比。国别自裁权的存在和缺乏正式的实施机制使得 1988 年巴塞尔协议 I 的有效性下降，如协议未对各国如何处理高风险机构提供具体的指引，在实施范围扩大的情况下，一些不受约束的银行体系进入了国际市场，损害了国际金融体系稳定的基础。

9.2 巴塞尔新资本协议

20 世纪 90 年代以来，国际金融市场发展日新月异，金融创新层出不穷，老的资本协议对商业银行的约束有效性已经大大降低，巴塞尔委员会认为，必须对老的资本协议进行大规模修正。2004 年 6 月，十国集团的央行行长和银行监管负责人一致同意公布《统一资本计量和资本标准的国际协议：修订框架》，即资本监管制度的新框架，并承诺在本国建议实施这一新制度。这里提到的资本监管制度也就是我们常说的"巴塞尔新资本协议"。新资本协议的创新点就是建立了"三大支柱"的新资本监管制度：

第一支柱：最低资本要求。银行必须拥有足够的资本，以应对信用风险、市场风险、操作风险。针对信用风险评级，新协议创新地使用了两种方法，即标准法和内部评级法。标准法主要采用在外部评级机构做出外部评级的基础上计提资本，新协议取消了经合组织法，引入外部评级来区分不同的信用风险；

内部评级法是新协议的核心内容，通过计算银行的预期损失（EL）和非预期损失（UL）来推测银行的潜在经济损失，从而计提应具有的资本。

第二支柱：监管当局的监督检查。银行对资本充足率达标负有主要责任，对充足水平进行评估，确保保持相应的资本水平；监管当局应检查和评估银行的资本评估和战略，以确保银行达到监管要求的能力；监管当局应不满足于商业银行的最低资本要求，应要求银行持有高于最低标准的资本；为防止银行资本充足率降低到最低要求以下，监管当局应提前采取干预措施，若银行不能保持或恢复资本水平，监管当局应该要求其迅速采取补救措施。

第三支柱：信息披露。要求银行对其风险概况和资本进行严格的信息披露。监管当局应制定一些措施来要求银行遵守信息披露规定，这一点旨在提高市场参与者的能力，阻止银行不合理地承担风险。

9.2.1　新资本协议的创新

一是构建了完整的资本监管框架。除明确规定商业银行资本充足率不得低于8%以外，新资本协议总结吸收了近十几年来发达国家商业银行资本监管的成功经验，提出了监管当局加强资本充足率监督检查的四大原则，建立了资本充足率监管的程序和标准；进一步细化了商业银行信息披露要求，强调通过市场力量约束银行的经营行为，形成了有效资本监管的"三大支柱"。

二是扩大了风险覆盖种类。除信用风险、市场风险外，新资本协议明确提出商业银行要对操作风险计提资本要求，将操作风险纳入资本监管的范围。在第二支柱框架下，商业银行必须审慎评估所面临的其他风险，如贷款集中风险、银行账户的流动性风险、流动性风险等，提出额外的资本要求。

三是改进了资本充足率计算方法。新资本协议摒弃了1988年巴塞尔资本协议"一刀切"的做法，提出了几种不同计算方法，供各国选择使用。计量信用风险的"标准法"，采用外部评级机构的评级结果确定各类资产的风险权重。"内部评级法"（IRB）允许风险治理水平较高的商业银行采用银行内部风险参数计算资本充足率，根据历史数据，计算出反映借款人和贷款风险的量化指标；内部评级法又分为初级法（FIRB）和高级法（AIRB）。操作风险的资本计提方法包括"基本指标法""标准法"和"高级计量法"。

四是拓宽资本充足率监管的适用范围。近年来各种形式的银行持股公司、银行集团公司不断出现、银行间产权关系日趋复杂化，新资本协议进一步强调了并表监管，以消除由于银行集团内部相互持股造成银行资本充足率高估的影响，不仅要求单个银行应达到资本充足率要求，还在次级并表和全面并表的基础上，将资本充足率的监管范围扩大到银行集团内部不同层次的商业银行和银行集团的持股公司。

9.2.2 新资本协议实施现状

巴塞尔新资本协议的适用范围是所谓的国际活跃银行（Internationally Active Banks），以及银行集团。按照新协议确定的时间表，十国集团 2007 年初开始实施新资本协议，高级方法可以推迟到 2008 年初实施。根据欧盟规定，不属于十国集团的欧盟成员国也必须在 2007 年初实施新资本协议；非巴塞尔委员会成员国的发达市场，如中国香港、新加坡等，为提升银行竞争力，维护地区金融稳定，将同步实施新协议。日本于 2007 年 3 月开始实施。一些新兴市场国家，如印度、巴西、俄罗斯等都表示，将在 2006 年后的几年内实施新协议。金融稳定学院的调查结果表明，全球近 100 个国家/地区表示，在 2006 年后的几年里陆续实施新资本协议。巴塞尔新资本协议取代 1988 年资本协议成为新的资本监管国际标准是大势所趋。

9.3 新资本协议的改革——《巴塞尔协议Ⅲ》

金融危机之前，全球资本监管制度正处于从 1988 年资本协议向新资本协议过渡期间。欧盟、日本、加拿大、澳大利亚、新加坡等经济体已经开始实施新资本协议，而包括美国和中国在内的一些国家仍采取基于 1988 年资本协议的资本监管制度，并拟开始实施新资本协议，但全球金融危机暴露出现行资本监管制度存在明显缺陷。基于金融危机的教训，巴塞尔委员会对现行银行监管国际规则进行了重大改革，并发布了一系列国际银行业监管新标准，最终版本即巴塞尔（Basel）Ⅲ。其改革内容主要包括：

1. 增加的资本要求。

（1）最低普通股要求。根据巴塞尔委员会此次会议达成的协议，最低普通股要求，即弥补资产损失的最终资本要求，将由现行的 2% 严格调整到 4.5%。这一调整将分阶段实施到 2015 年 1 月 1 日结束。同一时期，一级资本（包括普通股和其他建立在更严格标准之上的合格金融工具）也要求由 4% 调整到 6%。（附件一概述了新的资本要求）

（2）建立资本留存超额资本。央行行长和监管当局负责人集团一致认为，在最低监管要求之上的资本留存超额资本将应达到 2.5%，以满足扣除资本扣减项后的普通股要求。留存超额资本的目的是确保银行维持缓冲资金以弥补在金融和经济压力时期的损失。当银行在经济金融处于压力时期，资本充足率越接近监管最低要求，越要限制收益分配。这一框架将强化良好银行监管目标并且解决共同行动的问题，从而阻止银行即使是在面对资本恶化的情况下仍然自主发放奖金和分配高额红利的（非理性的）分配行为。

（3）建立反周期超额资本。反周期超额资本，比率范围在 0 ~ 2.5% 的普通股或者是全部用来弥补损失的资本，将根据经济环境建立。反周期超额资本的建立是为了达到保护银行部门承受过度信贷增长的更广的宏观审慎目标。对任何国家来说，这种缓冲机制仅在信贷过度增长导致系统性风险累积的情况下才产生作用。反周期的缓冲一旦生效，将被作为资本留存超额资本的扩展加以推行。

（4）运行期限规定。上述这些资本比例要求是通过在风险防范措施之上建立非风险杠杆比率。7 月，央行行长和监管机构负责人同意对平行运行期间 3% 的最低一级资本充足率进行测试。基于平行运行期测试结果，任何最终的调整都将在 2017 年上半年被执行，并通过适当的方法和计算带入 2018 年 1 月起的最低资本要求中。

（5）其他要求。对金融系统至关重要的银行应具备超过今天所提标准的弥补资产损失的能力，并继续就金融稳定委员会和巴塞尔委员会工作小组出台的意见进行进一步讨论。巴塞尔委员会和金融稳定委员会正在研发一种对这类银行非常好的包括资本附加费，核心资金和担保金在内的综合的方法。另外，加强制度决议的工作还将继续。巴塞尔委员会最近也发表了一份咨询文件，建议确保监管资本在非正常环境下的损失弥补能力。央行行长和监管机构负责人赞同加强非普通一级资本和二级资本工具的损失弥补能力。

2. 过渡时期安排。

自危机开始，银行为提高资本水平已经采取了很多努力。但是，巴塞尔委员会的综合定量影响研究结果显示，截至 2009 年底，大型银行从总体上考虑仍需要相当大量的额外资本才能满足新的监管要求。那些对中小企业贷款尤为重要的规模较小的银行，大部分已经满足了更高的资本要求。央行行长和监管当局负责人还就执行新的资本标准做出了过渡性的安排。这将有助于确保银行通过合理的收益留存和提高资本金以满足更好资本金管理要求的同时，仍能通过信贷投放支持经济的发展。过渡时期的安排在附件二中有概括，包括：

（1）2013 年达到的最低资本要求。在巴塞尔委员会各成员国国内执行新的资本监管要求将从 2013 年 1 月 1 日开始，各成员必须在执行之前将关于资本新的要求以法律法规的形式予以确立。自 2013 年 1 月 1 日起，银行应符合以下新的相对于风险加权资产（RWAs）的最低资本要求：3.5%，普通股/风险加权资产；4.5%，一级资本/风险加权资产；8.0%，总资本/风险加权资产。

（2）普通股和一级资本过渡期要求。最低普通股和一级资本要求将在2013年1月至2015年1月逐步实施。到2013年1月1日，最低普通股要求将由2%提高到3.5%，一级资本将由4%提高到4.5%。到2014年1月1日，银行将必须达到普通股4%和一级资本5.5%的最低要求。到2015年1月1日，银行将必须达到普通股4.5%和一级资本6%的最低要求。总资本一直要求保持8%的水平，因此不需要分阶段实施。8%的总资本要求和一级资本要求之间的区别在于二级资本和更高形式的资本。

（3）扣减项比例过渡期安排。监管的调整（即扣减项和审慎过滤器），包括金融机构超过资本总额15%的投资、抵押服务权、所得税时间上有差异的递延资产，从2018年1月1日起，将完全从普通股中扣除。特别是，监管调整将从2014年1月1日从普通股中减去扣减项的20%，到2015年1月1日的40%，到2016年1月1日的60%，到2017年1月1日的80%，最后到2018年1月1日的100%。在这段过渡时期，其余未从普通股中扣除的资本将继续视同为资本。

（4）资本留存超额资本过渡期安排。将在2016年1月到2018年1月间分阶段实施，并从2019年正式生效。在2016年，计提风险加权资产的0.625%，随后每年增加0.625个百分点，直到达到2019年的风险加权资产的2.5%。经历过信贷过度增长的国家应尽快考虑建立资本留存超额资本和反周期超额资本。国家有关部门应根据实际情况酌情缩短这一过渡期。那些在过渡阶段已经满足最低比例要求，但是普通股（最低资本加上资本留存超额资本）仍低于7%的银行，应该实行审慎地实行收益留存政策以使资本留存超额资本达到合理的范围。

（5）资本中需要取消的项目过渡期安排。现有的政府部门的资本注入将到2018年1月1日后被取消。从2013年1月1日起，不再作为核心资本或者附属资本的非普通权益的资本工具将通过10年逐步取消。从2013年1月1日起，在确定这类资本工具的名义价金融工具的增值部分的计算将在其到期后逐步取消。不符合核心资本条件的资本工具将自2013年1月1日起从核心资本中扣除。然而，同时满足下面三个条件的金融工具不包括在上述扣除对象之中：一是由非关联股份公司发行；二是作为资本符合现行的会计标准；三是在现在银行法律下，被承认可以作为核心资本。仅有那些在本文发表之前的金融工具符合上述过渡时期的安排。

（6）监督检测期安排。央行行长和监管当局负责人于 2010 年 7 月 26 日发表了对资本充足率比例的阶段性安排。监督性监测期间开始于 2011 年 1 月 1 日，并行运行期从 2013 年 1 月 1 日一直持续到 2017 年 1 月 1 日。披露资本充足率和资本构成将于 2015 年 1 月 1 日开始。基于并行运行期的结果，任何最终调整都将在 2017 年上半年执行，并在采取适当的方法和计算的情况下，作为 2018 年 1 月 1 日正式执行时的最低资本要求。

（7）对 LCR 和 NSFR 的时间安排。在 2011 年观察一段时间后，流动资金覆盖率（LCR）将于 2015 年 1 月 1 日被引入。修订后的净稳定资金比率（NSFR）将变动到 2018 年 1 月 1 日执行的最低标准。巴塞尔委员会将实施严格的报告程序，以监测在过渡时期的资本充足率比例，并会继续检验这些标准对金融市场、信贷扩张和经济增长以及解决意外事件的意义。

9.4　新、老资本协议比较

巴塞尔资本协议 I 在统一国际资本监管标准、确保银行公平竞争方面发挥了重要作用，并被全世界 100 多个国家采用，但也存在许多缺陷，主要包括：相对金融业的发展而言，监管资本的计算方式过于简单；未考虑银行业在风险管理技术方面的进步；不能适应金融创新的发展，未涵盖资产证券化、信用衍生产品等风险缓释手段，未对风险缓释手段给予足够的资本优惠；为监管资本套利提供了机会；只考虑了信用风险和市场风险，未涵盖银行面临的其他风险。

巴塞尔新资本协议发布后，大家关注较多的是第一支柱，即最低资本要求。然而，新资本协议是由三大支柱组成的一个资本监管框架，它不只是规定了计算资本充足率的量化标准，而是建立了一个良好的促进银行提升风险管理水平和资本管理策略的激励机制。对银行而言，新资本协议有利于银行改进内部资本配置，提高资本管理水平；提升风险管控水平；建立有效的公司治理；提高透明度。应特别注意的是，风险管理模型不论如何先进，都不能代替受过良好训练、经验丰富的风险管理人员的技能和判断力。风险管理不仅仅包括量化模型（新资本协议也不仅仅是关于数字和模型的协议），而且包含了很多定性内容，如培育良好的风险文化。从长远看，新资本协议所包含的风险管理定性内容，会比最低资本要求产生更深远的影响。

公司治理是确保银行在新资本协议提供的激励机制框架下，做出正确决策的关键因素。因此，新资本协议在规定如何计算监管资本外，也在完善公司治理方面提出了很多要求。实施新资本协议需具备一些前提条件，如良好的宏观经济管理、完善的法律框架（包括有效的破产法等）、以风险为本的监管、各国监管机构间的协调与合作等。实施新资本协议不仅为银行提供了提升风险管理水平的机会，同时也为监管者提供了提高风险监管能力的机会，通过促进金融体系的稳健运行，最终使整个社会都受益。

9.5　中国银行业资本监管现状及改革

9.5.1　中国银行业实施资本监管取得的成效

从 1994 年开始，在世界银行的帮助下，中国开始探索风险监管的新方法。特别是 2003 年 4 月中国银行业监督管理委员会成立后，提出了"管法人、管风险、管内控、提高透明度"监管理念，在加强银行合规监管的基础上，把重点放在风险防范和化解上。银监会在借鉴美国和中国香港做法的基础上，在外资银行监管中率先引入了风险为本的概念，搭建了由了解机构、风险评估、有针对地确定监管规划和资源分配、实施现场检查和 ROCA/CAMELS + 评级、采取监管措施和持续监管等一系列步骤组成的框架，从监管方式上初步实现了与国际接轨，也为中国建立有效的银行业监管体系作出了有益尝试。

自 2004 年起，银监会发布《商业银行资本充足率管理办法》（以下简称《办法》），并出台《关于下发商业银行市场风险资本要求计算表、计算说明的通知》等配套规章制度，构建了较为完整的资本监管框架。2007 年 2 月，中国银监会发布了《中国银行业实施新资本协议指导意见》，明确了实施新资本协议的目标、指导原则、实施范围、实施方法及时间表，构建了未来中国商业银行资本监管制度的总体框架。几年来，中国商业银行的资本管理水平有了显著提高。银行通过推行强化资本管理的一系列措施，向各业务职能部门、基层经营行和全体员工灌输资本约束理念，使其充分认识到资本是有限和昂贵的资源，对银行风险资产规模、资产质量和结构、经风险调整后的收益具有内在的约束作用，从而确立了资本先导的经营理念，促使全行从追求规模扩张的粗放型经营模式向综合考虑风险、资本、规模和效益等多种因素的集约型经营模式转变，有利于合理控制风险资产规模，保持与资本的协调增长，满足资本充足率的监管要求，增强抗风险能力，实现可持续发展。资本占用费的大小取决于资产的风险程度，损失拨备的多少取决于资产的质量，这种机制强化了基层经营行的风险管理意识，促使其一方面在日常业务营销中加强对风险的识别、评估和比较，并对资产未来持有期间的风险进行预测，以利于作出正确的决策，实现风险和收益的平衡；另一方面促使其加强对已持有风险资产的跟踪管理，加大对不良资产的清收和综合处置力度，实现资产质量的优化。银行结合各自的市场定位，通过对不同的业务资产确定不同的风险权重或制定不同的回报要求，鼓励和支持基层行向风险权重低、资本占用少的业务发展，对支行实施经济资本配置的行更加有效地发挥了对支行的业务指导作用，进一步促使其在充分评估风险、成本和收益的基础上，实现合理的业务资本配置，优化资产结构。过去经营行的成本概念仅限于存款资金成本和一定的经营成本，进行成本、收益评估时也仅限于对存贷利差的考虑。将资本概念引入后，摒弃了过去以存款论英雄、以规模排座次、单纯考核盈利的模式，将绩效考核与风险管理相结合，考核利润中扣除资本占用成本和风险成本，反映了支行在控制风险基础上的真实盈利水平，即经风险调整后的盈利水平，有利于促进支行加强风险管理，改变短期经营行为，追求长期稳健发展。截至 2009 年第三季度末，中国商业银行加权平均资本充足率达到 11.4%，核心资本充足率达到了 9%，取得了历史性的进步。

9.5.2　中国银行业实施资本监管中存在的问题

自 2004 年起，银监会发布《商业银行资本充足率管理办法》（以下简称《办法》），并出台《关于下发商业银行市场风险资本要求计算表、计算说明的通知》等配套规章制度，构建了较为完整的资本监管框架。但近几年监管实践表明，由于中国资本监管制度不尽完善，商业银行自身资本管理能力不足等原因，导致资本充足率的准确度不高，影响资本监管有效性。

1. 资本监管制度对部分项目定义不够明确。一是《办法》及相关统计制度均未明确"对中央政府投资的公用企业"范围，导致商业银行对其把握尺度存在较大差异。如部分机构认为必须是中央政府直接投资的公司（不含其下属子公司）才属于"中央企业"范畴，而有的机构则认为凡带有"中国"字样的企业均可纳入，中央间接投资的亦可。此外，各银行业机构在央企投资公司控股比例上也存在对全资、控股、持股的理解分歧。认识上的差距和理解角度的不同将导致高估或低估风险资产问题，从而影响资本充足率数据的真实性和可比性。二是对其他公用企业的界定过于宽泛，不利于达成一致标准。《办法》第五十二条采取列举加补充说明的方式对"公用企业"进行定义，根据该条款，这类企业是指："涉及公用事业的经营者，包括供水、供电、供热、供气、邮政、电讯、交通运输等行业的经营者……主要分布在国民经济基础行业中，多数担负向公众提供服务的任务……通常由国家通过政府财政手段创立，且投资规模巨大"。由于后面的兜底条款涉及范围过大，导致在实际认定中各家银行对"公用企业"理解难以达成一致，有的银行仅将上述七个行业作为填报范围，有的在填列时还纳入了市政建设、环保、粮食、医疗、教育等行业，甚至部分银行将建筑工程公司、国有资产投资公司、高新技术开发公司也纳入其中。

2. 资本投资扣除范围有待进一步明确。《办法》规定，商业银行若持有对非银行业机构及非自用不动产和企业的资本投资，在计算资本充足率时应从资本中予以扣除。实践中，商业银行发放贷款时会接受借款人提供的第三方股权作为质押，如果借款人陷入财务困境无法清偿贷款，股权就会成为抵债资产。由于《办法》对此类从抵债资产转成的"被动投资"是否应从资本中扣除未明确规定，因此，出现上述情况时，银行一般将其与其他类别抵押品共同纳入"抵债资产"项下进行统一核算，未在资本扣减项中加以反映。新会计准则虽对上述业务进行了规范，要求已执行新准则的银行必须将这部分抵债资产作为自身股权投资进行账务处理，但在计算资本充足率时，仍有部分银行沿用原有做法，将这类"被动投资"排除在资本扣减项的范围之外。

3. 在衍生工具风险资产的转换计算方面与新会计准则要求有冲突。《办法》对于衍生工具作为风险资产计算，与旧会计准则要求表外披露的规定是一致的，即银行持有的汇率、利率及其他衍生产品合约，包括互换、期权、期货和贵金属交易等，应按现期风险暴露法计算表外风险资产金额。新会计准则对原有规定作出修改，明确要求银行将衍生工具纳入表内核算，并按照公允价值进行计量。因此，商业银行在根据《办法》计算衍生工具风险资产金额时必然会产生矛盾，由于银行在《表内加权风险资产计算表》中的"其他资产"项下已按照公允价值对衍生工具进行反映，如果再在《表外加权风险资产》中按现期风险暴露法计算这部分风险资产，就会产生重复计量问题。

4. 对可选择赎回权的长期次级债券如何计入附属资本问题。近年来，银监会陆续批准商业银行发行提前可选择赎回权的次级债务工具。银行可事先约定在原始期限中某个时点，选择按面值部分或全部赎回债券，而作为对投资者补偿或额外权利的等价交换，银行若选择在剩余期间内继续持有，一般会对债券利率适当上浮。《办法》对固定期限长期次级债券计算附属资本问题已有明确规定，但对可选择赎回权的长期次级债券如何确定其附属资本可计入金额却没有具体说明，导致多数银行即使在有明确意图赎回债券时，仍按最长原始期限进行反映，而不是按实际持有期限计算折扣，造成虚增资本充足率。

5. 资本充足率管理制度不健全，对相关部门缺乏必要约束机制。部分银行对资本管理重视不足，尚未依据《办法》要求，制定适合本行资本充足率管理制度，导致总行管理部门与下属分支机构在填报资本充足率相关报表时的分工协作关系、上下级报送流程和内容以及复核控制流程未完全理清，职责范围不明晰，造成资本计量差错时有发生。部分总行管理部门在关键审核校验环节控制缺失，对分支机构填报加权风险资产的准确性检查监督不到位，导致一些明显错误未及时更正。如某银行规定交易账户只包括交易性金融资产，但其分支机构在填报与市场风险资本有关的"有价证券及投资情况表"时长期将"可供出售类金融资产"填入交易类账户余额中，该行对此未能予以指正。

9.5.3　金融危机对中国实施新资本协议的启示

1. 部分大型金融机构处于两难境地。在本轮全球金融危机中遭受重创的金融机构包括两大类，一类是贝尔斯登、雷曼兄弟、美林等投资银行，投资银行通常持有大量的资产证券化风险暴露，并且是 CDO、CDS 等信用衍生品市场中最重要交易对手；另一类是花旗、瑞银、瑞信等以市场交易业务为主体的商业银行，这些银行通过其旗下的附属机构或表外设立的投资实体广泛参与资本市场业务，资产组合中大部分是交易性头寸，收入主要来源于交易业务和管理性收费，已不属于传统意义上的商业银行。与此相反，对金融创新持保守态度、以传统存贷款业务为主导的商业银行，如加拿大前四大银行和西班牙前两大银行等，在这场席卷全球的金融危机中几乎没有遭受损失，继续保持盈利，股价表现也明显优于国际同业。即使就金融创新带来的新型风险而言，与 1988 年巴塞尔资本协议相比，巴塞尔新资本协议也有所进步，不同程度地将这些新型风险纳入了资本监管框架，如明确了资产证券化风险暴露资本计提方法，并要求银行考虑所面临的各类实质性风险。由于金融衍生品市场发展过于迅猛，虽然由此带来的新型风险变得更加突出，但金融机构计量这些新型风险的工具还不成熟。新资本协议发布的 2004 年年底全球衍生品合约的名义价值为 258 万亿美元，到 2008 年 6 月底增加到 684 万亿美元，增加了 1.6 倍；其中，全球 CDS 合约的名义价值从 6.4 万亿美元增加到 57 万亿美元，增加了 8 倍。行业实践尚不能为新资本协议详尽规定新型风险的资本计量方法提供支持。这是新资本协议有待改进的重要方面，但因此而简单地否定新资本协议是对金融危机教训的错误解读。

2. 金融危机时期银行陷入流动性危机不能否认资本约束的有效性。银行业发展早期，银行安全性主要受制于自身财务实力，资本充足标准同时承担衡量流动性和清偿力两种功能，随着现代银行体系的建立，银行分散、转移、抵御风险手段日趋多样化，银行流动性的维护主要取决于银行体系的运作效率；资本充足率逐步演变为单纯的"清偿力"标准，这是十九世纪中期以后一百年美国银行体系资本充足率从50%左右下降到6%的主要原因。近年来，随着金融市场的发展，银行资产的可交易性上升，银行负债来源更加多元化，许多大型机构主要通过发行批发性债务工具获取流动性，核心负债比例下降，银行流动性管理更加依赖于整个金融市场的运作效率和流动性。如1997—2006年间，英国北岩银行资产规模由158亿英镑快速扩张到1 010亿英镑，资产仍以按揭贷款为主，并通过"发起—分散"模式分散资产方风险；与此同时，负债结构发生了巨大变化，主要通过批发融资满足负债方平衡需求，零售负债占总负债的比例从62.7%下降到22.4%。金融市场的发展和融合提高了商业银行流动性管理的灵活性和效率，同时导致银行资产负债期限结构错配更加严重，并增强了不同市场和不同机构间流动性风险的传染性。在某些条件下，资产流动性和融资流动性相互强化，形成流动性变化螺旋，发生流动性危机的概率明显上升。这次金融危机中一些欧美大银行资产流动性下降，加之表外实体资产重新回到表内，需要额外流动性支持；同时市场参与者的流动性偏好明显上升使得商业银行无法通过发行新的债务工具融资，资产负债表两方流动性需求同时出现超常增长，引发了流动性危机。如2007年8月9日，全球金融市场上信用风险的重新定价导致北岩银行融资来源突然中断，虽然北岩银行当时仍具有清偿力且资产质量较好，但最终未逃脱被挤提的厄运。这场危机表明，仅靠资本不可能解决流动性问题，危机时期资本充足率再高也无法阻止存款人的集体行动，即使将流动性风险纳入资本监管框架，资本充足率也不可能反映金融市场突然断裂导致的融资流动性风险；若通过资本解决流动性风险将大幅度提高商业银行的监管资本要求，从长期来看，在竞争性的市场中，资本要求提高带来的监管成本最终将传递给银行的消费者，银行业的规模和金融中介的能量将弱化。因此，监管当局应构建独立于资本监管的流动性风险监管框架，应对系统性危机必须借助于宏观流动性管理的制度安排。

3. 金融机构的"去杠杆化"过程进一步证明了审慎资本监管的重要性。本轮金融危机中，遭受冲击最早和最严重的金融机构是不接受资本监管的住房按揭贷款公司、房地美、房利美公司和投资银行。由于缺乏审慎资本监管安排，这些机构的杠杆率畸高。如住房按揭贷款公司，一方面由于没有杠杆率的约束使之过度发放贷款、特别是次级贷款，另一方面由于贷款可出售给资产证券化机构获利，无须对贷款风险负责，导致这些公司降低了贷款的门槛和标准。两方面因素聚集的大量风险被转移但并未消失。房地美和房利美公司的资本金仅810亿美元，其担保和发行的债券高达5万多亿美元，杠杆率高达60多倍。近年来，在利益驱动下，华尔街投资银行的业务重心纷纷从传统的经纪业务和投行业务转向自营交易，由于缺乏资本约束，投资银行大量使用杠杆和衍生工具博取高额回报，2003—2007年美林和高盛的杠杆率上升到28倍，摩根士丹利的杠杆率上升到33倍，破产前雷曼兄弟的杠杆率仍高达30多倍；如果将表外结构性投资工具计算在内，华尔街投行的实际杠杆率高达50%~60倍，若按照商业银行资本充足率计算，这些投行的资本充足率仅1%~2%，远远低于商业银行。高杠杆具有显著的双向放大效应，在经济状况良好、资产价格上涨时期，高杠杆机构的资产（负债）规模急剧放大，投机行为促生资产泡沫；随着经济衰退，资产价格下降，高杠杆机构的去杠杆行为造成流动性紧缩，带动资产价格进一步走低，形成价格下跌、资本损失和流动性枯竭的恶性循环。高杠杆率以及缺乏稳定的流动性使得这些机构对市场突然反转极为敏感，遭受的冲击最为严重。部分国际化大银行的杠杆率过高说明现行银行资本监管制度的有效性下降。20世纪90年代以来，大量实证分析表明，监管当局的最低资本要求对商业银行信贷扩张起到明显约束效应。2007年底美国商业银行资产负债表的杠杆率为9.8倍，投资银行、对冲基金为27.1倍，房地美和房利美为23.5倍。这说明，1988年巴塞尔资本协议对商业银行资产负债表杠杆率的控制是有效的，但由于其过于简单，资本约束很容易被规避，对复杂产品以及表外实体的风险反映不足，导致实际杠杆率高于资产负债表杠杆率。如由于1988年巴塞尔资本协议未明确界定资本充足率的并表范围，并缺乏相应的信息披露安排，近年来许多大型商业银行都通过设立表外投资实体、结构化投资渠道等参与金融衍生品交易。一方面表外实体本身不受资本充足率的约束，杠杆率过高；另一方面所投资的结构化金融产品都内嵌杠杆。但是商业银行最终承担了这些独立投资实体所造成的损失。金融创新严重侵蚀了1988年巴塞尔资本协议控制商业银行杠杆率的能力，资本监管制度必须顺应银行业务经营模式的转变，作出相应的变革，才能有效防止大型商业银行杠杆率的累积。

4. 有效资本监管制度应为商业银行改进风险管理提供必要的政策激励。银行体系是全社会的信用中介、支付中介和风险中介，管理风险是商业银行的核心功能。商业银行抵御风险的能力可以分为两个层次：一是财务实力（硬实力），包括流动性储备、贷款损失准备和资本；二是风险管理能力（软实力），稳健的风险管理框架包括风险管理战略和风险偏好、风险管理组织体系、风险管理政策和流程、风险管理的工具和方法。财务实力和风险管理能力相互补充，缺一不可。相对而言，风险管理能力更为灵活和更为重要，体现了对银行各类风险的总体把握、前期识别和事中控制，而财务实力体现了银行事后风险补偿的能力。近年来，随着业务范围的扩张、经营模式的转变以及金融市场的发展，对商业银行风险管理能力提出了更高的要求，监管制度必须从结果向过程延伸、由被动反映风险向主动预警风险转变、由静态向动态扩展才能确保有效性。1988年巴塞尔资本协议框架下，资本覆盖风险的范围狭窄，风险评估技术过于简单，监管资本要求与商业银行风险以及风险管理能力脱节，一定程度上扭曲了商业银行的激励机制，导致商业银行过度承担风险。这是部分银行持有大量次贷相关风险暴露的制度性原因之一。上述分析表明，由美国次贷危机诱发全球金融危机并不能否认新资本协议的制度合理性，反而突出了加强审慎资本监管的重要性。新资本协议不是也不可能成为治疗银行体系所有问题的灵丹妙药，但通过新资本协议实施有助于提高商业银行风险管理能力，增强银行体系稳健性。这场金融危机是对新资本协议某种程度的"压力测试"，危机所揭示的问题为完善新资本协议提供了实践基础，推动了资本监管制度的发展。银行发展史反复表明，金融危机本身就是推动银行监管制度变迁的重要动力。

9.5.4 中国银行业实施资本监管的建议

1. 建立健全内部资本管理制度。一是进一步完善资本管理制度，理顺内部管理流程，注重报表报送环节的操作管理，确定清晰的复核方法、路径和责任归属，明确相关职能部门在数据提供、加工、审核、编报方面的工作要求。二是改善数据质量，提高系统支持力度。尽快对现有系统改造升级，提高数据处理和校验功能。可考虑对应收利息、其他应收款等项目实现按照不同债权主体的自动清分，对保证金、银行存单质押等可缓释资产则区分贷款业务品种，逐步实现在系统支持下进行完整数据采集，进一步提高统计结果准确性。三是加强资本充足率信息预警监测分析。密切跟踪资本充足率动态变化，依据预警值、触发值设定对指标异常情况进行及时评估，制定切实可行的资本充足率管理计划；同时建立有效风险资产控制和动态调整机制，灵活采取调整资产结构、限制高风险地区和行业贷款投放等多种手段确保资本充足率稳定。

2. 深化资产风险分类。要进一步做好信贷与非信贷资产五级分类工作，保证分类结果的准确性，为资产损失拨备的提取打好基础，公平、准确地确定各支行的风险成本。分类工作尚未覆盖所有资产的城市商业银行要做好相关工作，实施全口径资产分类。加快信贷管理信息系统的上线运行，实现对信贷资产的全程动态跟踪管理，根据客户信用状况的变化，随时调整分类结果，及时计提风险成本，实现对资产分类和经济资本管理工作的科技支持。同时，科学确定资本回报率。改进简单地根据上年股东分红比例来确定资本回报率的方式，以市场平均回报水平为基础，结合各行资本承担的风险性，科学测算资本回报率，以此合理准确地测算资本占用成本。

3. 细化资产的资本占用权重。目前《商业银行资本充足率管理办法》中的标准风险权重由于其业务类别和债务人类别划分笼统、风险权重等级少，难以明确地体现各行的业务发展战略，实现风险资产结构的优化调整。因此，各商业银行要根据各自的发展战略，对各类资产进行细分，确定细分后各类资产的风险权重，增强风险敏感度，对鼓励发展的业务品种、行业或客户给予较低的风险权重，对限制发展的给予较高的风险权重，以此来调整所需经济资本数量和资本占用成本，实现对支行的业务指导，控制风险资产规模，优化风险资产结构。

4. 完善资本监管办法。建议尽快出台新实施细则，对未明确事项如公用企业定义、资本投资扣除范围、拥有可选择赎回权次级债券的可确认金额计算以及衍生金融工具纳入表内核算后的填报方法等，进行完善和补充说明，确保资本充足率数据的真实性和横向可比性。同时，资本管理要求准确计量各类业务的预期损失和非预期损失，而目前商业银行对风险成本的计提基本上是以资产五级分类为基础，采用监管部门统一要求的拨备计提标准，因此应在经营管理中注意数据的收集积累，为将来建立内部评级体系、精确计量风险奠定基础。

5. 加大对商业银行资本充足状况的监督检查力度。监管部门应进一步明确资本充足率监督检查标准、范围、程序和频率，并将其纳入风险监管整体框架，加大资本监管力度；商业银行审计部门也应将资本管理状况纳入审计范围，定期评估资本管理状况，督促相关部门及时整改存在的问题，确保资本管理制度的有效实施。

第十章 中国银行业有效监管制度评价及改革

10.1 中国银行业有效监管制度评价

10多年来，中国银行业监管的组织体系、法律法规体系以及监管手段、方式等制度性建设进一步加强，并随着中国加入巴塞尔银行监管委员会，银行业监管的水平显著提高。

10.1.1 建立起了银行监管组织体系

首先，理顺了银行、证券、保险三类机构的监管责任。人民银行先后将证券监管职责移交给中国证监会，将保险监管职责移交给中国保监会，将银行监管职责移交给中国银监会，特别是中国银行业监督管理委员会的成立，标志着中国"一行三会"分业监管体制的形成，"分业经营、分业监管"的金融监管体制框架全面建立。

10.1.2 构建了银行监管法律框架

随着金融体制改革的进一步深化，中国的银行法制建设也进入了快速发展轨道。自1995年以来，中国相继颁布实施了《中国人民银行法》、《银行业监督管理法》、《商业银行法》、《保险法》、《证券法》、《信托法》等金融法律。同时，还制定出一系列与上述金融大法相配套的法律、条例、规定、规章、办法及规范性文件等，如《票据法》、《担保法》、《全国人民代表大会常务委员会关于惩治破坏金融秩序犯罪的决定》、《金融机构撤销条例》、《贷款通则》、《金融违法行为处罚办法》、《金融机构管理规定》、《金融机构高级管理人员任职资格管理暂行规定》、《金融许可证管理办法》、《商业银行服务价格管理暂行办法》、《汽车金融公司暂行管理办法》、《金融衍生产品交易业务管理暂行办法》、《国有独资商业银行经营评价暂行办法》等。特别是银监会成立后银行业监管法制建设明显加强。

10.1.3　制定了审慎监管办法

该体系以巴塞尔银行监管委员会发布的《有效银行监管核心原则》为参照，将银行监管的重心转移到对银行机构的持续性监管上；转移到对金融风险的及时识别、预警、度量防范和化解上；转移到强化银行机构的有效内部控制上；转移到对银行机构资产质量、资本充足水平、流动（支付）能力、盈利状况（盈利水平及真实性）及对市场风险和操作风险管理控制的监测与评价上。为实现对银行机构风险的整体判断和及时识别与预警，银监会借鉴国际先进监管经验和方法，从2004年1月起在国有独资商业银行全面实行贷款风险五级分类方法，并取消"一逾两呆"分类，强化贷款分类真实性的考核。还特别制定了《贷款损失准备金计提指引》《商业银行资本充足率管理办法》《商业银行市场风险管理指引》《商业银行不良资产监测和考核暂行办法》《股份制银行风险评级体系》《农村合作金融机构风险评级体系和预警指标体系》和《非现场监管指引》《授信制度指引》《内控制度指引》等指引办法，已开始运用一整套科学的指标体系和监测工具，对银行机构的资产风险水平、资本充足水平、流动性水平和盈利水平等进行监测和判断银行业金融机构的有关风险。

10.1.4　实现了风险的统一监测

为适应金融机构业务经营的市场化和国际化发展趋势，改进了银行监管方法，实现了对银行机构风险的整体判断和控制，主要是：（1）实现了本外币、表内外、境内外业务的统一；（2）实现了从市场准入、风险管理、市场退出监管的统一；（3）实现了现场检查和非现场监管的统一；（4）实现了原则导向性监管与规制性监管的结合；（5）实现了安全性、流动性、效益性监管的统一；（6）实现了合规性监管和风险性监管的统一；（7）实现了定性和定量监管的统一；（8）实现了重点监管和持续性监管的统一；（9）实现了治标监管和治本监管的统一；（10）实现了结合中国综合国情和国际惯例监管的统一；（11）实现了风险管控和促进经济发展的统一。

10.1.5　促进了银行业稳健发展

银行业发展实力不断壮大。截至2010年底，银行业金融机构总资产为95.3万亿元，比2003年底增加67.6万亿元，实现税后利润8 991亿元，比

2003 年底增加 7 302 亿元，ROE 达到 17.1%；主要商业银行不良贷款率从 2003 年底的 17.9% 下降至 2.4%；资本充足率达标银行从 8 家增加到 281 家，达标银行资产占商业银行总资产的比例由 0.6% 上升到 100%；2010 年底，中国商业银行资本充足率为 12.2%。这些说明，中国银行业整体实力和抗风险能力大为增强，银行业发展已经站在了一个新的起点上。

银行业改革实现重大突破。五家国有大型银行和国家开发银行相继完成股份制改革，其中，中国建设银行、中国银行、中国工商银行、交通银行、中国农业银行在境内外成功上市；股份制商业银行和城市商业银行初步建立了相对规范的公司治理架构，资本充足率提高，资产质量改善，盈利能力和风险控制能力增强；农业发展银行坚持政策性业务和商业化业务并重；农村信用社产权制度和内部机制改革稳步推进；金融资产管理公司及信托公司、金融租赁公司、财务公司等非银行金融机构的改制、重组、并购等取得了较好效果。

银行业对外开放步伐加快。按照加入世界贸易组织的承诺，放宽了银行业对外开放的地域和业务范围，来华设立机构、开展业务和投资参股的外资银行机构不断增加。截至 2010 年 7 月末，14 个国家和地区的银行在华设立了 36 家外商独资银行（下设分行 212 家）、2 家中外合资银行（下设分行 6 家，附属机构 1 家）和 1 家外商独资财务公司；24 个国家和地区的 71 家银行在华设立了 90 家分行；45 个国家和地区的 190 家银行在华设立了 223 家代表处。外资银行已在 43 个城市设立营业网点，已覆盖内地 27 个省份。其中，在中西部和东北地区，外资银行一共设立了 78 家分支机构。

10.1.6　完善了银行业监管的规制

银监会成立初期开始，根据中国银行业发展的实际情况，在"管法人、管风险、管内控和提高透明度"重要监管理念基础上，逐步完善了信用风险、市场风险、操作风险和 IT 风险等方面的监管规章和制度；确立了防范信用风险的"提高贷款分类准确性—充足拨备—做实利润—资本充足率达标"的持续监管策略；实施了防范金融创新风险的"风险可控、成本可算和信息充分披露"以及"管产品、管业务和管行为"的监管原则；重视了微观单体机构风险监管与宏观审慎监管的结合，始终注重逆周期监管能力的建设，不断扩大监管覆盖面。这些重要原则对于规范和指导商业银行经营行为，有效防范金融风险发挥了重要作用。

10.1.7　银行监管水平不断提高

1. 形成了中国特色银行业监管理论体系。

中国特色银行业监管理论体系是银行监管一般规律和良好实践的中国化与理论升华，是指导银行业监管工作的纲领和旗帜。中国特色银行业监管理论体系既借鉴了国际先进理念与实践经验，又与中国社会主义初级阶段的国情和银行业发展阶段相适应，并充分吸收了中国银行业监管历史上积累的经验；既与时俱进、具有较强的针对性和鲜明的时代特色，又具有延续性、一致性。中国特色银行业监管理论体系是在不断总结、不断提炼的过程中逐步形成的，同时又是一个面向未来、不断发展的开放的理论体系。

（1）清晰的银行业监管目标。科学监管必须要有清晰、准确的目标定位。《银行业监督管理法》明确规定了银行业监管的法定目标是促进银行业的合法、稳健运行，维护公众对银行业的信心。在此基础上，银监会具体设定了四项监管目标：第一，保护广大存款人和消费者的利益。监管机构作为公共管理部门，首先要代表存款人和消费者监督管理银行经营活动，保护其合法权益免受不当侵害。第二，增进市场信心。银行业风险具有传染性，增进市场信心对维护金融体系平稳运行至关重要，是各国监管当局重要的监管目标之一。第三，通过宣传教育和信息披露，增进公众对现代银行业金融产品、服务的了解和相应风险的识别。与发达市场相比，中国银行业金融机构及其客户对市场规则的理解和认识还不够深入，监管机构要努力增强公众的金融意识、风险意识，推动建立良好的信用文化。第四，努力减少银行业金融犯罪，维护金融稳定。中国银行业金融机构公司治理和内控机制还有待完善，法律制度环境还需进一步改善，减少金融犯罪将是中国银行业监管的长期任务。良好监管标准是提高银行业监管有效性的标杆与衡量准则。为了促进银行业监管目标的实现，银监会在成立之初就提出了良好监管的六条标准。第一，促进金融稳定和金融创新共同发展；第二，努力提升中国银行业在国际金融服务中的竞争力；第三，各类监管设限科学、合理，有所为，有所不为，减少一切不必要的限制；第四，鼓励公平竞争、反对无序竞争；第五，对监管者和被监管者都要实施严格、明确的问责制；第六，高效、节约地使用一切监管资源。

（2）科学的银行业监管理念。监管理念既是对监管实践经验的总结、归纳和提炼，又是监管的行动指南。形成"管法人、管风险、管内控和提高透明度"的监管理念。"管法人"就是注重对银行法人机构的监督和管理，强调法人机构风险内控的体制机制和资源建设，强调法人总部对各级各类分支机构的管控能力。"管风险"就是以风险作为银行业监管的重点，围绕各类风险的识别、计量、监测和控制，不断改进监管方法和手段，促使银行业稳健经营。"管内控"就是强调银行业金融机构风险内控的有效性。监管不能也不应该代替银行内部管理，而重在指导和监督银行不断完善其内控机制、制度、技能和文化。"提高透明度"就是要求银行业金融机构披露相关信息，提高信息披露质量，同时要求监管部门提高履行职责的透明度，接受公众监督。其目的在于加强市场约束，对监管形成有益的补充，并增进市场信心。

（3）完善的审慎监管框架。监管框架主要包括三大组成部分：一是审慎全面的监管规则；二是行之有效的监管工具；三是科学合理的监管组织体系。不断建立、健全监管法律法规，先后发布实施了600多份监管规章、规范性文件，清理、废止了84份，极大地充实和完善了监管规则体系，初步形成了涵盖信用风险、市场风险、操作风险、流动性风险等主要风险的审慎监管法规框架，为银行业监管工作的具体实施提供了高质量的监管规则支持。国际金融危机以来，深入跟踪研究国际监管标准改革及其对中国银行业经营和监管的影响，实质性参与国际监管标准讨论和制定。在此基础上，立足中国实际，积极借鉴国际监管改革成果，与时俱进地补充完善中国银行业监管标准。2010年4月中国银行业实施新监管标准的指导意见，在全球主要经济体中较早地将国际金融监管改革共识进行了本土化，为进一步促进中国银行业安全稳健运行奠定更加坚实的制度基础。

（4）行之有效的监管工具。在动态完善和不断做实流动性、拨备覆盖率、风险集中度、不良资产率等传统审慎监管工具的基础上，中国银行业监管近年来又与时俱进地陆续引入或更新了资本、拨备、流动性、杠杆率等银行监管工具，银行监管的工具箱不断充实和完善。包括四方面重点：资本、拨备、流动性、杠杆率。

（5）科学合理的监管组织体系。中国当前的银行业监管组织体系既反映了国际银行业监管的基本共识，也反映了中国银行业发展实际，体现了以机构监管为主、兼顾功能监管的理念。根据中国银行业发展阶段特征，不断强化机构监管，加强功能监管，同时也注重加强市场风险监管等专业功能监管团队的建设，并不断强化其与机构监管团队之间的协调合作。

2. 强有力的持续监管。

合理的监管标准和规则是银行业监管的起点，如何持续有效地执行、实施这些规则同样重要。提高监管的有效性，需要强有力的持续监管，一直是银监会追求的目标。

（1）准入监管。作为有效监管的第一道防线，把好"准入关"是建设高效、公平并富有竞争性的银行业体系的重要前提，更是"风险关口前移"的关键所在。准入监管强调科学、合理设限，有所为、有所不为，减少一切不必要的限制。具体而言，准入程序遵循依法、简化、规范和透明的原则；准入标准突出科学合理设限，审核的核心是银行业金融机构的经营状况和管控能力；准入审批时限突出高效原则，根据缓急程度制定明确的行政回复时限。经过多年努力，银行业准入监管实现了一系列新突破，调整、发布了多项准入监管规章，对完善金融服务、促进市场公平竞争、鼓励金融创新起到了积极作用。

（2）现场和非现场监管。现场和非现场监管是持续监管的核心所在，主要内容包括：在单一法人和集团并表的基础上收集、监测与分析银行统计报告及报表，制定监管计划，实施非现场监管；通过派驻检查人员实地检查对监管信息进行核实，开展现场检查等。银监会成立以来，完成了非现场监管指标、报表体系和非现场监管信息系统的开发使用，进一步挖掘、建设了"银行早期风险预警综合系统"等多个非现场监管子系统，规范了非现场监管流程，修订颁布了新的监管评级制度；加强现场与非现场监管的联动，规范现场检查操作规程，推进现场检查软件的开发使用，提高现场检查效果，加大对违规行为和风险问题的查处力度，持续监管的有效性和专业性得到大力提升。

3. 银行业监管的实践经验。

（1）宏观审慎监管与微观审慎监管有机结合。银行业监管肩负着防范单体机构金融风险和系统性金融风险的双重职责。国际金融危机爆发以来，加快对宏观审慎监管方法的研究和实施。一是探索实施逆周期监管政策。结合对宏观形势和银行业风险状况的判断，要求商业银行在最低资本充足率要求基础上，计提留存和逆周期资本缓冲。根据经济发展不同阶段、银行业金融机构贷款质量差异和盈利状况的不同，对贷款损失准备进行动态化和差异化调整，以达到"以丰补歉"目的。在房地产市场持续快速上涨时期，还及时采取了贷款价值比（LTV）控制等一系列简单、透明、有效的审慎举措。如2007年提出、2009年强调和重申二套房首付比例40%、贷款利率不得低于基准利率1.1倍的要求，2010年9月将二套房首付款比例提高到50%，并暂停了三套房贷。二是持续加强对系统重要性银行的监管。大型银行要计提1%的资本附加，风险管理和公司治理也要达到更严格的监管要求。进一步完善并表监管制度，积极开展系统重要性银行并表管理的现场检查和非现场监管工作，探索构建系统重要性银行的监管政策框架。三是不断增强对系统性风险的监测、预警和分析能力。围绕复杂的经济金融形势，定期开展银行业风险同质同类分析，并按季就宏观经济形势和银行业主要风险趋势向银行业进行通报和风险提示，指导银行业做好压力测试。加快风险监测预警系统的建设，定期出台银行业预警分析报告。

（2）事前结构性监管措施与持续监管同时强化。在加强持续监管的同时，坚持采用并不断改进事前结构化限制性监管措施，降低不同金融市场、行业、地域的风险传染性。一是坚持银行体系与资本市场之间的防火墙安排。严禁银行信贷资金进入股市，禁止银行为公司债提供担保，同时要求银行严密监测作为抵押品的股权价格的变动情况。二是审慎开展商业银行综合经营试点。要求试点银行必须具备并表风险管理能力，满足相应的资质条件，并建立严格的风险隔离安排。建立综合经营的后评价制度，监管部门可以提前采取干预措施，对于在合理时限内跨业经营仍不能达到所在行业平均盈利水平的银行，要求其退出该行业。三是建立银行国别风险管理制度，推动银行业金融机构将国别风险纳入全面风险管理体系，提高防范风险跨境传染的能力。

（3）监管标准统一性和监管实践灵活性适当平衡。将监管标准的统一性和监管实践灵活性适当平衡。如在实施巴塞尔协议Ⅱ和巴塞尔协议Ⅲ以及制定监管新标准过程中，一方面，为保证银行业竞争的公平性，要求所有商业银行在2011年底前均需按照第一支柱的监管要求计提监管资本，初步建立第二支柱资本充足自我评估程序。另一方面，要求不同类型的银行实施与自身业务、规模和管理水平相适应的风险计量方法，鼓励具备较高风险管理水平的大型银行、国际活跃银行和经营区域较广的银行开发高级计量法，但也要求银行审慎选择适合自己的计量方法。统一设定了适用于各类银行业金融机构的最低监管标准，同时制定了银行业分阶段、分步骤、分类别实施监管新标准的方案，适当提高了系统重要性银行监管标准，并根据不同机构情况设置了差异化的过渡期安排，以确保各类银行业金融机构向新监管标准平稳过渡。

（4）支持经济持续增长和维护银行业体系稳健统筹兼顾。银行体系是中国实体经济融资的主要渠道，实体经济也是银行盈利和发展的基础。通过金融服务助推实体经济结构调整和发展方式转变，要求银行业认真贯彻国家宏观调控政策，坚持按照"有保有压"的要求，合理调整信贷投向，确保"三农"、小企业信贷增幅不低于全行业贷款平均增幅，严格控制"两高一剩"行业贷款，执行差别化的房贷政策，严控资产价格泡沫，有效助推实体经济又好又快发展。与此同时，积极引导银行业优化信贷结构，加强行业风险监测和管理，坚守风险底线。通过强化"三个办法、一个指引"信贷管理制度的建立和实施，推动银行业建立更加严格有效的信贷管理政策和流程，防范不良贷款增长，以巩固和发展银行业改革发展的良好势头。

（5）外部监管与内部自律相互促进。积极推动国有商业银行相继完成注资、股改、引进战略投资者、境内外上市等工作，国有商业银行治理结构发生明显变化。建立健全银行公司治理的相关监管制度以及公司治理评估的量化指标，从董事会尽职、董事履职、治理架构等方面引导、加强各类银行业金融机构的公司治理建设。通过开展专项现场检查、与董事和监事开展座谈等方式，引导银行明晰各治理主体的职责和权限，提高公司治理水平。结合国际上对公司治理的全面反思，及时出台董事履职评价办法、商业银行薪酬机制监管指引，督促银行完善公司治理机制，建立绩效考核与风险相挂钩的激励约束机制，增强内在约束力。

（6）坚持将国际最佳实践有效运用于中国实际。对照《有效银行监管核心原则》开展了四次自我评估。自我评估工作已成为查找中国银行业监管与国际标准差距、提高监管能力的重要工作机制。2009年8月，中国首次金融稳定评估（FSAP）工作正式启动。在评估过程中，银监会评估工作组充分准备，努力工作，既充分展示中国银行业改革开放和监管的成果以及应对本次国际金融危机的成功经验，又客观分析银行业面临的挑战。历时两年的FSAP评估工作，对于提高中国金融监管有效性、增强金融业稳定性具有继往开来的重要意义。新资本协议在中国银行业的实施工作也稳步推进，目前已经取得突破性进展，配套监管法规的起草和发布工作已基本完成。巴塞尔协议Ⅲ正式发布后，出台了中国银行业实施巴塞尔协议Ⅲ的时间表和基本方案，推出中国特色的银行业实施新监管标准的指导意见，《商业银行资本充足率管理办法》也纳入了相关修订。

10.2 中国银行业监管的制度性缺陷

近年来，虽然中国银行业监管不断改进，取得了有效进展，但在经济转型时期，由于市场化程度还不高，金融体制和企业制度还不够完善，中国银行业监管制度还存在一定缺陷，主要表现在以下方面。

10.2.1 分业经营和分业监管的矛盾越来越突出

目前，中国实行的金融分业监管与分业经营格局基本符合中国的国情。但是，我们也应该看到：分业监管导致监管部门自成体系，缺乏一套监管联动协调机制；另外，由于其支持系统薄弱，给被监管对象提供了"钻空子"的机会，致使监管真空也出现了一些业务交叉或金融创新无人问津的情况，分业监管与跨行业违规经营的矛盾日益突出，目前已经形成的银行、证券、保险"三足鼎立"的监管格局。由于商业银行综合化经营及银证、银保合作产品越来越多，一些负面影响越来越突出。一是监管收益低，监管成本高；二是银行业务发展和创新的空间受到了一定限制；三是信息难以共享，监管难度加大，存在监管不到位或监管真空；四是存在各监管机构互相争夺权力或发生事故互相推卸责任的可能；五是与全球银行业务发展和国际监管趋势不相适应。随着中国银行内控制度的日益完善和股份制步伐的加快，中国银行基本形成了产权制度明晰、法人治理结构完善的金融机构。从目前情况来看，绝大多数银行业金融机构已经呈现多元化趋势，如果银行监管手段和方式与市场化步伐跟不上，势必难以有效发挥对综合性银行的监管作用。另外，随着世界各国金融监管领域的协调与合作得到加强和金融一体化进度的加快，各国监管当局普遍接受如巴塞尔银行监管委员会出台的《对银行国外机构的监管》（1975 年）《有效银行监管的核心原则》（1997 年）和《新资本协议》（1999 年）中规定的监管原则和标准。

目前银行监管的内容重点仍然侧重于机构监管和银行经营的合规性方面，对银行业风险监管还停留在面上，局限在一些指标上，尚未全面有效展开。

目前银行监管的手段主要是存在法制建设和观念滞后，行政干预较多等问题。在具体监管执行中，还存在有法不依、执法不严、违法不究的现象，重监管问题定性，轻监管量化指标，处罚标准不够具体，操作性不强，致使银行监管的权威受到较大的挑战。

目前银行监管的方式主要是采用现场和非现场、准入退出等行政监管，并且在具体运作中呈现出一次性的、分散的和孤立的等特征，连续性、持久性还不够，非现场监管和现场检查结合的效率也不高，非现场检查的指导作用还远远没有发挥，也没有形成一个比较系统完整的、科学有效的金融风险监测、评价、预警和防范体系，缺乏早期预警和早期控制。

目前中国的自我监督和社会监督机制还比较薄弱，监管主体法人治理机制还没有完全建立，存在监管主体缺位等现象。

10.2.2 信息披露机制不健全

目前存在的问题是：由于没有全面建立健全统计报表的责任制，出现了商业银行总行及分支行上报的报表数据有较大的不确定性，信息资料缺少参考价值；银监会与人民银行、证监会、保监会之间的信息资料还不能完全共享，其投资、投保情况对货币供应量的影响到底有多大，心中无数，对金融监管及货币政策制定的有效性、全面性也产生一定影响；另外，各总会、总行部门之间、系统上下之间也存在信息不通畅问题。除了几家上市公司（银行）之外，中国大部分银行和非银行金融机构的业务信息没有定期在媒体上公布。

发达国家银行信息披露的方法是对其由监管当局强制执行有关法律，并辅以严格的处罚措施进行惩戒，使被监管者适时、真实披露应披露的所有信息，让社会公众知晓。而中国银行业金融机构在信息披露方面则严重滞后，尽管在此方面社会公众并没有更多迫切的要求，但在经济全球化、金融一体化形势下，银行监管必须符合国际游戏规则，防止外资银行倒逼。

10.2.3　监管法律法规缺失

现行银行监管的法律法规有待健全。银监会成立履行职责，其法律依据是 4 月 26 日十届全国人大第二次会议审议的《国务院关于提请审议中国银行业监督管理委员会行使原中国人民银行行使的监督管理职权的议案》。这次会议决定由国务院依照现行《中国人民银行法》《商业银行法》和其他有关法律的规定，确定中国银行业监督管理委员会履行原中国人民银行履行的审批监督管理银行、金融资产管理公司、信托投资公司及其他存款类金融机构等的职责及相关职责。

《银行业监督管理法》解决了国家对银行机构的监督管理方面的职权问题，但其规定过于原则系统。目前的主要工作应侧重于针对现行法律中的薄弱环节，尽快制定和完善银行机构市场退出准入制度、违纪违规问题机构查处制度、中小银行机构并购兼并、改制重组、停业整顿、破产重整等方面的法律规范以及研究创新业务中的法律制度。《商业银行法》严重滞后，对重组改制后的商业银行法人治理，电子银行、理财业务、投行托管、债券承销、各类影子银行、跨业创新、综合经营、退出机制等都未体现。

应结合国际惯例，在风险缓释工具运用方面学习国外担保抵押物诸如信贷资产、实物资产、或有资产（应收账款）等形式，对《担保法》规定的抵押物进行不断完善，开辟多元化的担保抵质押形式。

中国目前银行监管者对被监管对象的处罚手段主要包括：警告、罚款、赔偿损失、取消高级管理人员的任职资格、吊销金融许可证、托（接）管、停业整顿、撤销、破产等。其中，罚款应该是运用最多的强制性措施，但是，处罚办法不够具体、操作性不够强。还由于法律规定的处罚限额偏低，相对笼统，对银行业金融机构违规所得来说，不够全面。不但对处罚对象起不到应有的震慑作用，而且使银行监管当局有可能处于一个被动的境地。

银行监管法律涵盖范围窄，不适应综合监管趋势。国外发达国家实施综合监管时，对银行实施全面风险监管，包括对银行的母公司及其境外附属机构实施风险监管。而中国现行监管法律只授权监管当局在市场准入审批时审查股东资格，而无权审查银行股东财务状况。

10.2.4　银行机构的治理结构、内部风险管理和外部监管配合不够

按照《公司法》的要求，中国的银行机构应该是有限责任公司或股份有限公司。目前，各商业银行内部治理结构不健全，董事会、监事会的执行力还要不断完善。银行内部缺乏约束机制和健全的财务管理，对信贷和其他各项业务的风险监控还有待加强。另外，对外部审计也不够重视，对外部审计师的责任缺乏有效约束。

10.2.5　处理问题机构中存在的缺陷

由于中国处于经济转型时期，市场化程度较低，对有问题机构的处理，主要由政府出面和采取行政性的手段加以解决。通过改制、收购、合并重组、接管、撤销（关闭）、破产等方式，处置了一些问题机构。但接管、撤销等处置方式，带有很大局限性，主要有以下几个方面：一是人民银行采取接管和指定托管机构的方式，风险与成本较高；二是如果由监管机构接管撤销或濒临破产的银行机构（目前绝大多数都以银行监管部门为主成立清算组进行债权债务的清偿），必然要投入大量的人力、物力（哪个地区有撤销机构，哪个地区监管机构要花主要精力进行处置），直接影响其他正常监管工作，如果处置不好，损失还可能扩大；三是由于现有法规不健全，缺乏专门的中介机构和专业人员对被关闭机构进行托管①以及对不良资产进行处置，而原来由监管当局指定对有问题机构的托管人除了给予相应的优惠条件（托管费用②）外，事实上还要承担托管人将来可能出现的风险损失；银监会正式履行职责，《金融机构撤销条例》中的有关条款是在原人民银行履行银行监管职责时的提法，目前银行监管主体已变，其"条例"与现行体制不一致，影响有问题金融机构的处置。四是将撤销或破产金融机构的资产负债整体转移给收购方，没有剥离不良债权，

---

①　托管（Trust sheep）与信托（Trust）的法律含义极为接近。从信托的演变看，托管源于信托，属信托范畴；从受托方看，托管含义为受人之托，代为管理和处理财产。对特殊历史时期形成的银行不良债权进行托管，成为处理银行不良资产、化解金融风险的重要手段。

②　托管费用：托管机构催收资产、主张债权、处置资产的费用。

收购方全部承担损失，不利于接收机构的重组和发展，甚至会留下隐患，也不利于追究原经营者责任；由于没有采用市场化处理方法，国家财政和中央银行为此投入大量资金，加大财政收支和货币发行的压力，不利于经济、金融的健康发展和社会的稳定。

10.2.6 银行监管存在"空白点"和"死角"

对银行业金融机构经营合规性的检查一直是银行监管当局的始终任务。多年以来，由于对银行机构的检查主要集中在合规操作方面，对银行业金融机构潜在的资产风险等没有引起足够重视。另外，面临银行业金融机构综合经营的态势，金融合作领域不断扩大，金融创新产品日新月异，银证、银保等产品层出不穷，代理基金、理财品种、信用卡业务、网上银行业务、平台业务、股权投资等使监管者应接不暇，由于监管者对诸多创新业务涉及有限，因此，在实际监管上确实存在不足的现象。特别要关注的是对一些新型金融机构（称三类机构：即村镇银行、资金互助社、贷款子公司）和准金融机构如政府批准成立的小额贷款公司和担保公司、建设部门的住房公积金管理中心、社会保障体系的社保基金中心、基金会等的监督管理；一些非法金融机构和非法金融业务也时有出现，如非法集资、地下钱庄（私人高利贷）等；债券和彩票发行市场的监管也需大大加强。

10.2.7 监管者专业化素质有待提高

监管是靠监管人员去实施的。监管人员的综合素质、知识经验、行为倾向、激励约束等因素对监管绩效的影响至关重要。面对不断加快的金融全球化和银行国际化趋势，中国银行综合性监管人才（熟悉国际准则、懂英语、法律及银行业务）缺乏，已经影响到银行监管质量和水平的提高，再好的监管设想、再好的监管机制，如果没有一定素质的人去做，只能是停滞不前。尤其在目前基层监管人才中，队伍结构不平衡，人员年龄偏大，学历层次低，知识面狭窄，对现代银行业务特别是创新产品存在惯性思维，政策水平有待进一步提高。

10.2.8 全面风险监管还未形成

从银行业金融机构自身来看，全面的风险管理框架还有待进一步建立，风险管理的外部环境还比较差，其独立性、整体性还不够强，职能上分散于不同的部门，主要以单一风险控制为主，注重事后监控，流程未覆盖所有风险；风险管理组织结构还不够完善，首席风险官的职责还不够明确，前台、中台、后台的条线管理和横向合作进展较为缓慢，风险管理委员会和审计委员会的独立性作用有待加强；风险战略目标不够明确，与业务发展结合也不够紧密；风险管理方法更多使用的是定性分析，数据积累还处于初级水平，距离国际银行水准还有很长的路要走。从银行业监管角度来看，虽然说银监会成立伊始就把监管风险提到理念的高度，放在重要位置，但在近几年的监管实践中，在监管上只是重视了各类风险问题的检查、防范，更多地关注单一的信用风险，组合风险管理刚刚起步，经济资本的计量和分配还需深入探索。可以说，对如何引导银行业金融机构树立全面的风险管理意识，提高全面风险管理能力方面还没有"入轨上路"，而且，监管者对全面风险管理和风险监管的内容有的并不全面了解，与现代银行业改革发展还不相适应。

10.2.9　科技信息监管还跟不上银行业发展的需要

随着银行电子化、网络化步伐的不断加快，各银行业金融机构在 IT 系统开发、改造、建设等方面取得了长足的发展。但在数据大集中、核心技术支撑、系统统一、整体规划上还不尽合理，数据仓库建设获得性和数据历史长度都不够，表现为应用体系多而凌乱，技术标准不够统一，各行之间的研发情况也不够平衡，异地灾备亟待完善，不同系统之间仍需加强兼容性，以支撑新资本协议高级风险计量要求和复杂的风险管理流程的要求。另外，面对飞速发展的 IT 技术，一方面监管部门的人员素质跟不上，对各银行业机构的系统网络缺乏认知；另一方面，还没有建立统一的科技信息监管法规和标准，出台的零星的一些办法还解决不了应变能力很强的银行 IT 系统有关问题。

10.2.10　中国银行业的监管还处于"大体不符合"评估档次

巴塞尔银行监管委员会于 1997 年 9 月发布的《有效银行监管核心原则》，是国际银行监管领域 1988 年《巴塞尔资本协议》发布后又一部具有里程碑意义的重要文献，是在总结各国监管实践经验的基础上，对银行监管最佳做法的精辟概括，为各国建立有效的银行监管制度提供了指导和借鉴。中国于 2003 年底颁布的《中华人民共和国银行业监督管理法》的大部分条款就直接借鉴了《核心原则》的有关内容。对照《核心原则》进行自我评估，已成为各国发现和解决本国银行监管缺陷、提高银行有效监管的重要途径，也是国际货币基金组织和世界银行评估各成员国金融体系稳健程度的重要方面。2003 年 4 月银监会成立伊始，就成立了跨部门自我评估小组，对照《核心原则》开展了自我评估。这次评估的主要内容有如下几个方面：

内外部环境还制约着银行业有效监管。内部环境主要存在监管者责任不够明确，监管机构的独立性受到制约，监管法规框架存在缺陷，监管支持系统还较薄弱等；外部环境仍受宏观经济结构失衡等因素的影响。

不够科学规范的市场准入问题依然存在。主要是现行法规没有制定明确的细则，对银行创新业务的准入设限没有及时完善。

审慎性法规的系统性和完整性不强。主要是还没有建立结构完整、层次清晰的监管法规体系，法规的制定、修改还不够及时；对银行资本风险、信用风险、市场风险、流动性风险、利率风险、操作风险的监管存在缺陷。

持续银行监管手段还需进一步完善。现场检查制度化不够，非现场监管的功能较弱，现场检查与非现场监管的有机结合不够，非现场监管指导现场检查的作用还未发挥。

信息共享机制还未完全建立起来。监管信息的真实性和透明性还要提高；监管信息系统、信息披露机制仍需抓紧建立和完善。

监管还缺乏公平与效率，处置高风险机构效率不高。

跨境银行监管能力较弱。主要是境内外银行并表监管能力不足，监管当局之间信息交流的内容非常不够等。

以上情况进一步说明，近些年来，中国银行业监管方面存在的制度性障碍是多方面的，要实现银行业有效监管任务仍十分紧迫且艰巨。

10.3　实现中国银行业有效监管的改革对策

从上面对中国银行业监管制度性建设的评价来看，要实现中国银行业有效监管，应从银行监管的理念、监管的目标、监管的思路、监管的机制、监管的约束、监管的技术、监管的准则、监管的原则、监管的模式等方面进行改革与创新，从而做到中国银行业监管的科学有效。

10.3.1　银行业监管的理念

监管理念是监管行动的纲领，实施有效、持续的监管必须要通过先进、科学的监管理念来引导。也只有确立了正确的监管理念，才能指导有效的监管实践。

从中国银行业监管发展来看，银监会成立以来，在全面总结中国银行业监管实践，借鉴国际监管最佳做法并在中国银行业改革与发展的基础上，提出了

"管法人、管风险、管内控、提高透明度"的现代银行业监管理念。

从国际银行业监管演进来看，银行监管理念经历了"规制性监管"到"资本监管"再到"风险监管"最后到"原则导向监管"的过程。规制性监管注重银行"按部就班式"的、不能越半点"雷池"的严格的管制；资本监管注重资本充足率达标和核心资本比例以及股权结构；风险监管关注的是全过程、全方位、总体性的风险管理，追求一定风险容忍度下的经济增加值的最大化和风险与收益的最佳平衡；原则导向监管重在激励相容监管，注重监管政策的引导，更侧重于市场配置。

中国必须借鉴其良好做法，来修正和补充我们的监管思路，树立"四个有机结合，处理好不同监管方式之间的关系，更加注重监管原则与监管策略"的监管理念。切实促使规制性监管与原则导向性监管、现场检查与非现场监管、准入监管与履职监管、日常监管与重点监管的有机结合，使规制监管、风险监管、资本监管、原则导向监管等不同监管方式之间的关系得到正确处理，并有针对性地加以灵活运用。更加注重在服务中实施监管，在监管中体现服务，以监管促发展，在发展中防范化解风险的监管原则，落实准确分类—充足拨备—做实利润—资本充足率达标的持续监管要求，更加注重坚持同质同类比较，分类监管，分别指导，差别监管，从实际出发，一行一策的监管策略。将现场检查和非现场监管结合，并逐步向以"功能监管"为主转变，将"自己管自己"与依法行政相结合，并逐步向以自律管理为主转变，还要针对不同机构的情况，根据 ROCA 和 CAMEL 评级结果，采用不同的监管方式和理念，提高银行监管的专业化水平。

10.3.2 银行业监管的目标

根据银行业监管的范围，银行业监管目标一般划分为宏观监管目标和微观监管目标。宏观监管目标指银行监管持续性、整体性的前进方向。

根据现代银行监管理念，银行业宏观监管目标包括：（1）通过审慎有效的监管，保护广大存款人和金融消费者的利益；（2）通过审慎有效的监管，增进市场信心；（3）通过宣传教育和相关信息披露，增进公众对现代金融产品、服务和相应风险的识别和了解；（4）努力减少金融犯罪，维护金融稳定。

银行业微观监管目标指实施银行监管所要达到的具体目标，是宏观监管目标的组成部分，都是为实现宏观监管目标服务的，其方向选择是：立足国内，面向世界，请进来，走出去，让差银行变成好银行，让传统银行变成现代银行，让"部门银行"（链条过长、环节过多、决策与执行相脱节）变成流程银行（全球银行业组织架构的主流模式，前中后台分离、专业化垂直管理、纵横交叉、资源共享、矩阵式管理），让商业银行转变为股份制上市银行，让全国性银行转变为国际一流银行，不断提高核心竞争力，实现银行业的稳健发展。

从时间上来看，银行监管目标可划分为中长期目标和近短期目标。银行监管的中长期目标为：安全性、稳定性、结构性；近短期目标为：收益性、流动性、安全性。前者以保持银行体系的安全性为重点，后者则更加注重银行体系的市场效率，旨在除了对风险监管的关注外，还重视银行经营的效益性和银行监管的成本约束。监管重心的转换将促使监管方式从以风险控制为出发点，以监管行政管理和审慎监管要求为手段，转变到以支持发展为出发点，以审慎监管要求和市场约束为手段上来。

10.3.3　银行业监管的机制

机制，原义是指机器的构造和工作原理，泛指一个工作系统的组织或部分之间相互作用的过程和方式。良好的机制可以让机器按照设计者预想的流程和轨道有序运行。借鉴这一原理，银行业监管可以通过建立有效的监管运行机制，使各项监管工作顺应银行业稳健发展需要，沿着我们预设的流程和轨道有序开展，形成监管合力，以收到监管工作事半功倍之效。

银行监管的机制是指监管正常有序运行并完成监管目标任务的组织体系、部门协作、分工责任、流程再造、制度办法来共同发挥作用的过程。从大的方面来看，监管机制被看做是监管理念、监管目标、监管制度、监管行为、监管者与被监管者之间产生的"共鸣"程度或成本收益，成本越大，共鸣程度越低，机制就有问题；成本越少，共鸣程度就越高，机制肯定就好。这就要求银行监管的机制必须革新，从有利于银行业科学发展实际出发，顾全大局，建立一个协调顺畅、组织严密、快捷高效的银行业监管机制。使监管机构上下级之间、机构与部门之间、部门与岗位之间形成合力，并体现在监管工作思路、监管组织形式、监管内部制度等各个方面。

10.3.4　银行业监管的约束

从经济学角度看，银行监管领域中的监管者和被监管者都具有机会主义倾向和有限理性这两大天性。为了避免这两大天性对银行业产生负面影响，需要制度对这两大天性予以修正。"制度是执行路线的保证"。从新制度经济学角度看，监管制度就是对监管者与被监管者都产生强制约束力的游戏规则。优良监管制度的核心就体现在四大约束纠偏上，即负外部性纠偏、非理性纠偏、信息纠偏和制度纠偏。

负外部性纠偏。监管行为其实是一种负外部性纠偏行为，因为银行业是一个负外部性极强的行业，当有问题银行出现挤兑并传染给健康银行，导致健康银行出现损失时，受害的健康银行不能通过市场交易向有问题银行讨回损失，这就是银行体系的负外部性。负外部性实际上是金融市场失灵的表现，要解决这个问题就必须建立具有纠偏功能的差别监管制度，坚持把鼓励性监管与惩罚性监管结合起来，实施多问题多检查，少问题少检查，没问题就不麻烦"别人"的差别监管办法，约束差银行，区别对待，树立良好银行标杆。

非理性纠偏。对于监管者的行为来说，非理性行为也需要进行约束纠偏，通过监管责任制、主监管员制度，实施管检交叉、查处分离、跟踪问责、绩效考核等措施来约束监管者的非理性行为，确保实现有效监管。

信息纠偏。要实现监管的有效性必须建立有效的纠错机制，主要解决监管过程中因信息不对称问题而引起的风险后果。在委托代理关系中普遍存在着信息不对称的矛盾，银行监管领域的信息不对称矛盾表现为监管者拥有的被监管者信息资源明显少于被监管者自身的信息资源。解决信息不对称问题最关键是通过制度安排对信息不对称问题进行强制性纠偏，建立监管信息共享平台。

制度纠偏。制度纠偏主要体现在对银行信贷资金安全性用制度安排来规范、指引、保护，监督资金流向实体经济，防止虚拟和泡沫，提高信贷资金的真实性和效益性。目前实施的"三个办法一个指引"（《项目融资业务指引》《固定资产贷款管理暂行办法》《流动资金贷款管理暂行办法》《个人贷款管理暂行办法》）是对信贷管理的一次革新，不但有利于银行贷款风险监管制度的系统化调整与完善，促进贷款业务的健康规范发展；有利于银行业金融机构实现贷款的精细化管理，促进公平竞争和科学发展；而且有利于规范和强化贷款风险管控，保护广大金融消费者的合法权益，支持实体经济又好又快发展。

贷款新规主要从贷款业务流程规范的角度提出监管要求，主要包括：一是强化贷款的全流程管理，推动商业银行传统贷款管理模式的转型，提升商业银行信贷资产管理的精细化水平；二是倡导贷款支付管理理念，强化贷款用途管理，防范贷款被挪用风险；三是规定了合同或协议的有效管理，强化贷款风险要点的控制，有助于营造良好的信用环境；四是强调加强贷后管理，提升信贷管理质量；五是明确贷款人的法律责任，强化贷款责任的针对性，有助于构建健康的信贷文化。此外，《流动资金贷款管理暂行办法》中还强调银行业金融机构应合理测算借款人的营运资金需求，审慎确定借款人流动资金贷款授信总额及具体贷款的额度，并据此发放流动资金贷款，不得超过借款人的实际需求超额放贷。

10.3.5　银行业监管的技术

科学技术是"第一生产力"，当代社会生产力的巨大发展，劳动生产率的大幅度提高，最主要是靠科学技术的力量。要实现银行业有效监管，必须有适应银行风险管理要求的技术手段作支撑。使监管活动在最短时间内用最小的监管成本获取最佳监管效果，要提高银行监管的技术手段，必须从以下方面进行改革与创新。一是信息采集网络化，建立以电子化、网络化为基础的监管信息系统，提高监管信息采集、加工的效率和水平；二是风险监测制度化，要在制度层面，借鉴境外发达银行的经验，制定与银行业风险管理及内部控制相关的指引办法；三是风险评级标准化，在操作层面上，应尽快建立决定监管关注度的风险评级体系。风险评级是对银行业风险监管的有效手段之一。通过评级对监管对象的风险状况和管理能力进行划分，从而有针对性地采取监管措施，督促有问题银行加强风险管理能力，改善风险状况以提高监管效率。中国银行业监管应该运用先进的风险分析技术，对不同类型的银行机构分别采取 CAMELS 和 ROCA 风险评价办法，探索建立科学的非现场监管分析评价方法体系，不断增强银行风险监测分析功能。这里有必要分析一下银行监管的评级体系。

当前，银行评级体系较多，有 CAMELS 评级、ROCA 评级、SOSA 评级、CAMELB&COM 评级等，各国监管部门使用的评级方法不尽相同，综观各种评级体系，使用最普遍、最流行的主要还是 CAMELS 评级、ROCA 评级、SOSA 评级。CAMELS 评级、ROCA 评级、SOSA 评级是一种双轨并行评价体系，即对内资银行采用 CAMELS 评级体系，对外资银行采取 ROCA 和 SOSA（母行支持度）评价体系，是美国最先采用的评级体系，目前中国基本上是采用和美国类似的评级体系。

CAMELS 评级体系。CAMELS 评级体系的特点是单项评分与整体评分相结合，定性分析与定量分析相结合，以评价风险管理能力为导向，充分考虑到银行的规模、复杂程度和风险层次，是分析银行运作是否健康的最有效的基础分析模型。主要考核六项指标：资本充足率、资产质量、管理能力、盈利能力、资产的流动性、敏感性，通过对以上六个指标的加权平均得出机构的综合评级。CAMELS 评级体系先对各个单项进行评级，再进行综合评级，综合评级是在六大要素评级结果的基础上得出的。从要素评级得出综合评级的过程，不是简单的算术平均，而是需要监管人员根据各要素的重要性、运用自己的判断来确定合理的评级结果。级别从"1"（好）到"5"（差）不等。综合评级 1 级：

该级别的银行几乎每一个方面都是健全的，所发现的问题基本上比较轻，也可以在工作中解决。该类银行对外来经济和金融的动荡有较强的抵御能力，有能力应付环境的无常变化。综合评级 2 级：该级别的银行基本上稳健，但存在一些可在正常业务经营中改正、性质不重的弱点；该类银行具有良好的抵御经营环境起伏变化的能力，但是存在的弱点继续发展可能产生较大问题。由于存在的弱点可在业务经营中得到改正，因此监管关注较少。综合评级 3 级：该级别的银行明显存在较严重弱点，位于或低于平均水平；银行勉强能抵御业务经营环境的逆转，但如果不能纠正弱点，很容易导致经营状况恶化。该级别的银行虽然从整体实力和财政能力来看，不大可能倒闭，但仍很脆弱，应该给予特别的监管关注。对于那些存在重大不遵守法律、法规问题的银行，应该给予这一评级。综合评级 4 级：该级别的银行一般都存在资本水平不足或其他一些不令人满意的表现；银行可能存在比较多、比较严重的问题或一些不稳健做法，而且未得到满意的处理或解决；如果不立即采取措施纠正，情况可能进一步恶化而损害银行持续经营的能力。银行存在倒闭的可能，但不会马上发生。监管当局需要密切关注该级别银行，并且给予明确的整改方案。对于资本净值为正数但达不到资本监管要求的机构，通常也给予这个评级。综合评级 5 级：这一评级是给予那些即时或近期极可能倒闭的银行的。这些银行业绩表现非常差，无论是缺点的特性和数量，或是不稳健做法都到了非常严峻的地步，以致需要从股东或其他途径获取紧急的援助。需要对这些银行立即实施救助，并且给予持续的监管关注。如果未采取紧急明确的救助措施，银行可能面临清盘、挤兑或被兼并或收购等。

ROCA 评级体系。ROCA 评级体系的特点是具有较大的灵活性，强调检查人员的经验和判断，必要时可以根据外资银行分行的情况进行修改。主要考核四项指标：风险管理（Risk Management）、营运管理（Operational Control）、合规性（Compliance）、资产质量（Asset Quality）。ROCA 评级体系也是先对各个单项进行评级，再进行综合评级，级别从"1"（好）到"5"（差）不等。

SOSA 评级体系。SOSA 是 Strength of Support Assessment 的缩写，评价的是外资银行母行的支持能力和支持意愿。1995 年 5 月，美国银行监管当局发布《外国银行机构在美国运作监管的改进框架》，首次提出了 SOSA 方法，2000 年 10 月对 SOSA 体系进行了修改，由 5 级改为 3 级评级。主要内容为：（1）了解母行经营环境和经营状况。经营环境的评估包括评估母国的政治经济形势、金融体系、银行业监管制度和会计制度等。母行的经营管理状况包括其业务策略、市场地位、管理和内部控制以及公司治理等方面。（2）评估母国的支持能力和支持意愿，出具评估报告。主要考察母行的财务实力、母国监管当局的监管能力、母国对问题银行的支持程度、母国及其主要资产所在国的外汇转移风险等。由高到低分为3级。（3）根据评估结果制定相应的监管策略。

监管评级流程。以CAMELS评级体系为标准，结合当前中国商业银行监管评级的要求，其主要操作流程如下：（1）收集信息。包括：收集基本信息；筛选分析和深入收集信息。（2）初评。包括：综合分析；确定初步的评级结果。（3）复评。（4）审核。（5）评级结果反馈。包括：监管机构向商业银行通报监管评级结果；商业银行向监管机构提出反馈意见；监管机构对商业银行反馈意见的处理。（6）评级档案整理。（7）监管措施、效果评价和持续的非现场监测。另外一个必不可少的环节，是根据整改和处罚落实的情况和持续监测的情况，评估整个监管行动计划的执行效果。效果评价的作用在于建立一个自我纠错的机制，及时发现前一循环的各个步骤在设计和执行中的弱点，以便在下一个循环中调整监管策略，进一步提高监管的针对性和有效性。

"腕骨"（CARPALs）监管指标体系。"腕骨"（CARPALs）监管指标体系，是银监会在推进巴塞尔协议Ⅱ、Ⅲ同步实施中，结合新形势下中国大型银行的风险特征，于2010年初探索创立的一个全新的监管模型。这个模型由资本充足性（Capital adequacy）、贷款质量（Asset quality）、风险集中度（Risk concentration）、拨备覆盖（Provisioning coverage）、附属机构（Affiliated institutions）、流动性（Liquidity）、案件防控（Swindle prevention & control）七方面13项指标构成，同时辅之以银行监管者的有限自由裁量权。这七项指标的第一个英文字母拼起来正好是英文单词"腕骨"（CARPALs），再加上有限自由裁量共八个方面，暗含银监会的"铁腕"监管思路。与CAMELs指标相比更为量化，对集中度风险，操作风险均有所体现。这个体系中的指标都是动态的、有针对性的，也吸收了国际研究的前沿成果。比如动态的资本充足率、杠杆率、拨备率、流动性比率，这些前沿风控指标都已纳入进去，并试行一年了。尤其是资本要求，"腕骨"体系中就考虑了留成资本、反周期、系统稳定性等因素，还考虑了资本质量、附属资本比率和次级债互持等问题，将大型银行资本充足率的触发值定在附属资本占比不超过25%。这些指标与巴塞尔委员会新出台的要求完全一致。具体为：资本充足率、杠杆率、不良贷款率、不良贷款偏离度、单一客户集中度、不良贷款拨备覆盖率、贷款拨备比率（拨贷比）、附属机构资本回报率、母行负债依存度、流动性覆盖率、净稳定融资比率、存贷比、案件风险率。

金融部门评估规划（Financial Sector Assessment Programme，FSAP）。FSAP

是国际货币基金组织和世界银行于 1999 年 5 月联合启动的评估项目，主要用来评估各国金融体系的稳健性（脆弱性），其中包括宏观审慎指标如经济增长、通货膨胀、利率等，综合微观审慎指标如资本充足性、盈利性指标、资产质量指标等，推动国际监管标准的实施。此次国际金融危机的爆发凸显了对一国金融体系进行全面评估的重要性。危机发生以来，各国政策制定者都把维护金融体系稳定、促进经济恢复增长作为经济工作的重中之重，对金融部门的风险评估也成为各国关注的核心问题。实践表明，FSAP 有助于一国（地区）识别金融体系的脆弱性，进一步推进金融改革，增强金融体系稳定性。经过多年的发展和完善，FSAP 评估已成为国际社会广泛接受的金融稳定评估框架。截至 2009 年，已有 125 个国家完成了首次 FSAP 评估。基于掌握中国金融风险状况、切实维护金融稳定的客观需要，中国于 2009 年启动 FSAP 评估备忘录，确定中国 FSAP 评估涵盖范围：一是分析宏观金融风险和金融体系脆弱性；二是评价金融监管环境；三是评估系统流动性和金融稳定方面情况；四是评估相关法律、会计、信息披露等金融市场基础设施建设；五是评估金融发展和金融服务可获得性；六是评估应急预案和危机管理安排。

综上所述，要实现银行业有效监管，必须综合运用监管技术手段。从中国银行业监管实际出发，在现有国内外各类评级系统的基础上，应建立和完善中国银行业监管评级标准。具体思路为：成立由金融专家、法律专家、监管部门实务人员等组成的专家评估研究小组来系统研究、分类制定中国银行业金融机构监管评级标准，既要符合国际标准，又能体现中国实际，既要有统一性，又要有差异性，还要结合监管理念、目标、机制的改革与创新，以国内外现行评级标准为基础，进一步完善"腕骨"评级标准体系，形成中国银行业宏观监管评级标准和微观监管评级标准。

10.3.6 银行业监管的标准

借鉴国际银行监管经验，结合中国银行业发展水平，良好银行监管者的标准是：（1）促进金融稳定与金融创新；（2）努力提高中国金融业在国际金融服务中的竞争力；（3）有所为、有所不为，减少一切不必要的限制；（4）鼓励公平竞争、反对无序竞争；（5）严格明确的问责制；（6）高效、节约地使用一切监管资源。这些标准就是要促使银行业机构具备三大特点：一是良好的公司治理，包括管理架构内控制度；二是良好的财务表现，包括稳定的盈利能力和成本的降低；三是良好的可持续发展能力，旨在对风险的有效控制和管理。不断创造良好银行（良好银行应该是先进银行共同点的概括和抽象），用良好银行标准来评价银行业有效监管实现的程度，良好银行的标准是：（1）监管当局和公众满意；（2）公司治理机制健全和完善；（3）遵守有关法律法规；（4）有明晰且可持续的发展战略规划；（5）经营业绩突出，盈利水平好、上缴利税大；（6）创新能力强，信息网络系统超前；（7）行业文化特点突出，团队精神、队伍素质高；（8）支持经济发展有效投入多，资产质量高；（9）能积极履行社会责任。另外，还可以根据以下标准来评价银行业有效监管实现的程度，衡量银行监管活动的绩效（见表10－1）。

表 10－1　　　　　　　　　　中国银行业有效监管绩效评价

序号		原则重点	评估结果	评估理由
1		有效银行监管的前提条件	大体符合	银行监管资源基本适应银行业实际，内部监管信息能够共享
	1.1	责任和目标	大体符合	制度安排，法律框架都有，但执行不到位
	1.2	独立性和资源的充分性	大体不符合	独立性不够，监管资源不足
	1.3	市场准入和持续监管权力	符合	法律赋予了监管当局发照和制定审慎监管规则的权力
	1.4	要求银行遵守法律法规及实施稳健经营的权力	大体符合	法律赋予了监管当局合规性和对违规违法问题的处理权力，但处理问题的及时性和效果有待提高
	1.5	对监管者的法律保护	大体符合	有法律规定
	1.6	监管者之间的信息分享	大体不符合	内部没有明确的制度安排，实际也未做到信息的共享和充分沟通
2		银行业务范围和"银行"界定	符合	法律有明确的界定，实际比较严
3		发照标准和程序	大体符合	法律框架有，但对银行治理结构的合理性评估不够充分，也存在个案审批的情况
4		银行大笔股权转让的审批	符合	法律框架有，实际执行严

注：按照有效银行监管的核心原则评价。

金融全球化趋势使中国银行业成为国际分工中的一个环节，成为国际市场的参与者。中国银行业境外上市、并购、银团贷款、外汇买卖、衍生交易活动越来越频繁，不可避免地受国际监管标准的约束。同时，中国银行业运行规则和标准也越来越多地与国际接轨。这就要求中国银行业在发展战略、风险管控、管理理念、经营战略等各个方面不断变革，以更好地适应银行监管国际化标准和要求。同时，结合中国实际，要注意做好以下几个方面：

注重手段，明确标准，重在目标。银行监管固然重视对银行的审慎监管（机构准入，业务审批，纠正措施等），也重视对银行的持续监督（非现场监管，现场检查等），但是，审慎监管和监督者都只是手段，而不是目的本身，而真正的目标在于监管的有效性，在于监管的有效指标体系，在于良好银行的创建，但这一基本目的在日常监管中却常常被人忽视。

依靠市场，鼓励竞争，重在引导。有效银行监管应当注重通过市场来促使银行注重内部风险控制，增强市场对银行的约束作用，鼓励而非限制银行的竞争。如果市场运行的障碍是缺乏信息，监管所能发挥的最佳作用就是提供信息。总的来讲，在满足审慎监管要求的前提下，应当鼓励而不是限制竞争。

兼有激励，软硬兼施，着眼预防。有效银行监管与简单地依靠行政命令的方法不同，银行监管应当使银行对效益性的追求与银行体系安全性的目标相一致。如果采用的是行政命令的方法，银行监管就只是简单地列明被监管对象的哪些行为是政府所希望的，哪些行为是允许的，哪些行为是禁止的。如果采用的是兼有激励措施特性的方法，银行监管就是在引导银行追求自身利益的同时，有效地实现监管的目标。

适应变化，完善机制，科学发展。银行监管不应故步自封，这一点看似显而易见，但很少能被付诸于实践。有效银行监管应当遵循这样的设计，即银行监管机制能够随着银行业市场的发展变化而进行相应的调整，及时根据变化了的情况，解决与监管有效性不适合、不符合的制度、办法和组织保障。主要是要解决银行内部创新对一些监管制度安排可靠性、适当性造成影响。

10.3.7 银行业监管的原则

完善的监管原则对于监管的有效性提升具有事半功倍的作用。要实现有效的银行监管，首要的是从监管原则这一源头入手，制定具有强有力的监管原则，为监管人员行使权力、履行职能提供科学的思路依据，也为监管对象遵循监管要求提供稳定的监管预期。监管原则是监管思路、监管重点、监管手段、监管方式、监管规制的综合反映。所以，要从监管规则的有效性和执行力的层面，认真吸取国外银行监管的良好实践和做法，结合中国实际，提出具有普遍性、实用性、相对稳定性、一定前瞻性的监管原则，为银行业有效监管发挥引领和导向作用。目前在进一步强化规制导向监管的同时，积极探索原则导向监管，原则导向监管是由于权衡了监管成本，监管效率和与保持银行业竞争力的关系，已经为国外部分机构当局所采用，与规制性监管相比，原则导向监管具有以下优势：一是更加注重激励相容、关注目的与效果、强调引导、发挥自身合规部门的作用，允许根据银行自身实际去判断如何达到监管标准等。二是进一步突出银行高管层的责任，提出原则性的目标要求；三是将监管者与被监管者的关系由对抗游戏关系转变为双向互动的沟通关系。中国银行业监管原则宜以原则导向监管为主，实现原则性与规制性的平衡协调。

另外，要完善监管运行机制，合理配置监管资源，强化监管流程的循环，体现现场检查与非现场监管的"精确制导"和风险监管与分类监管的取向，摒弃根据机构功能划分进行监管的传统办法。如美国发生的次贷危机其根源在于它是一个"房贷—评级—卖出"风险转移的过程，由于风险从商业银行体系转移到了投资银行，而不再受传统的银行监管机构的监管，致使监管缺位，形成危机。美国次贷危机的教训告诉我们，一定要及早加强对投资银行的监管，防止投资银行可能将风险再次转移出去。因此，对金融活动的监管原则是，要从系统性风险的高度出发，紧盯风险，无论风险转移到哪里，无论风险承担者是商业银行、投资银行还是SPV，都需加以监管。在保护储户利益原则不变的前提下，可以通过按不同杠杆率，不同期限资金来源的划分，以资本充足率为调节工具制定不同的监管原则。比如，对于高杠杆率的机构，通过短期资金支持长期资产的银行业金融机构实施严格的监管，同时提高其资本充足率的要求；而对于养老金等拥有长期资金来源的机构，减免资本金要求。总之，就是将资本金与机构的偿付能力挂钩。

同时，要按照实现逆周期资本要求，更新巴塞尔协议。对于巴塞尔新协议亲周期的问题，可以通过修改巴塞尔新协议，加强亲周期预警来实现。当然，准确预测经济周期非常困难，但是上行周期基本上都伴随着资产价格的上涨，因此随着资产价格的上涨资本要求也随之提高可解决上行周期的亲周期问题；反之亦然。资产价格处于下降通道时巴塞尔协议可适当调减银行的资本要求，以实现逆周期变化。另外还有一种可行的办法，即在上行周期里要求银行预提亲周期拨备，以应对下行周期的不利局面。

10.3.8　银行业监管的模式

银行监管的模式是银行监管理论及有效监管的前提和核心问题。纵观银行监管架构，都经历了维持金融体系安全稳健→提高效率优先→维持金融体系安全稳健的反复过程。当前形势下，要不断完善分业监管的体制，但从现实及长远看，分业监管（将银行、保险、证券分离）的监管模式是有缺陷的。这种缺陷包括被监管者可能钻监管分离的空子，监管力度在各分部不一致，大型金融机构可能需要面对不同的监管者，致使财务和管理成本增加。特别是各银行业金融机构凭借上市后的资本、业务和网点优势，通过跨业、跨境的股权投资、兼并收购以及业务交叉合作等形式，逐渐向证券、保险等领域渗透，由于不同监管机构的监管角度不同、业务规范不尽一致，交叉领域的现场检查主体不明确，不仅增加了金融机构的合规成本，而且使得金融监管的总体能力下降。

中国需要考虑金融业发展的国家战略规划，要从国家整体利益出发，坚持科学发展观，解放思想，与时俱进，下决心改革金融监管体系，考虑建立统一的金融监管模式，解决"群龙无首"的问题。在架构上，既要考虑目前银行机构已经形成的"混业经营"实际，又要考虑监管体系适合国际金融的发展，建立起一个金融监管委员会管理下的银、证、保监管格局，既体现统一监管的要求，又注重专业、分工，还能形成一个金融监管部门、中央银行和财政部组成的"铁三角"监管机制的"多赢"模式。

参考文献

［1］［美］富兰克林·艾伦、道格拉斯·盖尔．比较金融系统．北京：中国人民大学出版社，2002.

［2］陈志武．金融监管的社会代价．中经网，2011.

［3］［美］罗恩·顿波，安德鲁·弗里曼．风险规则（中文版）．北京：中国人民大学出版社，2000.

［4］库尔特·勒布，托马斯·盖尔·穆尔．施蒂格勒论文精萃，北京：商务印书馆，1999.

［5］I. 巴特雷、M. 穆勒、R. 斯图恩、S. 维克斯．监管国家：英德金融监管体制比较．比较，2004（10）.

［6］V. 奥斯特罗姆等编，王诚等译．制度分析与发展的反思——问题与抉择．北京：商务印书馆，2001.

［7］安德烈·施莱弗．理解监管（比较第 16 辑）．北京：中信出版社，2005.

［8］巴塞尔银行监管委员会．资本计量与资本标准的国际协议：修订框架（中译本）．北京：中国金融出版社，2004.

［9］巴塞尔银行监管委员会著，中国人民银行译．巴塞尔银行监管委员会文献汇编．北京：中国金融出版社，2002.

［10］巴曙松．巴塞尔新资本协议研究．北京：中国金融出版社，2003.

［11］白钦先．20 世纪金融监管理论与实践的回顾和展望．城市金融论坛，2000（5）.

［12］编写组．金融监管理论与实务．北京：中国金融出版社，1999.

［13］查理斯·P. 金德尔伯格．朱隽，叶翔，译．经济过热、经济恐慌及经济崩溃——金融危机史．北京：北京大学出版社，2000.

［14］陈志．银行监管、货币政策与监管改革路径．金融研究，2001（7）.

［15］大卫·G. 梅斯等著，方文等译. 改进银行监管. 北京：中国人民大学出版社，2003.

［16］戴相龙. 抓住机遇，迎接挑战，开创中国银行业的新局面. 中国金融，2001（12）.

［17］道格拉斯·诺斯. 路平、何琦编译. 新制度经济学及其发展. 经济社会体制比较，2002（5）.

［18］蒂米奇·威塔斯. 金融监管. 上海：上海财经大学出版社，2000.

［19］菲利普·莫利纽克斯，尼达尔·沙姆洛克. 冯健、杨娟、张玉仁等译. 金融创新. 北京：中国人民大学出版社，2003.

［20］郭慧文、张文棋、张小芹. 国际金融监管的发展趋势及启示. 亚太经济，2002（1）.

［21］郭力. 中国金融监管的有效性研究. 金融参考，2001（8）.

［22］贺力平. 全球化和金融监管理论的创新. 中经网，2001（6）.

［23］洪葭管. 亚洲金融危机后中国的金融监管. 中国金融，2001（9）.

［24］胡怀邦. 迎接入世挑战，更新监管理念，提高中央银行金融监管效率和水平. 中国金融，2002（4）.

［25］黄达. 货币银行学. 北京：中国人民大学出版社，1999.

［26］黄金老. 金融自由化与金融脆弱性. 北京：中国城市出版社，2001.

［27］黄毅. 当代中国政府监管的公法规范. 法治政府网，2006年8月2日.

［28］焦瑾璞. WTO与中国金融业未来. 北京：中国金融出版社，2000.

［29］经济合作与发展组织编，陈伟译. OECD国家的监管政策. 北京：法律出版社，2006.

［30］李崇淮、黄宪、江春. 西方货币银行学. 北京：中国金融出版社，1998.

［31］李德. 金融监管失灵与监管体制问题分析. 金融研究，2001（7）.

［32］李健. 当代西方货币金融学说. 北京：高等教育出版社，2006.

［33］李扬主编. 中国金融发展报告. 北京：社会科学文献出版社，2005.

［34］李扬主编. 中国金融法治2005. 北京：中国金融出版社，2005.

［35］梁宝柱. 金融监管论. 成都：西南财经大学出版社，1999.

［36］梁正、李强、王晓蓉. 金融骨牌——亚洲金融危机启示录. 北京：中国对外经济贸易出版社，1998.

［37］林平. 银行监管论. 北京：中国金融出版社，2002.

［38］刘明康. 中国银行业监管的制度创新. 中国金融，2010（11）.

［39］刘明康、吴敬琏主编．控制系统性风险：改革之路．上海：远东出版社，2010.

［40］刘锡良．金融机构风险管理．成都：西南财经大学出版社，1999.

［41］刘园、王达学．金融危机的防范与管理．北京：北京大学出版社，1999.

［42］米什金（Frederics Mishkin）．货币金融学（中文版）．北京：中国人民大学出版社，1998.

［43］让·雅克·拉丰，让·梯若尔．电信竞争．北京：人民邮电出版社，2001.

［44］任兆璋．金融风险防范与控制．北京：社会科学文献出版社，2001.

［45］沈联涛．金融监管的大趋势与金融创新．中国银监会讲座，2006 年 9 月 11 日．

［46］斯蒂格利茨（美）．政府为什么干预经济．北京：中国物资出版社，1998.

［47］孙宽平．转轨、规制与制度选择．北京：社会科学文献出版社，2004.

［48］唐双宁．学习借鉴核心原则，进一步提高银行监管水平——有效银行监管核心原则学习纲要．北京：中国金融出版社，2005.

［49］唐双宁．深化改革推进发展，适时修订商业银行法．中国金融，2013（6）.

［50］唐旭．金融理论前沿课题（第二辑）．北京：中国金融出版社，2003.

［51］托马斯·梅耶（美）等．货币、银行与经济．上海：上海三联书店，1944.

［52］王广谦.20 世纪西方货币金融理论研究：进展与述评．北京：经济科学出版社，2003.

［53］王光宇．全球金融危机后国际金融监管改革的实践与启示——以欧美金融监管改革为例．中央财经大学学报，2011（3）.

［54］王建安．论中国金融监管体系的改革与完善．金融参考，2001（9）.

［55］王奇松．金融学．北京：中国金融出版社，2000.

［56］王兴．未来监管：环境、框架与方法．金融参考，2001（8）.

［57］王兆星．金融监管：发展与挑战．中国金融，1999（12）.

［58］闻岳春、蔡建春、高翔．入世与金融创新．上海：兴界图书出版公

司，2000.

[59] 夏业良．就业机制的内涵与中国城市就业机制．北京大学中国经济研究中心，2000.

[60] 阎庆民．金融全球化中央银行监管有效性分析．金融研究，2002 (2).

[61] 约翰·G. 格利，爱德华·S. 肖（美）．金融理论中的货币．上海：上海三联书店，1994.

[62] 臧景范．金融安全论．北京：中国金融出版社，2001.

[63] 张海莹、张湘英、朱俊强．中国金融监管面临的问题及政策取向．新化网，2002 年 8 月．

[64] 张宏．对外开放下的中国银行业有效监管．改革，2009 (1).

[65] 祁敬宇、王刚．后危机时代的金融监管研究．北京：首都经济贸易大学出版社，2011.

[66] 张荔．金融自由化效应分析．北京：中国金融出版社，2003.

[67] 中国人民银行国际司．放眼世界——中国人民银行出国报告集萃（2001 年集）．北京：中国金融出版社，2002.

[68] 周道许．现代金融监管体制研究．北京：中国金融出版社，2000.

[69] Acharya, V.. Competition among Banks, Capital Requirements and International Spillovers. Economic Notes – Review of Banking, Finance and Monetary Economics, 2001 (30): 337 – 359.

[70] Acharya, V.. Is the International Convergence of Capital Adequacy Regulation Desirable. Journal of Finance, 2003 (58 –6): 2745 – 2781.

[71] Arrow, K, J.. The Role of Securities in the Optimal Allocation of Risk Bearing. Review of Economic Studies, 1964 (31): 91 –96.

[72] Bassel Committee on Bank Supervision. International Convergence of Capital Measurement and Capital Standards: A Revised Framework. Mimeo, Bank for International Settlements, http://www. bis. org.

[73] Calzolari , Lóránth. On the Regulation of Multinational Banks. Rivista di Politica Economica, 2001 (5 –4): 275 – 304.

[74] Calzolari, Lóránth. Regulation of Multinational Banks: A Theoretical Inquiry. European Central Bank, working papers, 2005: 431.

[75] Dalen, D. M. , T. Olsen. Strategic Regulation of a Multinational Banking Industry. mimeo, Norwegian School of Economics and Business Administration,

2004: 34 - 88.

[76] Dalvinder Singh. Enforcement Decisions in Banking Regulation and Supervision. Oxford: Oxford Brookes University, 2003: 412 - 465.

[77] Dalvinder Singn. Basel Committee on Banking Supervision: The Compliance Function in Banks . Oxford: Oxford Brookes University, 2003: 120 - 169.

[78] David Lewellyn. How Countries Supervise Their Banks, Insurers and Securities Markets. Central Banking, 1997 (51): 788 - 811.

[79] Dell'Ariccia, G. , R. Marquez. Competition among Regulators and Credit Market Integration. mimeo, R. H. Smith School of Business, 2003.

[80] Diamond, Dybvig. Bank Runs, Deposit Insurance, and Liquidity. Journal of Political Economy, 1983, 91 (3): 1121 - 1164.

[81] Diamond, D. Financial Inermerdiation and Delegated Monitoring. Review of Economic Studies, 1984, 51 (3): 393 - 414.

[82] Diamond, D. W. , P. H. Dybving. Banking Runs, Deposit Insurande, and Liquidity. Journal of Political Economy, 1983, 91 (3): 401 - 409.

[83] Dixit, Avinash, Gene Grossman, Elhanan Helpman. Common Agency and Coordination: General Theory and Application to Government Policy Making. Journal of Political Economy, 1997, 105: 752 - 769.

[84] Dr Dalvinder Singh. Basel Committee on Banking Supervision: Compliance and the Compliance Function in Banks. Oxford Brookes University, 2003: 362 - 381.

[85] Easterly, William. The White Man's Burden: The Wacky Ambition of the West to Transform the Rest. New York: Penguin, forthcoming, 2006: 138 - 189.

[86] Ed Stevens. Evolution in Banking Supervision. Federal Reserve Bank of Cleveland Research Department P. O. Box6387 Cleveland, OH44101, 2000: 112 - 136.

[87] Federico S. Mandelman. Business Cycles and Monetary Regimes in Emerging Economies. A Role for a Monopolistic Banking Sector, 2006: 175 - 197.

[88] Fisher, Irving. The Debt - Deflation Theory of Great Depression. Econometrica I, 1933: 337 - 357 .

[89] Frederick T. Furlong, Robard Williams. Financial Market Signals and Banking Supervision. Are Current Practices Consistent with Research Findings, 2006: 366 - 381.

[90] Goodhart, Charles. Financial Regl11ation: Why, How, and Where how. Routledge, 1998: 23 - 56.

［91］ Gowland. D. The Regulation of Financial markets in the 1990s. Edward Elgar Publishing Limited, 1990: 77 - 102.

［92］ Guan Hua Lim. Going from Regulation to Supervision: Support for Paradigm Shift from an Eciency Study of the Merchant Banking Industry inSingapore. National University of Singapore, 2002: 181 - 207.

［93］ Hall, MaxiMilian J·B. Banking Regulation and Sapel Vision - A comparative Study of the UK. USA and Japan. Edward Elgar Publishing Limited, 1993: 135 - 146.

［94］ Hans - Joachim (Achim) Duebel. Mortgage Credit Risk. Regulatory Standards and the Basel II Banking Supervision Reforms, 2002: 192 - 231.

［95］ Harr T. , T. Ronde, Branch or Subsidiary? Capital Regulation of Multinational Banks, mimeo. University of Copenhagen, 2004: 1028 - 1121.

［96］ HeETing, G. J. , R Litan. Financial Regulation in the Global Economy. The Brookings Institution, Washington D. C. , 1995: 33 - 98.

［97］ HellIElam, 1310mas , Kevin C. Murdock, Joseph. Stiglitz. Liberalization, Moral Hazard in Banking, and Prudential Regulation: Are Capital Requirements Enough? . The American Economic Review March, 2000: 147 - 165 .

［98］ Holthausen C. , T. Ronde. Cooperation in International Banking Supervision: a Political Economy Approach, Mimeo. University of Copenhagen, 2003: 47 - 89.

［99］ Ian P. Dewing, Peter O. Russell. The Role of Skilled Persons in UK Banking and Financial Services Supervision. School of Management, University of East Anglia, Norwich NR4 7TJ, UK. , 2006: 86 - 106.

［100］ International Monetary Fund and the World Bank. Financial Sector Assessment Program - Review, Lessons, and Issues Going Forward, Approved by Tomas J. T. Balino and Cesare Calari. , 2005: 253 - 284.

［101］ Jacques J. Sijben. Regulation Versus Market Discipline in Banking Supervision: An Overview —Part 2, Economie, Kamer B530, Postbus 90153, 5000 Le Tilburg, The Netherlands, 2002: 341 - 376.

［102］ James R. Barth, Daniel E. Nolle, Triphon Phumiwasana, Glenn Yago. A Cross - Conntry Analysis of the Bank Supervisory Framework and Bank Permance. Office of the Comptroller of the Currency Economic and Policy Analysis Working Paper, 2002: 47 - 88.

［103］ James R. Barth, Gerard Caprio, Jr. , Ross Levine. Rethinking Bank Regulation: Till Angles Govern. Cambridge University Press, 2006: 101 – 142.

［104］ John Krainer, Jose A. Lopez. Incorporating Equity Market Information into Supervisory Monitoring Models, 2004: 761 – 792.

［105］ Kahn, C. , A. Winton. Moral Hazard and Optimal Subsidiary Structure for Financial Institutions, WP. No. 0307, Carlsson School of Management. University of Minnesota. 2003: 812 – 858.

［106］ Kahn, Charles M , Joao A. C Santos. Allocating Bank Regulatory Powers: LaEIder of Last resort, Deposit Insurance and Supervision. BIS Working Papers, 2001: 102.

［107］ Kane, E. J. . Principal – Agent Problem in S&L Salvage. Journal of Finance, 1990, 45: 755 – 764.

［108］ Kaufman, G. G. Bank Failures. Systemic Risk and Bank Regulation. CATO, 1996, 16: 17 – 45 .

［109］ Lavie, Dovev, U. of Texas, Austin, Business Policy and Strategy Conference Paper Abstracts, 179 – 224.

［110］ Lóránth, G. , Morrison, Multinational Bank Capital Regulation with Deposit Insurance and Diversification Effects. Working Paper No. FE – 11, Oxford Financial Research Center, University of Oxford, 2003: 265 – 289.

［111］ Meltzer A. H. . Margins in the Regulation of Financial Institutions. The Journal of Political Economy, 1967, 75: 482 – 511 .

［112］ Michael M Hutchison. European Banking Distress and EUM: Institutional and Macroeconomic Risks, University of California, Santa Cruz, CA95064, USA. , 2002: 101 – 152.

［113］ Richard Dale. Banking Supervision around the World, New York: The Group of Thirty , 1982: 41 – 93.

［114］ Robert A. Eisenbeis. Home Country versus Cross – Border Negative Externalities in Large Banking Organization Failures and How to Avoid Them , 2006: 108 – 146.

［115］ Stiglitz J. E. , Andrew Weiss. Credit Rationing in Market With Imperfect Information, American Economic Review, 1981, 73 (3): 393 – 410 .

［116］ Tommaso Padoa – Schioppa. EMU and Banking Supervision. D – 60311 Frankfurt am Main Germany, 1999: 59 – 91.